近代中外交涉史料丛刊

驻德使馆档案钞

陆德富　童林珏　整理

复旦大学中外现代化进程研究中心

CENTER FOR COMPARATIVE STUDIES OF MODERNIZATION, FUDAN UNIVERSITY

近代中外交涉史料丛刊
第一辑

复旦大学中外现代化进程研究中心　主编
编委会成员（以姓氏拼音排序）

本辑执行主编：张晓川

刘锡鸿卷钞本首页

李凤苞卷钞本首页

总　序

　　梁启超在 20 世纪初年撰《中国史叙论》,将乾隆末年至其所处之时划为近世史,以别于上世史和中世史。此文虽以"中国史叙论"为题,但当日国人对于"史"的理解本来就具有一定的"经世"意味,故不能单纯以现代学科分类下的史学涵盖之。况且,既然时代下延到该文写作当下,则对近世史的描述恐怕也兼具"史论"和"时论"双重意义。任公笔下的近世史,虽然前后不过百来年时间,但却因内外变动甚剧,而不得不专门区分为一个时代。在梁启超看来近世之中国成为了"世界之中国",而不仅仅局限于中国、亚洲的范围,其原因乃在于这一时代是"中国民族连同全亚洲民族,与西方人交涉竞争之时代"。不过,就当日的情形而论,中国尚处于需要"保国"的困境之中,遑论与列强相争;而面对一盘散沙、逐渐沦胥的亚洲诸国,联合亦无从说起,所谓"连同"与"竞争"大抵只能算作"将来史"的一种愿景而已。由此不难看出,中国之进入近世,重中之重实为"交涉"二字。

　　"交涉"一词,古已有之,主要为两造之间产生关系之用语,用以表示牵涉、相关、联系等,继而渐有交往协商的意思。清代以前的文献记载中,鲜有以"交涉"表述两个群体之间的关系者。有清一代,形成多民族一统的大帝国,对境内不同族群、宗教和地域的治理模式更加多元。当不同治理模式下的族群产生纠纷乃至案件,或者有需要沟通处理之事宜时,公文中便会使用"交涉"字眼。比如"旗民交涉"乃是沟通满人与汉人,"蒙民交涉"或"蒙古民人交涉"乃是沟通蒙古八旗与汉人,甚至在不同省份或衙门之间协调办理相关事务时,也使用了这一词汇。乾隆中叶以降,"交涉"一词已经开始出现新的涵义,即国与国之间的协商。这样的旧瓶新酒,或许是清廷"理藩"思维的推衍与惯性使然,不过若抛开朝贡宗藩的理念,其实质与今日国际关系范畴中的外交谈判并无二致。当日与中国产生"交涉"的主要是陆上的邻国,包括此后被认为属于"西方"的沙俄,封贡而在治外的朝鲜与服叛不定的缅甸等国。从时间上来看,"交涉"涵义的外交化与《中国史叙论》中的"乾隆末年"基本相合——只是梁启超定"近世史"开端时,心中所念想必是马嘎尔尼使华事件,不过两者默契或可引人深思。

道光年间的鸦片战争,深深改变了中外格局,战后出现的通商口岸和条约体制,致使华洋杂处、中外相联之势不可逆转。故而道咸之际,与"外夷"及"夷人"的交涉开始增多。尤其在沿海的广东一地,因涉及入城问题等,"民夷交涉"蔚然成为一类事件,须由皇帝亲自过问,要求地方官根据勿失民心的原则办理。在《天津条约》规定不准使用"夷"字称呼外人之前一年,上谕中也已出现"中国与外国交涉事件"之谓,则近百年间,"交涉"之对象,由"外藩"而"外夷",再到"外国",其中变化自不难体悟。当然,时人的感触与后见之明毕竟不同,若说"道光洋艘征抚"带来的不过是"万年和约"心态,导致京城沦陷的"庚申之变"则带来更大的震慑与变化。列强获得直接在北京驻使的权力,负责与之对接的总理衙门成立,中外国家外交与地方洋务交涉进入常态化阶段。这是当日朝廷和官员施政新增的重要内容。因为不仅数量上"中外交涉事件甚多","各国交涉事件甚繁",而且一旦处置不当,将造成"枝节丛生,不可收拾"的局面,所以不得不"倍加慎重",且因"办理中外交涉事件,关系重大",不能"稍有漏泄",消息传递须"格外严密"。如此种种,可见从同治年间开始,"中外交涉"之称逐渐流行且常见,"中外交涉"之事亦成为清廷为政之一大重心。

在传统中国,政、学之间联系紧密,既新增"交涉"之政,则必有"交涉"之学兴。早在同治元年,冯桂芬即在为李鸿章草拟的疏奏中称,上海、广州两口岸"中外交涉事件"尤其繁多,故而可仿同文馆之例建立学堂,往后再遇交涉则可得此人才之力,于是便有广方言馆的建立。自办学堂之外,还需出国留学,马建忠在光绪初年前往法国学习,所学者却非船炮制造,而是"政治交涉之学"。他曾专门写信回国,概述其学业,即"交涉之道",以便转寄总理衙门备考。其书信所述主要内容,以今天的学科划分来看大概属于简明的国际关系史,则不能不旁涉世界历史、各国政治以及万国公法。故而西来的"交涉之学"一入中文世界,则与史学、政教及公法学牵连缠绕,不可区分。同时,马建忠表示"办交涉者"已经不是往昔与一二重臣打交道即可,而必须洞察政治气候、国民喜好、流行风尚以及矿产地利、发明创造与工商业状况,如此则交涉一道似无所不包,涵纳了当日语境下西学西情几乎所有内容。

甲午一战后,朝野由挫败带来的反思,汇成一场轰轰烈烈的变法运动,西学西政潮水般涌入读书人的视野。其中所包含的交涉之学也从总署星使、疆臣关道处的职责攸关,下移为普通士子们学习议论的内容。马关条约次年,署理两江的张之洞即提出在南京设立储才学堂,学堂专业分为交涉、农政、工艺、商务四大类,其中交涉类下又有律例、赋税、舆图、翻书(译书)之课程。在张之洞的设计之中,交涉之学专为一大类,其所涵之广远远超过单纯的外交领域。戊戌年,甚至有人提议,在各省通商口岸无论城乡各处,应一律建立专门的"交涉学堂"。入学后,学生所习之书为公法、约章和各国法律,接受交涉学的基础教育,学成后再进入省会学堂进修,以期能在相关领域有所展布。

甲午、戊戌之间,内地省份湖南成为维新变法运动的一个中心,实因官员与士绅的协力。盐法道黄遵宪曾经两次随使出洋,他主持制定了《改定课吏馆章程》,为这一负责教育候补官员和监督实缺署理官员自学的机构,设置了六门课程:学校、农工、工程、刑名、缉捕、交涉。交涉一类包括通商、游历、传教一切保护之法。虽然黄遵宪自己表示"明交涉"的主要用意在防止引发地方外交争端,避免巨额赔款,但从课程的设置上来看包含了商务等端,实际上也说明即便是内陆,交涉也被认为是地方急务。新设立的时务学堂由梁启超等人制定章程,课程中有公法一门,此处显然有立《春秋》为万世公法之意。公法门下包括交涉一类,所列书目不仅有《各国交涉公法论》,还有《左氏春秋》等,欲将中西交涉学、术汇通的意图甚为明显。与康梁的经学理念略有不同,唐才常认为没必要因尊《公羊》而以《左传》为刘歆伪作,可将两书分别视为交涉门类中的"公法家言"和"条例约章",形同纲目。他专门撰写了《交涉甄微》一文,一则"以公法通《春秋》",此与康梁的汇通努力一致;另外则是大力鼓吹交涉为当今必须深谙之道,否则国、民利权将丧失殆尽。在唐才常等人创办的《湘学报》上,共分六个栏目,"交涉之学"即其一,乃为"述陈一切律例、公法、条约、章程,与夫使臣应付之道若何,间附译学,以明交涉之要"。

中国传统学问依托于书籍,近代以来西学的传入亦延续了这一方式,西学书目往往又是新学门径之书。在以新学或东西学为名的书目中,都有"交涉"的一席之地。比如《增版东西学书录》和《译书经眼录》,都设"交涉"门类。两书相似之处在于将"交涉"分为了广义和狭义两个概念,广义者为此一门类总名,其下皆以"首公法、次交涉、次案牍"的顺序展开,由总体而个例,首先是国际法相关内容,其次即狭义交涉,则为两国交往的一些规则惯例,再次是一些具体个案。

除"中外交涉"事宜和"交涉之学"外,还有一个表述值得注意,即关于时间的"中外交涉以来"。这一表述从字面意思上看相对较为模糊,究竟是哪个时间点以来,无人有非常明确的定义。曾国藩曾在处理天津教案时上奏称"中外交涉以来二十余年",这是以道光末年计。中法战争时,龙湛霖也提及"中外交涉以来二十余年",又大概是指自总理衙门成立始。薛福成曾以叶名琛被掳为"中外交涉以来一大案",时间上便早于第二次鸦片战争。世纪之交的1899年,《申报》上曾有文章开篇即言"中外交涉以来五十余年",则又与曾国藩所述比较接近。以上还是有一定年份指示的,其他但言"中外交涉以来"者更不计其数。不过尽管字面上比较模糊,但这恰恰可能说明"中外交涉以来"作为一个巨变或者引出议论的时间点,大约是时人共同的认识。即道咸年间,两次鸦片战争及其后的条约框架,使得中国进入了一个不得不面对"中外交涉"的时代。

"交涉"既然作为一个时代的特征,且历史上"中外交涉"事务和"交涉"学又如上所述涵纳甚广,则可以想见其留下的相关资料亦并不在少数。对相关资料进行编撰和整理的工作,其实自同治年间即以"筹办夷务"的名义开始。当然《筹办夷务始末》的主要编撰意图在于整理陈案,对下一步外交活动有所借鉴。进入民国后,王彦威父子所编的《清季外交史料》则以"史料"为题名,不再完全立足于"经世"。此外,出使游记、外交案牍等内容,虽未必独立名目,也在各种丛书类书中出现。近数十年来,以《清代外务部中外关系档案史料丛编》、《民国时期外交史料汇编》、《走向世界丛书》(正续编)以及台湾近史所编《教务教案档》、《四国新档》等大量相关主题影印或整理的丛书面世,极大丰富了人们对近代中外交涉历史的了解。不过,需要认识到的是,限于体裁、内容等因,往往有遗珠之憾,很多重要的稿钞、刻印本,仍深藏于各地档案馆、图书馆乃至民间,且有不少大部头影印丛书又让人无处寻觅或望而生畏,继续推进近代中外交涉相关资料的整理、研究工作实在是有必要的,这也是《近代中外交涉史料丛刊》的意义所在。

这套《丛刊》的动议,是在六七年前,由我们一些相关领域的年轻学者发起的,经过对资料的爬梳,拟定了一份大体计划和目录。复旦大学中外现代化进程研究中心的章清教授非常支持和鼓励此事,并决定由中心牵头、出资,来完成这一计划。以此为契机,2016年在复旦大学召开了"近代中国的旅行写作、空间生产与知识转型"学术研讨会,2017年在四川师范大学举办了"绝域轺轩:近代中外交涉与交流"学术研讨会,进一步讨论了相关问题。上海古籍出版社将《丛刊》纳入出版计划,吕瑞锋先生和乔颖丛女士等为此做了大量的工作。由于发起参与的整理者大多是研究者,所以大家都认为应该本着整理一本,深入研究一本的态度,这一态度也可以在每一种资料的研究性前言中得以体现。《丛刊》计划以十种左右为一辑,陆续推出,我们相信这将是一个长期而有意义的历程。

张晓川

整理凡例

一、本《丛刊》将稿、钞、刻、印各本整理为简体横排印本,以方便阅读。

二、将繁体字改为规范汉字,除人名或其他需要保留之专有名词外,异体、避讳等字径改为通行字。

三、原则上保持文字原貌,尽量不作更改,对明显讹误加以修改,以〔 〕表示增字,以( )表示改字,以□表示阙字及不能辨认之字。

四、本《丛刊》整理按照国家标准标点符号用法,进行标点。

五、本《丛刊》收书类型丰富,种类差异较大,如有特殊情况,由该书整理者在前言中加以说明。

目　录

前　言

　　《驻德使馆档案钞》，不分卷，原八册，钞本，八行二十字，原藏于美国国会图书馆。1966 年，台北学生书局将其影印刊行，并附有简短的前言，其云：

　　本书稿纸下书口刻"驻德使馆"四字，盖为驻德使馆随员中就馆藏档案选辑而成，预备回国后付梓者。凡刘锡鸿任内卷略一册，李凤苞三册，许竹篔二册，洪文卿二册。按光绪三年派刘锡鸿为出使德国大臣，四年召回，李凤苞继任。十年许景澄继任，十三年洪钧继任，十六年许景澄复继洪钧任，二十三年召回。故许档一册为前任内案卷，一册为后任内案卷。其最晚年月为光绪二十三年八月初四日，考《清史稿·交聘年表》："光绪二十三年五月壬子，派吕海寰为出使德国和国大臣"，而此档犹称"钦差出使德和国大臣许"，则是年八月四日，海寰尚未到任，故景澄亦未离任也。卷内无吕海寰任内案卷，疑辑书之人为许景澄任内随员，殆景澄回国，斯人亦同时回国。

　　所说简约扼要，可以信从。于此可见，此书乃是驻德使馆随员中就馆藏档案选辑而成的，所选辑之档案，为刘锡鸿、李凤苞、许景澄、洪钧四人任驻德使臣期间使馆所藏。

此四人驻德始末,须做一简单之介绍。

刘锡鸿(?—1891),字云生,广东番禺人,道光二十八年(1848)举人。郭嵩焘署理广东巡抚时,对刘锡鸿颇为器重。同治十三年(1874)十月,郭嵩焘由长沙赴京陛见,刘锡鸿亦在京任职,时为刑部员外郎。二人常相往还,私交甚好。

光绪元年(1875),滇案发生后不久,英国要求清廷简派使臣前往通好谢罪。七月二十八日,"派候补侍郎郭嵩焘,候补道许铃身充出使英国大臣"。在郭嵩焘的建议下,光绪二年(1876)八月十五日,刘锡鸿被简派充出任英国副使。

出行之前,刘锡鸿获悉郭嵩焘起初给自己拟的只是参赞,心中不悦。光绪二年(1876)十二月八日,郭嵩焘一行抵达伦敦,廿五日向英君递交国书。因国书上未列己名,刘锡鸿对郭嵩焘又大为不满。后来,二人关系日益恶化,竟有积不相能之势。

光绪三年(1877)三月十七日,刘锡鸿改充出使德国钦差大臣。因递送公文的法国"美江"号轮船在红海南口失事,总理衙门只得再行补发国书。刘锡鸿得知改充出使德国大臣的消息,已是六月初六。

抵英后不久,郭嵩焘将途中见闻写成《使西纪程》,将它寄呈总署,以备采择。郭嵩焘在书中对西国倍加称颂,引起众怒。光绪三年(1877)六月十一日,翰林院编修何金寿弹劾郭嵩焘,说他"有贰心于英国"。刘锡鸿趁机参奏郭嵩焘有十大罪状,诸如游炮台披洋人衣,仿效洋人取阅音乐单,违悖程朱等。此后,心灰意冷的郭嵩焘一再奏请销差。光绪四年(1878)七月二十七日,总署令郭嵩焘、刘锡鸿撤差回国。

刘锡鸿驻德不到一年,并无过多事迹可寻。期间,他主要的任务是与德国交涉修改"通商条约",但是没有完成。当然,他对德国的陆兵营制、议政院、年节婚嫁之礼俗等,留下了一些文字记录,有一定的价值。

刘锡鸿的继任者是李凤苞。李凤苞(1834—1887),字丹崖,江苏崇明人,秀才出身。他素好天文历算、测绘舆地之学,曾在江苏舆图局、江南制造局任职。光绪三年二月,经李鸿章推荐,李凤苞任福州船政学堂留学生监督,带领数名学生前往英、法两国学习,并督察李鸿章派往德国武学院学习的七名武弁。

刘锡鸿改充出使德国钦差大臣后,郭嵩焘曾参他任性妄为、器小易盈,恳请撤回,同时又片奏李凤苞可任德国使务。光绪三年十月初五日,李鸿章密陈"现议更换驻德使臣,亦莫如李凤苞为宜"。在李、郭二人的举荐之下,李凤苞得以暂署出使德国大臣。

光绪五年(1879)闰三月,李凤苞正式充任驻德使臣。驻德六年期间,李凤苞最重要的事迹,是为北洋水师订购镇远、定远两艘铁甲舰和济远号巡洋舰。

李凤苞出洋之前,李鸿章曾以购买铁甲舰一事相托。光绪五年(1879),因中俄伊犁交涉,俄国向中国调派舰队。为了有以应对,李鸿章取得朝廷的支持,指示李凤苞购买英国的两艘铁甲舰。因故未果后,李鸿章又嘱托李凤苞"即查照新式,在英厂订造铁甲二只"。

当时的欧洲各国,论海军实力,英、德二国实居鼎甲。光绪六年(1880),李凤苞和参赞徐建寅在欧洲反复考察,于当年十一月向德国伏尔铿船厂订造一艘铁甲舰,是为"定远"号。其后,李凤苞又向伏尔铿厂订制了"镇远"号。此二舰造价二百八十三万两,所费甚巨,但可称当时"遍地球第一等之铁甲舰"。光绪九年(1883),李凤苞与德国海军部讨论,议定在德国订购一艘流行的装甲甲板巡洋舰,取名"济远"号,造价六十八万两。

光绪六年(1880)十月,李凤苞听闻天津、上海两地有一些流言,说自己"常与商人来往,购办不尽核实"。现在看来,此事恐与英国人有关,因为他们想垄断清廷的军火生意,但一再落空,于是对李凤苞心生不满。光绪七年(1881),李凤苞兼任奥、意、荷三国公使。后来,他与曾经的好友徐建寅反目,后者愤而归国。回国后,徐建寅告诉别人,李凤苞在采购军械、铁甲舰时吃回扣。徐建寅是造船的技术监管,经历舰船的设计与制造,故而徐说一出,信者颇多。

果然,光绪九年(1883)十二月,因"定远"、"镇远"两舰未能如期回国,国子监司业潘衍桐上奏,说李凤苞督促不严,并可能存在浮报款目之弊。光绪十年(1884)闰五月,内阁学士尚贤奏称,李凤苞购买铁甲舰时拿了二成折扣。虽经张佩纶奏复查无实据,但中朝对李凤苞已生疑虑之心。

光绪十年(1884),李凤苞任期将满,势难久留,而驻英法两国公使曾纪泽,因在越南问题上主张对法强硬,不利于和谈。四月初四日,奉到上谕:"二品顶戴升用翰林院侍讲许景澄着充出使法国、德国并义、和、奥三国钦差大臣,未到任以前,出使法国钦差大臣着李凤苞兼署。"

许景澄(1845—1900),字竹筼,浙江嘉兴人,同治七年(1868)进士,散馆后授编修,先后充顺天乡试同考官,四川乡试副考官。许景澄虽列清班,却留心经世之学,注重邦交,受到当局的注意。

光绪十年七月十八日,许景澄一行启程出洋,九月初五日,抵达柏林,面晤李凤苞。九月初九即接到电旨:"着即将所购铁甲船详细勘验。工料如不坚固,据实参奏。"如此急切,可见对李凤苞购舰一事极不放心。

许景澄不敢怠慢,随即带着购船合同、书函、报单等件,率同参赞、翻译、随员乘火车抵德国溪耳海口,连日阅视"定远"、"镇远"两舰,详细查勘,逐出点验,认为"均能如式","尚可凭信"。随后,又绕赴士但丁海口,验收"济远"号。

其时李凤苞尚在外洋,许景澄在递交的折片中,并未详细奏报验收"济远"的情形。光绪十一年(1885)五月,李凤苞回国。七月十日,驻德使馆参赞王咏霓在写给袁昶的信中列举"济远"种种缺陷,同时指责"镇远工料不及定远,而当时价值计增十万"。这封信转至御前。九月十六日朝旨:"二品顶戴三品卿衔记名海关道李凤苞,品行卑污,巧于钻营,屡次被人参劾,着革职,永不叙用。"

除了勘验铁甲船,许景澄第一次充驻德使臣期间,还参与了购买舰船之事。其时,朝廷正筹建北洋水师。光绪十一年(1885)六月二十四日电旨:"着照济远式快船定购四只,备台澎用,即电商英德出使大臣妥办。"议定由许景澄向伏尔铿厂订购两舰,即"经远"、"来远"号。许景澄只得博访傍求,筹拟大概,议定细节。当年李凤苞的种种辛劳,想必他已有所体会。辛劳之余,他倒不忘著述,将所见所闻之各国甲船情形,编译成《外国师船表》一书,自谦"非敢以兹编当辎轩之采"。

光绪十三年(1887)七夕这天,许景澄于使署设宴,与僚友饮酒赋诗。席间,他有感于中法战争后越南之不保,想起同治十二年(1873),同年洪钧曾屡次上疏言越南事,一时触怀难收,作《奉怀洪文卿阁学》七律两章。巧的是,八月份差满后,继任者正是洪钧。

洪钧(1839—1893),字陶士,号文卿,江苏吴县人。同治七年(1868)状元,授修纂,曾任湖北、江西等处学政。光绪十三年(1887)四月三十日,李鸿章保荐洪钧"志趣远大,究心洋务",可充出使之选。五月初三,洪钧即奉命充使俄、德、奥、荷四国钦差大臣。九月十四日出洋,十月十九日抵达柏林。

洪钧驻外期间,适逢中俄交涉事繁,很快就"有志于俄事",不但在中俄实际事务上颇费心力,而且考虑到"俄之先与蒙古为缘,不考元事,不能详俄事。而蒙古与俄开衅,始于西域之师,则尤须考西域",遂着手撰写被后人称为"为元史开辟一新大陆"的《元史译文证补》。其时中德无交涉事务,兼充德国使臣期间,他主要为李鸿章、张之洞采办军械弹药,为国内开矿炼铁事订延教习。

光绪十六年(1890)出使差满,洪钧未获连任。七月二十五日上谕:"二品顶戴候补翰林院侍读许景澄,着充出使俄国、德国、奥国、和国钦差大臣。"次年(1891)正月初九,许景澄抵达柏林,随后赴俄,于二十二日递交国书。

许景澄第二次出使期间,大部分时间驻扎俄国,处理中俄事务,"两岁之中,驻德者仅六阅月"。光绪十九年(1893)冬,瓜代之期已至,因帕米尔定界事未了而留任。光绪二十年(1894),甲午战争爆发,清军败绩。次年(1895)三月,马关和议成,清廷割让辽东半岛给日本,随后俄、德、法三国干涉还辽。

清同治十年(1871)初,德国击败法国,完成了国家统一,建立了德意志帝国。其时,首相俾斯麦正着力于建立德国在欧洲的地位,尚无暇东顾。因此,刘锡鸿、李凤苞以及许景澄首任期内,中德之间交涉事务甚少,而彼时的驻德使节,亦可兼摄奥、意、荷、俄等多国使臣。光绪十六年(1890)以后,德国逐渐谋求向东方发展。

参与干涉还辽，即其东方战略之一征。

光绪二十二年(1896)正月，德外长马沙尔向许景澄提出"借地泊船"的要求。十月，德国以"兵船埠地"为要挟，拒绝中国加税要求。身兼数国公使的许景澄感到力不从心，而德国也因无驻德专使"隐怀不惬"，因此许景澄建议朝廷向德国派出专使。十一月，许景澄任驻德公使，杨儒任驻俄公使。十二月，德使海靖向总理衙门提出，要求租借胶州湾作为屯煤海港，遭到总署拒绝。二十三年(1897)正月，德国又重申此意，仍为总署所拒。不料此年十月初六日，山东曹州两名德国传教士被杀，酿成教案，德国趁机"调兵船入我胶澳，砍断电线，勒撤守兵"。许景澄虽在柏林据理力争，但德外部拒绝在柏林商谈胶州湾事，终无所措其手足。次年(1898)三月，《中德胶州湾租借条约》签订。中德交涉事务日渐烦琐。

光绪二十四年(1898)六月，经总理衙门奏准，心力交瘁的许景澄交代回国，七月二十七日回到嘉兴。据说回籍之后，他眼见"时事日非，一身将老，每一念之，凄然泣下"。然而，国事身事俱如萍，一人之力岂可兴。自今视之，亦惟有付之浩叹而已。

光绪十九年(1893)八月初三，薛福成在日记中品评光绪初年以来的出使人才，涉及几任驻德公使时，说了如下一段话：

> 许竹篔、洪文卿又次之。二君皆聪明有余，而稍不肯任事。然出洋三年，皆有著述可传于世，故居第六第七。……李丹崖又次之。丹崖才力有余，西学亦精，一旦得志，器小易盈，其所为颇近于小人。晚年被谴，永不叙用，殆由自取，故居第十四。刘云生又次之。云生以气节自矜，居心实其巧诈，建议亦多纰谬，足以贻误大

局,故居第十五。

薛氏着眼于立德、立言、立功之说,所论不无道理。然对李凤苞之评定,囿于传闻,似失公允。至论许景澄,若见及其十九年以后之表现,亦不得谓"不肯任事"也。

关于《驻德使馆档案钞》之价值,台北学生书局影印本《前言》之末句云:

> 所辑恐不完全,然当时训令及各使节有关系文件均在内,可与《清季外交史料》互相补苴也。

此书选辑的档案,确有不少见于《清季外交史料》者。另外尚有一些不见于《清季外交史料》者,如今也可从它书中检得,譬如《光绪朝朱批奏折》《光绪朝上谕档》《光绪朝东华录》《洋务运动》《清代外务部中外关系档案史料丛编》《出使公牍奏》《约章分类辑要》《华工出国史料汇编》《薛福成集》《曾纪泽集》《反洋教书文揭帖选》等。

此类档案既已见诸它书,则从史料角度而言,似无过多可陈之处。不过,从文献校勘的角度而言,它们倒还有一定的价值。此书为手抄本,文中难免出现讹误,可以根据它书比勘校核。但是,将相关档案与它书著录者相比较,有些字句反而是此书所记的较为准确。兹举五例如下:

一、刘锡鸿卷内有一篇《十月十二日收日国伊使照会》,其中有"自为保定各节"一句。文中的"定"字,《清季外交史料》作"护"。不过,《华工出国史料汇编》《清代外务部中外关系档案史料丛编》二书均作"定",可知当是"定"字。"保定"指保护、安定,较"保护"多了一层意思。

二、刘锡鸿卷内另有一则关于出使大臣简派奏调随员的文字,《约章分类辑要》题作《出使随员应遵章由使臣拣派奏调并知照总署》,其中有"兹查新闻纸内有美江轮船在红海南口失事"一句。文中的"红海",《光绪朝东华录》《约章分类辑要》均作"江海"。《申报》光绪三年五月十三日刊登题为"法国公司船沉溺"的短讯,其云:"历年以来,公司船邮信从未在海洋飘失。昨间,法国公司船名美江者于西历前月二十日从沪开行,随带公司各信。不料至红海口陡然失事,信俱浮沉,其在船人溺毙与否,则尚不得而知也。"《李鸿章全集》收录一封李鸿章写给郭嵩焘的信,信中也说"该船于红海洋面失事",可知"红海"是,"江海"非。

三、许景澄卷内抄录一件薛福成在伦敦使署所奏的密折,其中有"所包华人抵岸后,有工与否,燔杀驱逐与否"之语。文中的"杀",《清季外交史料》作"毁",《华工出国史料汇编》亦作"杀"。此句的主语是华人,自然不能说"毁",而应该是"杀"。

四、许景澄卷内抄录郑藻如所陈《自禁华工来美议略》,其中有"愚民自投陷阱,而我设法以闲之"一句。文中的"闲"字,《清季外交史料》作"闭"。陷阱是不能"闭"的,作"闭"显然不通,当以"闲"为是。"闲"有防闲之意,在这句话中可译为"拦住"。

五、洪钧卷内有一则张荫桓视察古巴华侨的附片,《清季外交史料》题作《使美张荫桓奏视察古巴华侨片》。其中有如下一句:

夏湾拿总领事官陈善言差假回华,臣酌派马丹萨正领事官张桐华权代其任,而以翻译谭乾初代马丹萨之任,均无贻误。随员张泰遗差，经理华人换照，本系专责，当派供事杨葆光接管，学生张树椿递补供事差缺，以资熟手而免更调糜费。

《清季外交史料》则作：

> 夏湾拿总领事官陈善言差假回华，臣酌派马丹萨之任，均无贻误。随员张泰遗差，经理华人换照，本系专责，当派供事杨葆光接管，以资熟手而免更调糜费。

两相对比，前者的文义更为顺畅，信息更多，可知后者疏漏实多。

当然，此书的价值还是体现在那些可以"补苴"的部分，即那些不见于它书的档案中所涉及的人和事。下文列举数则，略加说明。要指出的是，有些档案前人在研究的过程中已经加以引用，并有所阐述。

据说刘锡鸿出洋前，思想颇为保守。他曾以为英国是岛夷，"惟知逞强，无敬让之道"，到英国后才发现他们"以礼自处"，感慨"诚未可以匈奴、回纥待之矣"。出洋之前，刘又曾大谈"养兵无益，及洋炮、轮船不足学"，及至到英国后，见到火轮车"慢者一时亦百余里，故常数昼夜而万里可达"，惊叹"技之奇巧，逾乎缩地矣"。但是，他仍然以为火轮车不能行之于中国，因为"然行诸中国，则裸股肱，执策绥，操舟挽辇以度载人货者，莫不尽废其业"。

档案中所收刘锡鸿所上《为德国修约业已可成，仍当及时制治保邦期弭后患》一折的原奏稿底，颇可见其出洋后思想变化之一端。刘锡鸿说，西洋各国对中国眈眈涎视，"惟政教修明之至，乃可化之"。这是虚的一面。他随即指出"武备为治标之急务"。这才是实的一面。在对西洋练兵、造船、制器之法及其效应大加赞赏之后,他提出"当令内外臣工妥议裁撤旧兵,别定为新兵画一之制,教练不易之法,俾各有遵行之,……各省置办战船者,应统令西洋船厂代办,由驻扎该国使臣督成之。侯出洋学生究得其法,然后自制,……各省督抚未尝究心于此者,应由天津等局以铸就枪炮分给之,或择税务司可靠之员饬赴西洋代购,不必另行设局",不复作"养兵无益,及洋炮、轮船不足学"之谈矣。

当刘锡鸿趁机参奏郭嵩焘有十大罪状之时,郭嵩焘毫不示弱,奏上《出使各国大臣万不宜添设副使并参出使德国大臣刘锡鸿滥支经费片》,说"刘锡鸿所领薪俸分文不肯使用,而视公款略无顾惜",参劾他自改派出使德国大臣,开支经费不合定章,"浪用虚糜,漫无限制"。具体说来,包括游历百珥名登(即伯明翰)一处,即开支经费将及五百两之多,又广制器皿、画镜、银器玩物,费银至一千数百两,拟送德国官绅,且滥发电报,以寻常私事发递电报至七八次。

档案中所收《刘与郭辩经费事》,为刘锡鸿的申辩之词。据刘锡鸿所言,游历北明根(即伯明翰)"往返十四日,火车、火船、店租、饭食合共费银五百余两,皆出诸本大臣之薪俸"。至于"广制器皿画镜银器玩物一项",则解释为"将赴德时,就近购买中国器物以备应酬,此系以己赀财供己之用,而即以求济己应办之职事,与经费全然无干"。刘锡鸿又说,自出洋以来,自己共发六次电报,前五次均为公事,第六次虽为家事,但为英国外部代发,且事后已付资费。"总之,郭大臣此奏名为请议开支经费,实则借径以肆其污蔑排挤"。虽然刘锡鸿所言未必属实,但仍可作为进一步辨明此事真相之依据。

李凤苞为北洋水师订购"镇远""定远"两艘铁甲舰和"济远"号巡洋舰,在本档中亦有记载。诸如式样之订定、材质之考究等,所记均极详实,可与它书所载相互发明。此外尚可注意者,乃是一份《谨节录赴奥晋接情形并见奥君致词答词呈备钧核》与一份《节录德国水操法,前赴和国谒君致词》。

光绪七年,李凤苞兼任驻意、荷、奥三国公使。按照惯例,公使须向出使国之国君递交国书。《谨节录赴奥晋接情形并见奥君致词答词呈备钧核》记载光绪七年七月二十七日至闰七月初七日间,李凤苞一行自柏林前往维也纳,向奥匈帝国皇帝递交国书前后之所见所闻。除了向国君递交国书,李凤苞一行还参观了博古院、博物院、艺学院、矿学院、地图局等处。

《节录德国水操法,前赴和国谒君致词》记录自光绪七年闰七月廿三日至八月十二日间,李凤苞一行赴德国北境溪耳海口阅看水操与赴荷兰递交国书二事。日记中记载此次德国水师的操练过程,并对船炮、阵法、鱼雷有详细的描述。至于赴荷兰期间,除了向国君递交国书,李凤苞还受到国妃的接见,并阅视鸟兽院、万生园、植物园、水师博物馆、堤塘、电线厂等处,又顺道考察比利时的炮台各工。

这两份节录,重于对所见人事之记录,譬如与奥国国君与荷兰国君、国妃的对答之词,均一一记录。如果说递交国书尤为慎重,所以要不惮其烦地详细记录,那么,参观荷兰闸埧的经过并不重要,可是在他的笔下依然巨细靡遗,几近琐碎。换作他人,可能寥寥数笔就带过了。不过,正是由于他的详实记录,我们才得以具体而微地了解其时奥、荷等国的军事设施、水利建设等。论者以为李凤苞是"技术型官员",注重介绍西洋的先进技术及管理手段。从他的这两份节录看,确实如此。

有意思的是,奥匈帝国外部尚书海美勒在和李凤苞的对谈中说到,"中国教化最古,奥虽旧国,然方诸中国,不啻童稚矣"。对于这番赞誉,李凤苞不置一词,甚是无趣。海美勒又说:"我闻古时早与中国北边来往,今重订交谊,自当较他国更易亲密。"对此,李凤苞更是一板一眼地说:"古时中国西北边外各族踪迹,史册不能详考。今后来往,方为彼此有益。"太实际了!不过,这倒是很符合他"性喜考订"的风格。可以想象,如果换了郭嵩焘、曾纪泽,此番谈话必然是另外一幅场景,至少会热络得多。

许景澄任内记有出使诸人或病或逝之事,亦可增进对国人初出外洋时生活之了解。当清廷派驻出使大臣之初,大多数人视为畏途。且不说去国万里,与洋人打交道,不见容于士林,有失颜面,就是远渡重洋,身处异邦,水土也不大相宜,易生疾病。

档案中提到,驻德使馆随员王咏霓,"自到洋二年有余,常患水土不服,两次随驻法都,均于体性不宜",仅是水土不服,至少性命无虞。有些更为严重,比如"驻英医官曾念祖回华后病故",又如驻德使馆随员顾祖荣,"水陆奔驰,频年劳顿,兼以水土冱寒,致患肺喘咳血之症",回乡后不久即病故。

它书亦颇有此类出洋患病的记载。如钱德培旅欧,因为水土不服,"患泄泻多月,并觉里急后重。西医治法,已计穷力尽"。他还提到王子聪,"素无疾病,今夏忽患足肿,自腰而腹,渐至头面。洋医诊治无甚效验,卒至胃绝便闭,于五月初五日病殁"。此外,李鸿章派往德国学习的千总杨德明,某晚"甫登车即吐血数升,神智昏迷,不能言动",西医诊治的结果是"不过延岁月而已",后亦不治而亡。今人动辄去国,鹏飞万里,恐已不能体会当日出洋之不易。

　　此次整理，即以美国国会图书馆藏清钞本为底本，并参照台北学生书局的影印本。原稿顺序为刘锡鸿任内卷略—李凤苞任内卷略—许景澄后任内卷略—许景澄前任内卷略—洪钧任内卷略，整理时按照各出使大臣任期先后作了调整，顺序为刘锡鸿任内卷略—李凤苞任内卷略—许景澄前任内卷略—洪钧任内卷略—许景澄后任内卷略。为了阅读方便，文中的异体字，如第、效、隅、荫、寓、炮、枪、效、恤、纸、草、托、察、遍等，均已改为通行字。前文已经说过，因为该书是手抄本，文中难免出现衍字、讹字及遗漏字句的情况。文中的衍字、讹字，有它书可资参照者，即依据它书，以脚注的方式注出。至于遗漏的字句，如有必要，或据文义或据他书，略为补全。如不影响阅读，则不作更改，以维持原貌。

陆德富

刘锡鸿任内卷略

照录总署来咨光绪三年十一月初六日发，四年正月十二日到。

　　为咨行事。所有日斯巴尼亚国古巴地方华工一案，现经本衙门与日国驻京伊大臣公同酌定章程十六款，于光绪三年十月十三日均各画押盖印讫，理合通行知照。兹附来古巴华工条款及本衙门与日国伊大臣往来照会二分，咨行贵大臣查照可也。须至咨者。

　　钦差出使大臣刘。

十月十二日收日国伊使照会

　　为照会事。照得中国人前往古巴居住一事，经贵衙门各大臣与本大臣屡次商议，定立条款，而现今所定条约第六款内载：所有派中国总领事等官一节，均照互相订明办法办理等因。查嗣后贵国派此等官员前往该处，自为保定各节谨照条款办理起见，若非慎重之人，难尽其责。本大臣前已将该处较他处尤难之情形，在贵大臣前屡次述明，并请如派总领事、领事、副领事官，务希专派中国本国之人。为此，现请贵衙门将贵国允否此节照此办理之处，妥为示覆可也。为此照会。须至照会者。

十月十三日给日国伊使照覆

为照覆事。本月十二日接准贵大臣照会,内称中国人前往古巴居住一事,经贵衙门各大臣与本大臣屡次商议,定立条款,而现今所定条约第六款内载:所有派中国总领事等官一节,均照互相订明办法办理等因。查嗣后贵国派此等官员前往该处,自为保定各节谨照条款办理起见,若非慎重之人,难尽其责。本大臣前已将该处较他处尤难之情形,在贵大臣前屡次述明,并请如派总领事、领事、副领事官,务希专派中国本国之人。为此,现请贵衙门将贵国允否此节照此办理之处,妥为示覆等因前来。查条款第六条内中国派总领事等官一节,本王大臣等与贵大臣屡行筹议,已极详明。兹准前因,自当查照办理。相应照覆贵大臣查照可也。须至照会者。

十月十三日给日国伊使照会

为照会事。照得古巴华工章程各款,本大臣等已与贵大臣逐款当面订定,一俟彼此画押盖印后,本衙门应即奏明饬令南北洋大臣,转饬通商各口关道及该地方官等一体遵照办理。此后倘有自愿出洋之华人,已经前赴该关道衙门报名挂号,领有该关道盖印执照,下船时忽又不愿出洋者,如该船船东、船主有借垫该华人银钱若干,该关道及该地方官应令该华人将亲立券约呈验相符后,即行勒令如数缴还。倘有未能缴还情事,应由该关道及该地方官取具的保,俾归有着可也。相应照会贵大臣,转饬领事官一切查照办理,并希先行照复为要。须至照会者。

十月十三日收日国伊使照复

为照覆事。本日接到来文,内开:俟彼此画押盖印后,本衙门应即奏明饬令南北洋大臣,转饬通商各口关道等官,此后倘有自愿出洋之华人,已经领有该关道执照,下船时忽有不愿出洋者,如该船船东、船主有借垫该华人银钱若干,该关道等应令该华人将亲立券约呈验相符后,即行勒令如数缴还。倘有未能缴还情事,应由该关道等取具的保,俾归有着等因前来。查如此办理,实于今已画押之条款易于得手,自应由本大臣即行转饬各口本国领事官,查照一切办理可也。为此照复。须至照会者。

总署咨行事。光绪三年八月初六日,本衙门具奏出使德国大臣请随带翻译人员,本衙门分别办理一折。本日军机大臣奉旨:依议。钦此。相应抄录原奏,恭录谕旨,咨行贵大臣钦遵办理可也。须至咨者。光绪三年八月初九日发,十月十七日到。

谨奏,为出使德国大臣拟调随带翻译人员,由臣衙门分别办理,恭折具陈仰祈圣鉴事。窃臣等前于三月间遵议具奏英国副使可否裁省一折。光绪三年三月十七日奉上谕:前经简派三品衔候补五品京堂刘锡鸿充出使英国副使,着改派该员充出使德国钦差大臣,并赏加二品顶戴。钦此。钦遵。由臣衙门于三月廿一日恭录谕旨,并抄录原奏咨行该大臣查照在案。嗣据署苏松太道刘瑞芬函称:奉寄出使大臣第六次公文,交法国公司美江轮船递寄。兹查新闻纸内有美江轮船在红海南口失事,所带公文恐已遗失,请查案加函补发等因。复经臣衙门于六月初二日将前项公文等件照录补发亦在案。兹接该大臣致臣等函称,六月初六日接到南洋大臣来咨,知奉旨改派出使德国大臣,并称随带人员以翻译为最要,洋翻译官已拟将总税务司赫德所荐来之博郎派充,并请派同文馆学生赓音泰、荫昌为中国翻译官,饬令作速起程前来,以免延误。其他随带人员,由总理衙门拣派两员,俾资臂助各等因。臣等查同文馆内设立德馆最迟,且德国文字较难于他国,故现在德馆学生堪膺翻译之任者尚难其选。本年四月间,臣等与德国使臣巴兰德会晤,询以各国钦差驻扎德国,德国外务大臣与其来往文信是否必用德文,抑可通用英、法等国文字。巴兰德答言,英、法文字亦可通用,但须预先告知熟悉何国文字,即用何国之文等语。经臣衙门抄录与该使臣问答节略,函致刘锡鸿,并告以中国翻译官可在法馆学生中商择等因。兹该大臣来函,欲派德馆学生赓音泰、荫昌前往。臣等查上年九月间奏定出使章程内开:出使各国大臣所带参赞、领事、翻译等员,应由该大臣酌定人数,开列姓名,知照臣衙门查核。所有刘锡鸿调派之赓音泰、荫昌两学生作翻译官,正与章程符合,自当饬令赶速整装,起程前往。惟查该两学生学习德文虽通门径,而于翻译汉洋文字,恐尚未能精通。臣等公同商酌,拟再添派法馆学生庆常一同前往,以备任使。至该大臣所称,由臣衙门另派随带两员等语,查出使随带人员,固以熟习洋务为上选,然必该大臣素所深信、性情契合之人,方可期其得力,且亦有所责成。若由臣衙门代为选派,殊与出使章程未符。应请饬下该大臣自行拣派奏调,并知照臣衙门查核办理,以符定章。除臣衙门函致该大臣外,所有出使德国大臣刘锡鸿调取翻译学生,及臣衙门未便代派随带人员各缘由,理合据实陈明。伏乞皇太后、皇上圣鉴。谨奏。

总署咨行事,所有本衙门复奏。出使英国大臣郭奏请纂定通商则例,暨拟以胡璇泽充当新嘉坡领事各折片,于光绪三年九月廿五日军机大臣奉旨:依议。钦此。相应抄录本衙门复奏折片二件,恭录谕旨,咨行贵大臣遵照可也。须至咨者。光绪三年十月初二日发,十一月廿七日到。

奏为遵旨议奏事。光绪三年八月廿七日,军机处抄交出使英国大臣兵部侍郎印郭嵩焘奏各口通商事宜,急应纂成《通商则例》一书,以资信守一折。奉旨:该衙门议奏。钦此。查原奏内称,通商以来,交涉日广,情事日繁,仅恃通商条约为交接之准,而条约定自洋人,专详通商事件,于诸情形皆所未详。每遇中外人民交涉事件,轻重缓急,无可依循。历年办理洋案,各口领事与各地方官交互抵难,展转避就,无一能持平处断者。推原其故,皆由中国律例与各国争差太远,又无能究知西洋律法。遇有辩论事故,无例案可援,观望周章,动为所持。而溯既往之失,以期将来之补救。援理藩院于蒙古各盟案件,以圈禁罚赎代流徒笞杖办法为比,例就现办辨论镇江逞船一案,相持无定议为引证。举总税务司前议商情、交际、词讼三者为紧要关键。请饬总理衙门参核西洋各国所定通商律法,分别条款,纂修《通商则例》一书,择派章京专司编纂,南北洋大臣及总税务司参酌,由总理衙门审定颁发各省,并刊刻简明事例,略叙大纲,颁发各国驻京公使,庶一切办理洋案有所据依等因。意在广中外之律例,为交涉之准绳,遇事庶几持平。在今日允为要务。臣衙门承办中外交涉事务,早经筹议及此。数年前已饬总教习及各馆教习学生等,先将法国律例陆续翻译,因篇页繁多,一时尚未译毕。至行之是否有弊,及各国能否允行,有不能不详审通筹者。各国条约所载,大抵中国人由中国官照中国例治罪,外国人由领事官照外国例治罪。外国不一国,国各有例,非中国人所能尽悉。各国之人,此国居彼国者,均由所居之国管束,遇事照所居之国律例办理,又与各国之在中国者不同。中国有斩、绞、徒、流诸罪,各国自换约以来,惟俄国有用火枪打死罪犯一条,其余交涉各命案,率谓按其本国罪名,不过监禁做工数年及以若干银偿命,大端不出此两层办法。各国遇有被中国人杀毙之案,有以监候之犯坚请提前办理者，是于中国之法且欲从严矣。至外国人杀毙中国人命案，微特不办死罪，谓外国无此办法，即外国所谓监禁、罚银两层，亦有为之开脱不办者，是于外国之法且欲从宽矣。条约所开，于通商较详，而外国使臣于条约之利于彼者，力为之争，利于中国者，曲为之说。即如该大臣所引镇江趸船一案，于中国无此情理，于英国且有明禁，而迄今并未照覆申禁者，泰西各国竞尚兵力，其于中国情势亦然，力所不能胜而欲以条例、口舌争胜焉，难矣。是各国使臣即允订此例，中国遇事恐未必能照行。其难一也。均此罪状，而由中国之律则死，由彼之律则生，彼岂不知通商以来十数年已得之便宜？今欲明定公共之条，归于画一，既为中外公共之律，应由各国使臣画押允行，揆之各国使臣之用心，恐未必就我范围。若均从中国律例，杀人及盗论死，各国必不能允从。均照各国律例，则中国人民欲快心于彼者久矣，讵无甘蹈监禁，愿出多金以求一报积怨者，律减犯多，或至办不胜办。若斟酌乎中外之间，则罪名轻重相去太远，既非圈禁之视流徒，罚赎之视笞杖，轻重略等者比，势必彼此有所损益，于此而欲酌定条款，良非易易。况与各国向准管辖境内所居他国民人者，又殊非各国使臣力除成见，共矢实心，各奏其主，一律愿行，必无成局。是中国即定此例，各国使臣未必允行。其难二也。该大臣奏请酌定者系通商则例，而其意则重在命盗律例。通商则例有各国条约及各通行章程可循，其寻常涉讼者，复有会讯章程可据，只在搜译各国条例参核考订，办法当不甚悬殊。命盗律例，中外轻重不同，须将各国律例译出，酌夺比例，折衷定论。而溯厥根由，因通商始有交涉，交涉始有命盗各案，自应仍归通商则例，分门纂辑，合订成书，不致与定律牵混滋弊。惟是通商则例办理在各口岸，有各国领事官会办。命盗律例则兼及内地，凡各国游历传教等事，均有滋事案件，而于传教为尤多。内地不得设领事等官，若将案犯解交口岸办理，恐滋拖累。领事官在口经办事件，于理于势于条约，均不应令其赴内地审办案件。若仅将洋犯解赴口岸交领事官办理，则事无质证，末由定谳，在彼有词。是各国使臣即允同订是例，遇事即肯照办，亦恐启内地添设领事之渐。其难三也。然而牧民者责在生民，知己者本应知彼。既关民命，何可不弹（殚）厥心。溯当同治年间预筹各国换约事宜，经臣等饬令各章京查核各国条约。据章京周家楣呈议：以中外办罪生死出入不得其平，拟请定约时将中外命案定一公例，凡系交涉之案，彼此照办以得其平。于条约内载明遵守，虽在彼族诸多狡展，而在我总宜力争。前大学士文祥亦以为可行，仍恐启内地设洋官之端，不如各照中外律例自行办理。同治十年十月间，北洋大臣李鸿章奏陈：中外通商已久，而条约应行事例间有随时变通者，无成编可考，探讨莫从入手。以江苏题补道凌焕留心著述，又于洋务经办十年，胸有成竹，饬检南洋卷档，即以条约为纲，按款采集成案，胪列章程，再将北洋办过各案择要添入，由该大臣核定，南北洋大臣衙门各存一编，庶遇事有所依据。将来或修换新约，或议订通商律例，皆可以此编参考，似属办理洋务必不可少之书等情。是李鸿章亦早筹及此事。惟欲订中外共守律条，则其权不尽自我操，自不能不另为筹办。至于总税务司赫德于光绪元年十二月间因云南戕毙马加理一案，申论中外交涉呈递节略议论甚繁。所议商务、讼件、政务三层，其讼件内因中外律例之不同，审法之不同，罪名之不同，其缘事有因人、因产、因税之目，而欲立一通行详细规条，有通行之讯法，有通行之罪名，有通行之衙门。其引论中，并有议及外国人归地方官管理之条。专就此事论之，所议自可采取。而其用意有因此及彼者,此利而彼弊,此益而彼损并行,则我有所难专办,则彼非所愿,且恐此得其虚名而事不能究,彼得其实济而悔不可追,又不得不审慎图维,相机筹议。臣公同商酌,该大臣所请纂定通商则例一书之处,除由臣等一面广购各国律例诸书,饬同文馆总教习及各馆教习学生等以次翻译,一面咨行出使各国大臣,搜采其国之法律等书,饬随带之中外翻译官陆续译出,录寄臣衙门参互考订。拣派通晓律例各章京,将中外律例分门缀辑。如所治何罪,于大清律例各条下附以各国律例,从前历办成案,随条采注,用借比议。并咨行南北洋大臣,遴派通晓律例熟悉洋务之员,博访精通各国律例及素习洋文中外人士,责令详明翻译,一体分门纂辑,并将两洋办过成案随事采注,咨送臣衙门,划一纂订成书。再由臣等随时与各国使臣及总税务司相机议论,随时筹办外,相应请旨饬下南北洋大臣暨出使各国大臣遵照办理。所有臣等遵议缘由是否有当,伏乞皇太后、皇上圣鉴训示。谨奏。

再,光绪三年八月廿七日,出使英国大臣郭嵩焘片奏,英国属地新嘉坡拟设领事,委道员胡璇泽充当作为南洋总领事,并因经费艰难,应另核议等因。奉旨:该衙门议奏。钦此。

查臣衙门原议出使经费,兼及总领事及正副领事,本因美国之金山、日斯巴尼亚国之古巴、秘鲁国之利马及日本国之长崎等处,中国民人在彼实繁有徒,或有须设领事以资钤束保护之处,其是否设立,仍由出使大臣自行酌度。或无须设立以免糜费,或如该大臣所称,酌给开办经费,不给薪水,期得节省之益。出使大臣自当各就所至各国地方情形核实详筹办理,本非令凡出使大臣皆设领事于其国也。今以新嘉坡须设领事,该大臣拟遴委道员胡璇泽承充,应即作为新嘉坡领事官,所办各事申报出使大臣主裁。其所称南洋各埠头应否分设领事,该大臣未能深悉,拟令胡璇泽切实考求,报明办理。即饬作为南洋总领事,一切事宜分别申报各国使臣,仍统归南北洋大臣及两广督臣就近经理等情。查中国领事官事经创设,南北洋各埠头相隔甚遥,胡璇泽甫令任事,才具即堪胜任,耳目亦难遍周,出使各国大臣及南北洋大臣、两广总督等势亦不能节制,应请从缓妥筹,此时无庸置议。该大臣以领事之费必不可多,议给开办经费,不给薪水,即就中国流寓民商愿出户口年貌等费内报销开支,系为力求节省起见。至出使各国须设领事应归划一之处,臣等公同商核,除不必设立领事各国仍无庸议外,其有各处情形与新嘉坡相似者,即照此一律办理。或该处口岸另有碍难照办情形,由出使大臣查察,另行奏明核办,仍应力求撙节,以期事归实际,用无虚糜。所有臣等遵议缘由是否有当,伏乞圣鉴训示。谨奏。

光绪三年九月廿五日,军机大臣奉旨:依议。钦此。

总署咨行事。本年六月廿三日,准贵大臣咨称:本大臣于光绪四年四月初十日在柏林行馆拜发奏折一封,应请贵衙门代为转递,并将原折寄交前来。本衙门于七月初二日代递,初三日由军机处交来奏折一件,奉旨:该衙门知道。钦此。奏调黎庶昌一片,奉旨:该衙门知道。钦此。捐缴山西赈银一片,奉旨:知道了。所捐银两,着照各省捐赈章程请奖。该部知道。钦此。相应将折片三件,安折三分咨发贵大臣查收可也。须至咨者。四年七月初六日发,九月初十日到。

原奏稿底

跪奏为德国修约业已可成,仍当及时制治保邦,期弭后患,敬陈管见，恭折仰祈圣鉴事。窃臣叠接总理各国事务衙门函件，审知德国使臣巴兰达要求修约条款，恐吓逼勒各情。当于到德后，晤其外务大臣及帮办各官，或开诚告语，或据理折辩，均随时将问答大概情形函知总理衙门察照。兹于三月廿日接据该国外务大臣来文内称：业已行令巴兰达照现在商妥条款赶立新约，其有数条未经中国允许者，无论如何紧要，均可从缓办理等语。是此次修约，立见有成，可无他虑。即来文于内地重征厘金一节，仍谓与原约不符，将来尚须另酌。然其意亦只在增加子口税银，归于总海口整起完纳，以免延途征收，迄无定数，商贩动致亏本。并非欲径裁厘税，耗我饷源，想他时亦易定议也。惟臣驻扎西洋一载有余，熟察各国互争雄长，费用繁奢，势难不四出而攫利。西南两洋蚕食已尽，无可腹剥。现藉通商遍历中国，见我金银矿产之富，莫不眈眈涎视，怀割腴自益之谋。俄国并吞土尔奇，以图出海之便。德国屡派人游览各省山川，增造铁甲战船十二艘，以为泛海之计。英国凑股集赀，拟由印度创造火车路，以达云南，心目所注，概可想见。彼其嗜利之性不顾至亲，固非据理争辩所能闲，亦非曲意和好所能弭。惟政教修明之至，乃可化之。其次则武备为治标之急务矣。夫数年以来，各省练兵、造船、制器多已改用洋法，然而洋人论及，辄笑为浪费而无益，何者？事有精有不精，有实有不实，状其貌而遗其神，不可谓之善绘也。西洋练兵，先习号令，进退左右，指挥莫不响应，次习技艺，枪炮准的，考校直及毫芒，铠仗衣甲不离于身，行伍步骤不改于常。日日而习之，国君大臣时亲经理之，犹寝食之不可废缺。其营弁皆先入武学塾，精究天文地理，垒守阵攻，抚驭兵丁之法，故其才识意气皆能有以服众，而联属其心，以之赴斗，志如一也，力相并也，从容暇豫而众不嚣，危急死伤而行不乱也。我中国操演现照洋法,队伍非不可观,然未必有指臂相联之势,火器非不共习,然未必知远近命中之方。良由营哨长于此素未讲求,意不专注,无从督率。而武营陋习,又辄以侵克兵饷为分所应尔,众心先已不服,号令安望其能从。论者谓中国兵力今虽胜昔,然只可诘土匪,不可御洋寇者,职是之故。且目前已练新军,而分防无用之老兵依然募补,目前已尚枪炮,而御侮难资之弓箭犹复并行。至于补缺补粮,惟循旧制以校射,所用在此而所考在彼,殊非核实之道。臣愚以为,当令内外臣工妥议裁撤旧兵,别定为新兵画一之制,教练不易之法,俾各有遵行之,而尤申严军令,督课将弁,激厉廉耻,使知所以训迪爱恤其兵,庶众力齐众心固,将才亦因之日出,非徒操演之虚夸矣。西洋之造战船,迥与商船异式,船面欲其坚厚以载大炮,船底欲其宽平以驭风浪,机器欲其深藏水底以避轰击,双轮欲其巧于转拨以利进退,莫不由水师大员督同巧匠昼夜研索,期于尽善。我中国船政局亦募洋人监工,然彼第于船式粗有所知,非能深究奥妙。盖西洋一巧匠每岁所入,动至数万金钱,非月给银数百便可邀至也。匠头既非良工,物料又不坚实,故论者谓中国轮船只可供度载人货之用,若以接战,则簸荡而站兵不稳,轻脆而一击易摧,是历年制船之赀等于弃掷,临敌终无以济事矣。臣愚以为,中国匠人现既未谙其机窍,则各省置办战船者,应统令西洋船厂代办,由驻扎该国使臣督成之。俟出洋学生究得其法,然后自制,此不特省虚糜,亦免误大事也。西洋制炮,或用熟铁,或用纯钢,或内钢而外熟铁,其铸造之精细,月异而岁不同。即以火枪而论,今所造者较昔轻便为多,而所及亦倍远。洋人谓旧枪一分时可放十二出,新枪则可放廿出。旧枪一击能及千二百步,新枪则能及二千步。臣尝亲履其局以观制造,见夫工匠数千,各执一事,莫不细意研磨，而掌兵者复派弁别带巧匠数十人，逐一试验其事件，按之模式，不爽毫发，然后俾合成之。枪既成，又派弁逐一试放，然后收用。盖其用心之密如此。我中国天津、上海、福州等局所造枪炮，现虽不如西洋，犹可望其日进而益上。至于他省，则有名无实者居多。或徒听凭委员以贱价收买洋人废枪，磨刷充数，便自谓足备战守，如此安得不贻误。臣愚以为，各省督抚未尝究心于此者，应由天津等局以铸就枪炮分给之，或择税务司可靠之员饬赴西洋代购，不必另行设局，以虚耗帑藏。其枪炮之业有成数者，均令登记册档，严其掌守之责，定为交代之令，庶军实不至于旋蓄而旋弃。此皆实事求是之道也。练兵、造船、制炮皆有实效，则力足战守，洋人不敢轻视，然后可终保其和。否则在彼之耳目甚真，在我之设施悉伪，是犹束刍为人，以御门内之盗，方将笑仆之而恣其掠夺耳。且夫西洋兵力之强，由富足基之，然其富非幸获也。臣观英国男女子五岁以上，官即驱率入学塾，俾习百工之事，学成者年约十三四，即令就佣。其或惰游，则别为房舍以禁之，给以食而课其匠作，至于树畜之事，缝织之功，雕镂画绘之技，烹调医疗之法，莫不各有型式，师傅随人所愿学而教导之。是以里无闲民，门无偷盗，入其市则百货如山，千夫汗雨，行其野则美材环荫，牧养成群。生之者众，为之者疾，其教治有以督之也。法、奥诸国闻亦若是。我中国军兴以来，人皆怠于生业，流荡为非，盗贼日多，闾阎滋困。忧时者以民穷饷乏，归咎于银之出洋，谋所以敌洋货者，不知人之货足耗我财，我之货亦足致人财，特患民不力作耳。诚能劝民农工生殖百物，则华洋互市，正可藉以富百姓。如洋人爱丝斤，则益课蚕桑，洋人爱绵缎，则益工织绣，洋人爱糖茶瓷器诸物，则皆随其合用之式以为之，海外之财未有不流注内地者。乃亲民之官困于薄书期会，不能随时巡历四乡,常与绅耆相见,广为劝导,即或语及教养,亦惟以文告毕乃事。此吏治之不明,民生所以匮,国用之窘绌因之,武备之难筹亦因之也。夫事之举废,权实操诸朝廷,如果出一令而法在必行,则天下无敢以文应。整军经武者,提镇之事也,率属以谋富教者,藩臬巡道之职也。三载考绩而无成效,则废黜加之,诚能有功,然后行赏,斯司道提镇靡不劝矣。督抚者身膺疆寄任大责重者也,司道提镇不能其职而不纠劾,以致戎政不修,民事不举,则罪及督抚。平日玩视其事,一旦疆场有失,则即明正典刑,斯督抚无敢不勉矣。朝廷察督抚,督抚察司道提镇,司道提镇又各以纠察其属,职不相侵,官无闲旷,嘉庆以前之故事本如此。苟恪遵成宪,并复司道提镇专折奏事之旧制,俾人人得共效其忧恫,以襄督抚之勤劳,是不惟可致富强,文德之修亦即寓焉。非然者,督抚恃咎戾之不易及而悠忽以将其属吏,又恃咎戾之不易及而相率为伪,循资按格,遂至高官。臣恐日混一日,洋税所拨六成银以办海防者,徒供妄费,无裨实用。今年德国之约虽成,不两年而他国之约又当换。人怀轻视之念,凌逼恫喝,互相效尤。俯顺之,则我益弱而不支,稍拒之,则彼且借以生变,其究有不堪设想者矣。臣蠡测之见是否有当,伏乞皇太后、皇上圣鉴施行。谨奏。

再,臣接阅邸抄,知上年山西、河南等省亢旱成灾,冬雪亦未深透,民间饥苦,惨不可言。经前侍郎阎敬铭等奏请,谕饬各直省督抚特派司道大员筹办捐赈,其灾荒之重,必非寻常可比。臣远在数万里外,仰念皇太后、皇上宵旰忧勤,无从稍效绵力,衷怀郁邑,举箸难安。幸蒙朝廷体恤出洋艰难,予以厚禄,臣节省私用,薪俸尚属有余。兹谨捐缴赈银二千两,咨交直隶督臣李鸿章酌量分拨济用。明知杯水车薪,无裨于事,特感此时艰,愚忧不能自已耳。理合附片陈明,伏乞圣鉴。谨奏。光绪四年四月十一日稿。

奏为恭折叩谢天恩仰祈圣鉴事。窃臣于光绪四年七月廿八日,承准总理各国事务衙门递到军机大臣字寄光绪四年五月初七日奉上谕:郭嵩焘、刘锡鸿自奉使出洋后,意见龃龉等因。钦此。恭读之下,威悚交深。伏念臣前年奉命充当副使,偕郭嵩焘使英,陛辞之日,跪聆圣训周详,勉以和衷共济,审中外观瞻之攸系,宜寤寐永矢而不忘。是以出洋以来,一切勉为含忍。无如学问未至,意量终非,既不能感人以至诚,遂难免势成夫互讦,抚躬内疚,谴斥何辞。乃仰荷鸿慈,曲加原宥,宽其既往,儆以将来,微臣苟有天良,何敢不思愧励。兹惟有凛遵谕旨,亟自创惩,务期意气之消融,稍效公忠,以图报所有。微臣感激下忱,理合恭折,叩谢天恩。伏乞皇太后、皇上圣鉴。谨奏。

总署奏派出使大臣折

奏为遵旨议奏事。窃臣衙门于二月廿八日,代递出使英国钦差大臣郭嵩焘、副使刘锡鸿奏报,行抵英国伦敦呈递国书情形一折。奉旨:知道了。钦此。又郭奏奉使英国呈递国书,无充当公使文据,亦未列副使名,请旨遵办,并因奉到国书未能深察,自请议处一折。刘锡鸿奏驻扎英国副使可以裁省一折。均同日奉旨:该衙门议奏。钦此。

臣等查泰西各国遣派使臣,有专因要事特派者,有循章派员互驻办理交涉各件者。中国与各国换约,各国使臣往往索看全权文凭,至其届期来华驻扎办事,呈递国书,大略皆谓所派之员素所信任,乞中国与之和平办理交涉事件,此外亦无另有文据。至中国派员出使各国,若志刚、孙家谷本非指定驻扎何国,亦未分正副使之职,国书内系与蒲安臣三员并称。若崇出使德国,专为同治九年天津教案,未有驻扎办事之议。彼时所至各国,除赍递国书外,亦未据各国索看另项文据。

今郭本因议结滇案钦派前往英国,照案颁给国书。刘锡鸿系属副使,国书内未经列名。现据郭奏称,英国外部丞相德尔比知照录示奉使国书,其意欲得公使驻扎,以通和好。可否遵照国书惋惜滇案,无庸驻扎,抑应补颁国书,充当公使驻扎三年之处,请旨遵行。现在英国交涉事件亟资经理,拟请补颁国书,俾充驻扎英国办理交涉事件大臣。并一面由臣衙门援照督抚学政颁给坐名敕书之例,知照内阁一律颁给敕书,以昭慎重。此后奉使有约各国大臣,应即照此办理。再,查有约同各国,除英、美、日本等国业经简派出使大臣,瑞、比、丹、荷、义、奥各国暂可无庸专派外,其余如俄、德、法三国交涉事件较繁,似不能无中国使臣在彼驻扎。现副使刘锡鸿以国书未列其名,经英国先阻后,允随郭一同接见,如果仍令充当副使,自应一体颁给敕书。既据刘锡鸿奏陈副使可裁情形,可否俯如所请,即将刘锡鸿撤回,抑另有简派之处,及郭所称领到国书未及详审自请议处,可否加恩免其处分,统候圣裁。所有臣衙门遵旨议奏缘由,谨缮折具陈,伏乞皇太后、皇上圣鉴训示。谨奏。

光绪三年三月十七日,军机大臣奉旨:郭嵩焘着免其议处,余依议。钦此。

咨总署张风书改为供事文

为咨呈事。照得本大臣于光绪二年九月仓猝出洋,远涉数万里,随身并无亲信可倚之人。查有同籍候选县丞张风书,平日朴实谨慎,爰于奉命改派使德起程前赴德国之际,奏派充当随员,委令办理支应及稽查使馆人役等事。乃札委以来，该职畏劳避怨，不能得力，业经改为供事，以示薄惩。自光绪四年二月十一日起，即令支领供事俸薪银两。该职迂守有余，才力不足，尚可不立遣撤之列，理合咨明。为此咨呈贵衙门，请烦察照可也。须至咨呈者。

总署奏刘锡鸿修约事折

奏为查明具奏事。出使德国大臣光禄寺少卿刘锡鸿奏，德国修约可成及时制治保邦等因一折。光绪四年七月初二日，军机大臣奉旨：该衙门知道。钦此。钦遵。由军机处抄交到臣衙门。据原奏内称：三月廿日，接据德国外务大臣来文，行令巴兰达照现在商妥条款赶立新约，其有数条未经中国允许者，无论如何紧要，均可从缓办理等语。是此修约立见有成，可无他虑。即来文于内地重征厘金一节，仍谓与原约不符，将来尚须另酌。然其意亦只在增加子口税银，归于总海口整起完纳，以免延途征收，迄无定数，想他时亦易定议。臣驻扎西洋一载有余，熟察各国互争嗜利之性，非据望争辩所能闲，亦非曲意和好所能弭，惟政教修明乃可化之。其次则武备为治标之急务。数年以来，各省练兵造船制器，多亦改用洋法，然有精有不精，有实有不实。中国操演现照洋法，队伍非不可观，火器非不共习，然营哨长素未讲求，意不专注，无从督率，又辄以侵克兵饷，众心不服，号令安望能从。且目前已练新军，而分防无用之老兵依然募补。目前已尚枪炮，而御侮难资之弓箭犹复并行。至于补缺补粮，循旧制以校射，所用在此，所考在彼，殊非核实之道。当令内外臣工妥议裁撤旧兵，别定为新兵画一之制，教练不易之法，俾各省遵行之。中国船政局亦募洋工，彼第于船式粗有所知，非能深究奥妙。中国匠人既未谙其机窍，则各省置办战船应统令西洋船厂代办,由驻扎该国使臣督成之。俟出洋学生究得其法,然后自制。中国天津、上海、福州等局所造枪炮,现虽不如西洋,犹可望其日进而益上。他省则有名无实者居多,应由天津等局以铸就枪炮分给之,或择税务司可靠之员饬赴西洋代购,不必另行设局。其枪炮之业有成数者,均令登记册档,严其掌守之责,定为交代之令。此皆实事求是之道也,西洋兵力之强,由富足基之,中国军兴以来,人皆怠于生业,闾阎滋困。忧时者以民穷饷乏归咎于银之出洋,不知人之货足耗我财,我之货亦足致人财。诚能劝民农工,生殖百物,如洋人爱丝斤,则益课蚕桑,洋人爱綵缎,则益工织绣,洋人爱糖茶瓷器诸物,则皆随其合用之式以为之,海外之财未有不流注内地者。夫整军经武者,提镇之事也。率属以谋富教者,藩臬巡道之职也。三载考绩而无成效则废黜,有功然后行赏,斯司道提镇靡不劝矣。督抚身膺疆寄,司道提镇不能其职而不纠刻(劾),则罪及督抚。朝廷察督抚,督抚察司道提镇,司道提镇又各纠察其属,嘉庆以前之故事本如此。苟恪遵成宪,并复司道提镇专折奏事之旧制,俾人人得效忱悃,以襄督抚之勤劳,不惟可致富强,文德之修亦即寓焉。今年德国之约虽成,不两年而他国之约又当换。凌逼恫喝,互相效尤,其究有不堪设想者等语。

臣等伏查德国修约一事,前经使臣巴兰德开列条款,并牵引旧约,多方要求,臣衙门屡与往复辩论,迄无成议。上年刘锡鸿调驻德国后,臣等因将辩论各情形随时详细知照。本年正月以后,选据刘锡鸿电报,谓巴兰德所为,外部甚非之,并谓修约一事,厘金要总纳,口岸可不添。外部来文已令巴兰德于目前商妥各条,速立新约,未允者俱从缓,惟厘金日后仍要议办。巴兰德换约后,即调回国,无他虑等语。其时巴兰德屡次到臣衙门议论修约各条,仅将大姑山开口及洞庭湖、北运河添置拖带轮船各节删去。其余中国未允之条及允臣衙门开送之条,均执定必须查照彼意举办。议论不合,巴兰德遂即出京。臣衙门亦由电报知照刘锡鸿。后又据刘锡鸿电报,谓巴兰德竟自回国,外部谓俟其到时,询明情形,秋冬间仍须修约。嗣又据其外部单开修约各条,及与外部往来文函抄寄臣衙门。查其外部单开各条,与巴兰德开送臣衙门者相同。惟单内所开中国已允、未允字样,则与巴兰德在臣衙门议论情形未尽符合。盖德国外部据巴兰德一面之词,知照刘锡鸿,刘锡鸿据其外部一面之词,知照臣衙门,未及将臣衙门先后寄去各件逐条细检也。其外部致刘锡鸿文函称:中国未允各条未能删去,仍望玉成其事云云。是德国修约一事,其外部与巴兰德本属联为一气。故于未允各条,议论一有不合,巴兰德即出京回国,并未能如刘锡鸿电报所云速立新约等语办理。此事现尚毫无端绪,而刘锡鸿信其外部之言,未加体察,便谓修约立允有成,可无他虑,未免言之太易。至厘金一节,尤为各国所注意。现在德约既未修成,法约亦未议定,本年又值英国修约之期,臣等揣度情形,将来必有群起力争之事,不知如何烦费笔舌。刘锡鸿亦谓易于定议,缘其更事浅,故视事轻,所言恐未可深恃。

　　至所称购办船炮、督课农工各节,均为实事求是起见。查前因议办海防,各督抚请购办铁甲船,终以费巨而止。现由李鸿章饬令总税务司,购到英国蚊子船四只,均交闽厂。本年经李鸿章调赴天津勘验,尚称适用。臣衙门因与李鸿章函商,可否筹款添购,以资防守。究竟外洋购办,不如自行制造之为便。闽厂造船系洋员日意格督同中国工匠制造,前派学生出洋考究其法,原为将来学成而归,以期精进日上之意。制船一事,任大费重,未可轻易举办。若如刘锡鸿所称,各省置船统令西洋船厂代办,由驻扎该国使臣督成,不但中国一时未能筹此巨款,且驻洋使臣定有年限,不能在彼久驻督视,船只良楛,使臣素所未悉,尤恐购办不适于用,反致虚縻。臣衙门前因各省购买枪炮多不一律,奏请在上海地方派员总理其事,并令津沪两局亦遴派得力专员办理,及局内每年需费按年开报,成造各件按件开报,以昭核实等因。现据李鸿章等复奏,以上年候选道李凤苞带领闽厂学徒,赴英、法两国练习,曾令其访求最精洋枪酌量合购。兹拟并饬该道亲历各厂,确查前后膛大小炮之最精者,将图样价单寄核各省,遇有购用,即令该道照式在洋一手经理。上海地方只须派员设局,专司汇寄价银、验收转运等事。闽粤两省无庸取道上海者,即自行汇价验收。李凤苞精细廉正,以之兼办军火甚便,倘或办理贻误,自可执法从事。津沪两局制造,向来互相考较,以后每成军火只宜抽送臣等查验,无庸另派专员监察。机器局岁销用款,向皆实用实销,开单奏报,若每年逐细造册报部,徒启吏胥挑驳需索之端,不若照旧,以归简易等因。李鸿章等于外洋购办枪炮,既议专派李凤苞在洋一手经理,仍请饬下李鸿章、沈葆桢,转饬李凤苞实心任事,洁己奉公,并由该大臣等随时随事加意访察。如查有声名平常,及所办枪炮等件不堪施用,暨浮冒开销等事,即将该员分别严行惩处。其选派不慎之上司,一并交部核议。津沪两局制造各件,并令李鸿章等随时认真校阅,每年造成之枪炮及各项经费,除照章开单报部外,仍令每年详细知照臣衙门一次,以资考证。刘锡鸿所称,将枪炮业有成数者均令登记册档等语,核与臣衙门及李鸿章等所奏办法尚属符合。至刘锡鸿奏请改练新军、裁撤旧兵及教练专尚枪炮各节,我朝武备弓箭与枪炮并重,弓箭所以辅枪炮之不足,以习弓箭者兼习枪炮,期于适用,事或可行,若竟废弓箭而不用,殊与定制有违。与夫裁旧兵、改新军,各省能否遵行,有无窒碍,并请饬下李鸿章、沈葆桢悉心会议,奏明办理。臣衙门前据御史李璠奏请,倡导商民凑集公司,装货出洋,及购外国机器,仿制洋布、毡呢等物,以收中国利权等语,当经奏令李鸿章妥议在案。今刘锡鸿以强由于富,请益课蚕桑织绣等事,使海外之财流注内地,所言是否确有把握,应由李鸿章等一并妥核复奏。至各省督抚身膺疆寄,当此时事多艰,本应破除情面,纠察僚属,以上副朝廷委任之意。但使司道提镇以下处处得人,自于民生军务有所裨益。司道提镇职分较大,如果确有所见,亦可随时与督抚商榷办理,似毋庸责令专折奏事,徒尚空言而无实济。所有臣等查明具奏缘由,理合恭折缮陈,伏乞皇太后、皇上圣鉴。谨奏。

总署覆吏部文片

为片复事。光绪三年六月十七日,准贵部片称:出使所设领事参赞翻译随员各名目,以何项为优,何项为次,如何分别等差之处,详细声复,以凭办理等因。查出使各员弁本应由出使各国大臣谨慎采派,分别奏咨办理。本衙门前于二年九月间片奏:出使章程内开出使各国大臣所带参赞领事翻译等员,应由该大臣酌定人数,开列姓等项,知照臣衙门查核。各该员亦随同出使大臣,以三年为期,期满奏奖等因。奉旨:依议。钦此。当经抄录原奏,恭录谕旨,知照在案。是各该员弁随同出使各国大臣办理交涉事宜,名目虽有区别,而何项为优,何项为次,应由出使大臣酌核,分别等差,于差满时奏咨办理。惟各该员弁远涉重洋,襄办一切,无论何项名目,均非寻常差使可比。来文所称:前于光绪二年十一月十五日据总理衙门咨称云云,查本衙门是日并无发行贵部文件,希即查照可也。

总署奏咨送日记片

　　再,前因筹议海防事宜,据李鸿章、李宗羲、王凯泰等先后条陈,以各国宜选明白洋务之人,随时遣使,以宣威信通情款,各国如何情形,随时驰报,庶几耳目较灵,不致中外隔阂等因各在案。是出使一事,凡有关系交涉事件,及各国风土人情,该使臣皆当详细记载,随时咨报。数年以后,各国事机,中国人员可以洞悉,即办理一切,似不至漫无把握。

　　上年出使英国臣郭嵩焘出京后,将由沪至伦敦逐日程途见闻各事,编为日记一册,邮寄臣衙门查阅。其中据事直书,措词原有未经修饰之处,然于延途情形已可一览而识。嗣据翰林院编修何金寿以日记立言失体,奏请毁禁等因。钦奉谕旨:该衙门知道。钦此。臣衙门旋接郭嵩焘函称:闻出使德国臣刘锡鸿告以已为何金寿参奏,意颇怏怏。自是郭嵩焘、刘锡鸿屡来咨函,均未将其日记事件随时抄送,一似有鉴于何金寿之奏,深惧人之再议其后者。

　　臣等查外洋各国虚实,一切惟出使者亲历其地,始能笔之于书。况日记并无一定体裁,办理此等事件,自当尽心竭力,以期有益于国。倘出使各国大臣所有见闻各事,只因顾恤人言,一概隐而不宣,窃恐中外情形永远隔阂,而出使之职亦同虚设。可否饬下东西洋出使各国大臣,务将大小事件,逐日详细登记,仍按月汇成一册,咨送臣衙门备案查核。即翻译外洋书籍新闻纸等件内,有关系交涉事宜者,亦即一并随时咨送,以资考证。臣等理合附片具奏请旨。

军机大臣奉旨：依议。钦此。

奏调李凤苞片

再，臣处需用人员，前经声明函请总理衙门派拨。顷准该衙门
覆称：除已奏派翻译官三人来德外，其余参赞随员等官，应由臣自
行奏调，并钞寄各省保荐出使人员名单到臣。臣查西洋公事简少，
既有翻译三人，合前所调之博郎、刘孚翊等已敷差遣。惟参赞尚在
需员，郭嵩焘处人数无多，势难以黎庶昌一人两充斯任。而参赞职
分稍大，即为异日公使之基，又不得不慎重其选。

兹查有道员李凤苞，经李鸿章奏派管带船政学生出洋，本有赴
德稽查学艺武弁之责。拟请旨饬派该员兼充使德头等参赞官，仍
令照章随时驰赴英、法两国督察学生，于事势最为有益。又知府衔
直隶候补直隶州知州薛福成，臣虽未经晤面，然在曾国藩、李鸿章
处多年，又经丁宝桢、郭嵩焘两次保荐，历练自必有素，拟请作为三
等参赞官。相应请旨饬下北洋大臣李鸿章，饬令该员作速起程来
德，以资臂助。所有臣处参赞需员补行奏调缘由，理合附片具陈，
伏乞圣鉴训示。谨奏。

呈递国书颂词答词

大清国使臣刘锡鸿谨奉国书，呈递大德国大皇帝。念自各国
通商以来，十余年间事故迭出，惟贵国与中国最称友睦，从无纤芥
之嫌。我大皇帝之心极为喜悦，今特命使臣亲赍国书，前来驻扎，
以表真心和好之据。使臣深望大皇帝体中国大皇帝之意，从此益
加亲睦，永保升平，则两国民人之庆矣。

德君答词

我接国书,实为欣幸。贵国大皇帝遣派贵使远来驻扎,我所最惬意者。自定和约以来,两国往来实为亲密,我永远图维,将来彼此交涉,更要亲近,无有变易,以期两国各有真益处。贵使驻此,私愿甚慰。我并请贵使转奏贵国大皇帝,送我愿敦友睦之意,并问大皇帝好。我心尤望大皇帝平安,大国日益富强。

总署复奏片

再,出使德国大臣刘奏调参赞官附片一件。光绪四年正月三十日奉旨:该衙门议奏。钦此。钦遵。由军机处抄交到臣衙门。据原片内称:臣处需用人员,前经总理衙门奏派翻译官三人来德。西洋公事简少,既有翻译三人,合前所调之博郎、刘孚翊已敷差遣,惟参赞尚在需员,职分稍大,不得不慎重其选。查有道员李凤苞,经李鸿章奏派管带船政学生出洋,本有赴德稽查学艺武弁之责。拟请旨饬派该员兼充使德头等参赞官,仍令照章随时驰赴英、法两国督察学生。又知府衔直隶候补直隶州知州薛福成,在曾国藩、李鸿章处多年,又经丁宝桢、郭嵩焘两次保荐,历练自必有素,拟作为三等参赞官。请旨饬下北洋大臣李鸿章,饬令该员作速起程来德,以资臂助等语。

臣等查光绪二年九月间,臣衙门奏定出使章程内开:出使各国大臣所带参赞、领事、翻译等员,由该大臣酌定人数,开列姓名,知照臣衙门查核。上年刘锡鸿改充出使德国大臣,臣等于八月间接其来函,据称随带人员一时无可奏调,当由臣衙门派下两员等语。臣等以出使随带人员必该大臣素所深悉,性情契合之人,方可得力。若由臣衙门代为选派,与出使章程未符,奏请饬下该大臣自

行拣派奏调在案。兹刘锡鸿请以道员李凤苞、直隶州知州薛福成
为参赞官,系遵旨查照章程办理,自应准如所请。惟其拟以李凤苞
充头等参赞,臣等查从前出使英国大臣郭嵩焘奏带随员折内,请酌
定参赞二员等差,经臣等议以布政司衔贵州候补道张自牧作为二
等参赞官,江苏候补知州黎庶昌作为三等参赞官。今刘锡鸿奏调
之道员李凤苞、直隶州知州薛福成,与郭嵩焘派充参赞之张自牧、
黎庶昌品秩均同,臣等公同商酌,除直隶州知州薛福成准其作为三
等参赞官外,请将该大臣拟派参赞之道员李凤苞作为二等参赞官。
李凤苞前经李鸿章奏派管带学生出洋,应即由该大臣查其现在何
国,就近调往。其直隶候补直隶州知州薛福成一员,应请饬下李鸿
章,转饬该员迅速起程前往德国,毋稍迟延。至出使章程所定参赞
官俸薪,二等月给银四百两,三等月给三百两,原可照章给发。惟
李凤苞本有监督俸薪支领,今充参赞,自可毋庸另给俸薪。并令以
后仍随时前赴英、法等国,周历查察出洋学生,以期事无偏废。如
蒙俞允,即由臣衙门行知该大臣暨直隶督臣,各遵照办理。所有臣
等遵议缘由,理合附片陈明,伏乞皇太后、皇上圣鉴训示。谨奏。

直督李复奏薛福成丁忧片

再,臣接准总理衙门咨开,遵议出使德国大臣奏调参赞,分别
等差办理一片。奉旨:依议。钦此。抄录原片,恭录谕旨,咨行
到臣。

查原议派充出使德国参赞二员,所有派定二等参赞李凤苞,前
经管带船政学生出洋,应由该大臣刘锡鸿自行饬知外,其派充三等
参赞候补知府薛福成,前在直隶当差,光绪三年正月廿三日告假赴
山东省亲,旋丁母忧,扶柩回籍,经臣咨报吏部在案。

前接总理衙门来文,并接刘锡鸿函称襄赞需人,嘱臣饬令薛福成作速出洋,俾资臂助。臣当即札饬该员知照。兹据薛福成禀称,丁忧人员例应终制,出使参赞,职守綦重,实与居官无异。刘锡鸿奏调时想系未闻该员丁忧信息,恳奏明撤销差事等语。臣查丁忧人员照例不准当差,虽办理洋务稍与他事不同,然苟非万不得已,自当遵守定章,以敦风化。丁忧知府薛福成以玉帛冠裳之会,未便以素服从事,情词出于至诚。所有派充出使德国三等参赞,应即请旨撤销,敕下总理衙门及出使德国大臣另行拣派,以资襄助。理合附片具陈,伏乞圣鉴训示。谨奏。

一照会外部

为照会事。照得本大臣于光绪四年九月廿七日奉到七月廿七日上谕:候选道李凤苞着赏加二品顶戴,署理出使德国钦差大臣。刘锡鸿着回京供职。钦此。现在李署大臣已到柏林,本大臣即日交卸,定于十月十六日起程回华。查本大臣驻扎贵国一载,于兹樽俎周旋,备极款洽。刻奉旨言旋,应否觐见贵国大皇帝,以伸恭敬之处,即祈贵衙门奏明请示,以便遵照。为此照会贵衙门,请烦查照见覆施行。

为照会事。照将本大臣现在奉旨回国,定于本月十六日起程。所有应办事宜均由李署大臣接办。兹拟□日偕同李署大臣,亲诣贵衙门交代一切,兼以辞行,未审届期贵大臣能否有暇,相应照会。为此照会贵衙门,请烦查照见覆施行。

何如璋到任谢恩折

奏为微臣行抵日本敬递国书,并驻该国办理交涉事件,恭折叩谢天恩,仰祈圣鉴事。

窃臣等出使日本,于十月十九日在上海途次拜折后,当即敬赍国书,束装登海安兵船。廿三日由吴淞口外启行,廿六日入日本国长崎境,十一月初三日到神户,十二日到横滨。所过地方,延接商民,询问政俗,中外人情,皆仰慕皇风,欢欣鼓舞。臣等旋于廿日往该国东京恭钞国书稿,照会该外务省。廿四日进见日本国主,敬递国书。其国主免冠拱立,敬受讫。臣等当于该国都城择地驻扎,次第办理交涉事件。伏念臣等志蓬矢于四方,未能专对诵皇华之五善,勉事咨询,忝列行人,俾临与国地属近邻之相接,事关始创为尤难。以臣驽骀,惧弗胜任,惟有统筹时局,恪守条规,草创讨论,务集众思以广益,和平通达,敬遵天语以周旋,庶几仰答高厚鸿慈于万一。所有微臣敬递国书,并驻该国办理交涉事件,暨臣等感激下忱,理合缮折恭谢天恩,伏乞皇太后、皇上圣鉴。谨奏。

奏为查明请旨事。窃臣衙门前因出使英国大臣郭嵩焘,出使德国大臣刘锡鸿,出洋以后意见龃龉,当经查明。郭嵩焘奉兼驻法国之命,颁给国书寄交祗领呈递,尚未据咨报抵法日期。刘锡鸿常与德国外部议论修约条款,其时德国驻京使臣巴兰德以修约未成回国,臣等已知照刘锡鸿随时访察等因。于本年五月奏奉谕旨行知在案。

臣等查上年十月据郭嵩焘奏,出洋以后,疾病日深,心力消耗,恳请销差等因。奉旨:着听候谕旨遵行。钦此。本年六月,接据郭嵩焘将陈报兼使法国呈递国书日期,并因病陈请销差各折片,寄由臣衙门代递各在案。西洋各国距中国甚远,风土一切自与中国迥异。郭嵩焘以衰年远适,水土本未习惯,致染疾病,一再陈请销差,谅系实在情形。相应吁恳天恩,准其回华调养,以示体恤,并请简派出使英国兼使法国大臣一员,驰往接任。仍令郭嵩焘俟接任大臣到后,交代一切清楚,再行束装来华,以重公事。又本年七月,据刘锡鸿奏调参赞折内,声明到德国后水土不服,常在病中,气胀足肿,又患怔忡,不能成寐等因。刘锡鸿虽未敢遽请销差,臣等察其情形,与郭嵩焘之同一病躯视事,已可概见。出使大臣事繁任重,俟(似)非力疾所能勉支。且现接刘锡鸿电信,巴兰德到后,数日匿藏不出,自言胁有结块,回国医治,随即下乡,云腊月返柏林等因。是巴兰德回国以后,并未与刘锡鸿相见,修约一事,暂时无可议办。应否将刘锡鸿并令回华,另行简派出使德国大臣一员前往接办之处,恭候谕旨遵行。所有臣等查明请旨缘由,理合恭折具陈,伏乞皇太后皇上圣鉴。谨奏。

再,臣衙门奏定出洋章程内开:出使各国大臣,自到某国之日起,以三年为期,所带参赞领事翻译等员,亦随同以三年为期,年满奏奖。如有堪留用者,由接办大臣酌留等因。此章系指三年任满者而言。如有出使各国大臣未历三年即行更换者,所带参赞等员,除由臣衙门派往之同文馆学生充当翻译官者,应令仍在各国随同接办大臣当差外,其原带之参赞领事洋翻译各员,是否堪以留用,仍由接办大臣自行酌定。其留用各员,准其自原带到某国之日起算,扣至三年期满,由接办大臣察看。如果当差无误,分别奏奖,毋庸俟接办大臣三年任满后始行奖叙,以示鼓励。倘或留用以后始勤终惰,即由接办大臣随时撤回。臣衙门派往之同文馆学生充当翻译官者,亦准其一律查照办理。至出使大臣奉旨有特办事件而回华未满三年者,所带参赞等员,不必拘定三年奏奖期限。又未满三年回华之出使各国大臣,任满一切事件,统令俟接办大臣到后,当面交代清楚,始准束装起程。其支销各项经费,如届一年期满应行报销之时,接办大臣未到,仍令原经手大臣自行逐款分晰造报,以免缪辖。出使各国大臣及所带参赞各员,未满三年回华者,所有应得俸薪,均自该大臣卸任之月住支,仍令遵照奏章。如非丁忧身故,只准开支回华盘费,不得给予归装银两,以严限制。为此附片谨奏。

上海道刘瑞芬再禀

敬再禀者,各关所提出使经费,奉文交沪关汇解。前次汇呈宪辕库平银五万两,系照各关原来平色转解。当时因骖从赴德,待用孔迫,若向洋行买票汇兑,恐致濡滞,是以商之吉税司,由电信汇寄现银,俾应急用。向来洋行汇现,较买期票其价稍贵。因买票则洋行收银之后,必俟票到外国,始行按期付银,有数月利息可取,故汇价稍贱。如汇现,则今日上海洋行收银,明日外国银行即须兑付,以致汇价较贵。此后寄银,应否汇现,抑买期票,伏候示遵。至洋货进口各关,向以司码平洋磅称验科税,司码平较库平稍大。上海豆规名为九八元银,系属市间通用,平轻色低,市面算法每规银一两一钱一分四厘合关平银一两。从前通商开口之初,洋商纳税按照条约,招募殷实华人开设银号,代为收银上兑。所有号中伙友薪水房租伙食杂用,并开炉倾镕炉匠工食耗费,一切用项,为数甚巨,并无公款可领。号商无力赔贴,专赖平余以作各项开销。凡遇给还洋商税钞以及税务司月支薪俸等项,皆照原收平色一律支放。此外解给各款,均按库平兑付。以规平一零九六合算,每两约余规银一分八厘,作该号房租辛资并倾镕费用一切不能开销公项者,皆取给于此。相沿已久,此系号商通融办理之实情。盖洋人报关货物,系以司码平洋磅称算斤两,所完税银亦以司码平计算,事属公允。其关库放款,仿照藩司动放俸廉营饷定章,一律办理,亦无短少。规银名目,为各省所无。各省解款,总以库平为准,从无规银名目。即如此番各关解到出使经费银两,皆系库平,与规平比较,有足九六之数者,亦有不及九六者,转解之时,尚须贴补。金税务司未悉细情,所言规银每百加十一两四钱之说,系属银号收数,事非无因,我宪台明无不烛,大度优容,久所钦佩。合将历年办理情形,据实密陈,伏乞亮察,再叩福安。职道瑞芬谨又禀。十一月十二日。

总署片奏

再,臣衙门奏定出使章程内载:出国各国大臣及副使以下各员,均自到某国之日起,以三年为期。由中国起程及由差次回华行装归装,各按照三个月俸薪银数,支给往返盘费。驻扎各国一切经费等项,由该大臣按年分晰造报臣衙门查核。嗣于议复出使英国臣郭嵩焘等奏带随员折内,声明各该员出洋所得行装银两,如有不能得力及缘事未能随同前往者,由该大臣饬令缴回各等因。奏准行知遵照在案。

臣等查出使各国大臣等自到某国以后,照章应俟三年期满,始能回华,给予归装银两。惟其中倘因各项事故,未能俟至三年者,自应分别办理。臣等公同商酌,除缘事撤回、因病开缺人员未满三年回华,毋庸支给归装银两外,如有丁忧身故之员,归装一项,照期满者给领,其回华盘费,无论已未三年期满,均准一体开支,以示体恤。所有副使以下各员,并准一律查照办理。至各国出使大臣等自到某国后,除本员火食车价、跟役工食,系由各该员月给俸薪项下自行支给,此外一切公用,作正开销。其余随带出洋之武弁、供事、学生,每月每人约须百两以内,由出使大臣届时酌定准数,作正开销等因。经臣衙门奏准在案。此次遣使两洋,事属创始,一切作开销款项,自难预定,然亦须事事核实撙节,以免虚糜。应请饬下东西洋各国出使大臣等,将出洋盘费及到某国后一切经费,凡系作正开销之款,务须遵照奏章,俟一年期满后,即行逐款分晰造报臣衙门查核,毋得迟逾。臣衙门各按其每年应用款项若干,再行酌中定额,奏明办理,为此附片具陈。谨奏。

总署片奏核议开支经费

再,据郭嵩焘片称,刘锡鸿自改使德国,开支经费,多为总理衙门定章所未及。一游历费用。刘锡鸿改派德国,仅一游百珥名登,开支经费将及五百两之多。参赞等皆援为例,请添支游历经费。一应酬礼物。刘锡鸿改派德国,广制器皿画镜银器玩物,至一千数百两,拟送德国官绅,系借端滥支。一参赞翻译。头等二等,应咨请总理衙门核定。刘锡鸿出使德国,先自定头等翻译,与臣奏调之洋翻译马格里同一不通汉文,而一充头等,一列三等,相形见绌,徒滋怨望。一添设文报局。上海为出洋总汇,前经奏派游击黄惠和就招商局尚司接递。刘锡鸿另立一局,属之海关税务司,自得改派德国之信,以寻常私事,发递电报至七八次。浪用虚糜,漫无限制。应恳饬下总理衙门核议,是否准听各项开支,自应通饬遵行,庶章程一归核实等因。光绪三年十二月十八日军机大臣奉旨:该衙门知道。钦此。钦遵。由军机处抄交到臣衙门。

臣等伏查光绪三年十一月间,臣衙门具奏:此次遣使两洋,事属创始,一切作正开销款项,请饬下东西洋各国出使大臣等,俟一年期满后,即行逐款分晰造报臣衙门查核等因。奏准通行在案。

今郭嵩焘以刘锡鸿改派出使大臣后,如游历百珥名登,屡发电报及应酬礼物广制器皿画镜银器玩物之类,均系滥支等语。查臣衙门前奏定出使章程内开:除本员火食车价、跟役工食,由各该员月给俸薪项下自行支给,此外一切公用作正开销。若各该员等并无应办公事,私发电报及往来各处游历,并置办礼物私相酬应,此等经费本不在臣衙门奏章内所称一切公用之列,自未便作正开销。惟现在出使英国大臣,自到任后已届一年之期,出使德国日本国大臣约计亦应到任,应请饬令各该大臣等恪遵臣衙门前奏,一俟一年期满,即将应行作正开销之项,逐款分晰造报,以凭查核,毋得迟逾。倘造报内有滥支经费,应由臣衙门按款删减,以昭核实。至派洋翻译一节,郭嵩焘等奏带同文馆学生德明、风仪两员,经臣衙门奏明,作为三等翻译官,并声明此外如有应用外国翻译,由该大臣等随时酌定,并未奏令郭嵩焘等将所带之洋翻译马格里亦作为三等翻译官明文。刘锡鸿改派德国后,请调同文馆学生赓音泰、荫昌两员作为中国翻译官,臣衙门奏明添派庆常一员,一同前往。以上三员,俱照三等翻译官支给整装银两。嗣以荫昌、赓音泰翻译工夫尚浅,奏请均改为四等翻译官。至刘锡鸿所带洋翻译博郎,前据函称由总税务司赫德荐来,自幼在德国读书,于语言文字风土人情均为熟习,拟派充头等翻译官等因。各该大臣所带洋翻译,应列何等名目,系由该大臣等察看材具,自行酌定,与同文馆学生之充翻译官由臣衙门分别等第者,情形不同。嗣后各国出使大臣所有随带洋翻译官如何分等之处,应令该大臣等酌核办理,仍咨报臣衙门查核。至出洋后往来文报,以上海为总汇之区,应于该处设局,派员收递。前据郭嵩焘等派委游击黄惠和经理,该员在招商局当差,轮船往来亦便。嗣因刘锡鸿又派上海税务司经理,臣衙门以办理两歧,难免虚糜,札行该关道察核申复在案。应请饬下南洋大臣转饬江海关道,将以后所有出使往来文报,均归招商局员一手经理。如果黄惠和不能胜任,另行遴派该局内熟悉洋文之员接办,其费用亦即在该关按年汇寄各国出使经费内支给,不得另款开销,以专责成,而节糜费。臣等理合附片陈明。谨奏。

刘与郭辩经费事

为咨呈/明事。光绪四年三月初八日,接准大/总理衙门来咨开:本衙门具奏出使英国大臣郭奏请核议开支经费各节,分别酌议办理一片。于光绪四年正月十二日,军机大臣奉旨:依议。钦此。相应恭录谕旨,抄录原奏,咨行遵照等因。准此,查本大臣自到英伦以后,未赴德国以前,一切公私杂用,均系取给于俸薪,并未动支经费银分毫。惟曾发电报回国五次,一系上年六月时,飞令接递文报委员黄惠和查明美江轮船有无沉失,使德信件赶速补领。一系七月时,飞令黄惠和毋庸兼办使德邮务。一系飞查国书何时可到,以便遣人赴德先赁寓房。一系接据赫总税务电报,国书已于五月起程,何以久不见到,请上海税司查明有无失落。此四次皆由税司金登干代办,代给报费于本大臣束装赴德之际,方行开单领回银两。惟九月时飞报贵/总理衙门,共廿字,系由员外郎德明办理。盖缘巴使订期十月会集各国议办厘金,以书信布知,恐迟慢不及也。

游历一节,本大臣曾于六月十六日,由火车八百里驰赴牛喀索考求炮式炮价,往返三日。又于七月十五日取道北明根,驰赴阿尔兰、苏葛兰两岛,纵览形势,采访风俗,至廿八日方回伦敦。随行者为文案随员刘孚翊、翻译官博郎、英官僖在明及跟丁等五人,往返十四日,火车、火船、店租、饭食合共费银五百余两,皆出诸本大臣之薪俸。英国外部以禧在明护送前往,盘费应由彼国发给,本大臣当令其领出银两退回,况肯耗及我国之公项。郭大臣原奏所谓百珥名登即北明根,本大臣于此仅停留半日,随即赴各处而去,有寄回之日记可凭。郭大臣曰,仅一游百珥名登,开支经费将及五百两。恐本大臣即不欲置辩,随行之洋人,亦未必甘受也。将赴德时,就近购买中国器物以备应酬,此系以己赀财供己之用,而即以求济己应办之职事,与经费全然无干。倘其开支经费,则是国家赏赐人之物,非使臣投赠人之物矣。乃郭大臣原奏与游历皆以开支经费为言,未审所谓开支者,驻英经费乎,抑驻德经费乎。如以为驻英经费,则本大臣自改派使德之后,驻英副使俸薪及随使员弁俸薪,已多方求索而几不可得,岂复肯支此项杂用。如以为驻德经费,则既未报销,亦并无出入公项簿记可为郭大臣所见,何缘而知为开支经费,岂徒凭私意亿逆,及听信劣员姚岳望谗谄面谀、逢迎喜怒之言,遂可据以劾人,据以妄渎天听乎。

出外游历,每人每日约须盘费银十余两。随员薪俸除安家而外,包车雇仆衣食应酬,所余无几。若令其费百数十金以伴行,实非其力所及。本大臣既挈以同往,自须代出此费。郭大臣同日亦带同参赞、翻译、随员数人,往游苏葛兰岛,各员以盘费须自备,甚觉为难,不无私议。姚岳望自惜己财,恃爱为郭大臣言之,或不便请其代垫,而以开支经费为言,或不便称是己意,而以参赞之言为言,又或不便求其创行,而假托本大臣办法为言,此最情伪所易明。乃郭大臣原奏谓参赞等援本大臣以为例,请添支游历经费。试思彼此方将起程,本大臣即欲开支并非经办已然之事,曾何例之可援哉。厥后郭大臣行至司叨卜地方,以其七月初九日在喀塾炮台穿着洋服,虑本大臣途中发折参奏,两夜不能成寐,遽托病而返。擅传本大臣跟丁闭户研讯,并于本大臣归伦敦时,遣所有随使各员同诣我室,语以伊将告病,尔时即必有先发制人之奏疏,乃不遽提及游历经费,直至此疏,然后言之。盖意图蒙混其时日,若开支之已有明文也。

寻常私事未尝经发电报,惟四月时,本大臣因出洋已逾半年,并未接有家书,少妇幼子,悬寄都中,颇深愁虑。英官禧在明来言,外部闻此,甚为不安,拟发电信到北京,令其汉文正使梅辉立遣人到宅,代为探听,报费由英国支给等语。本大臣再三辞谢,伊固请不已,五月初旬,遂取回信至伦敦。叩其费用几何,禧在明言,由俄国发去仅须金钱两枚,因自解囊予之,强而后受。此时尚未钦奉使德之命也。乃郭大臣原奏谓:自得改派德国之后,以私事发递电报至七八次,浪用虚糜,漫无限制。未审其见之何处,闻之何人,竟至妄语如此。伦敦电报馆何日何人曾经发报,所言何事,虽数年之久,犹有簿记可查,此事非可诬捏也。

奉旨改派使德之后,郭大臣言及驻扎俸薪积有余赀,进可以战,退可以守。本大臣答以生平与钱无缘,在己既不知营生,戚族又无可倚托,身有重金,徒足为累,当思所以用之。郭大臣曰:若此,则可借以办一件公事。答曰:私意正如此。是时,税务司金登干办理太古趸船一案。本大臣曾嘱博郎,语以应用巨款不能开支公项者,可告知本大臣,以俸薪之余给之。方讶郭大臣何以知此,乃其原奏之意,反谓以公费供私用,竟反乎其人所为以污蔑之,殊属指白为黑。

接递使德文报,初时已函令黄惠和兼理。因美江轮船沉失信件,经郭大臣暨本大臣连发电报往查,约一月有余,始据该委员传来电信，询问有无收到此次信件，是其于邮务毫不经心可见。且外洋信赀，经各国会同商立定章，以信件轻重定其价之低昂，虽或重四钱加一等，或重五钱加一等，各国微有不同。然大概而论，包封重一两以内者，费银总不逾二钱，重二两以内者，费银总不逾五钱，积而至十两之重，亦不过费银约二两而已，积而至一斤之重，亦不过费银约三两而已。至于中外新闻纸及申报等类不须缄封者，每七日汇寄一次，周年统算，每分仅费洋银约十元上下，上海有局可以包寄。而黄惠和接递驻英文报，闻其每月报销辄至银百余两之多，其所开每次寄费清单，又多与信局收银原单不符。郭大臣曾经驳饬，是以本大臣知其难胜此任，改令江海关税务司经理。所以付之税务司者，原因京师西洋各有其人驻扎，呼吸一气灵通，且皆已食厚禄，毋庸另给薪水，亦不至有浮冒寄费之虞，较之委派黄惠和，可省虚糜十之七八。乃郭大臣原奏指为另立一局，属之税务司，试思是否立局，一询查江海关道即便可知，何得于君上之前直为欺谩。现在贵/总理衙门既经奏明，统归招商局经理，无论派委何人，本大臣初无成见，自当一律照行。惟洋务攸关，数万里外，缓急从违，所系于文报者綦重，赏罚最宜分明。如果经手之员或有玩误侵欺，本大臣定必从严究参，决不稍有瞻顾。总之，郭大臣此奏名为请议开支经费，实则借径以肆其污蔑排挤，言经费则第凭空立论可耳，何必砌造本大臣多款，极词丑诋。倘本大臣亦如其哓哓妄渎自诉于朝廷，恐皇上万几将不胜其烦扰。第污蔑太甚，置之不辩，诚虑不知者为所炫惑，有玷生平，不得不一缕晰言之。除分咨总理衙门、南北洋、出使东西洋各国大臣外，为此咨明呈贵/衙门大臣，请烦察照施行。

美国陈/容。

总署议覆郭从矩奏折

奏为查明具奏事。吏科掌印给事中郭从矩奏库款支绌,请移可缓之用以济要需一折。光绪四年二月廿二日,军机大臣面奉谕旨:该衙门知道。钦此。钦遵。由军机处交出,到臣衙门。据原奏内称:风闻出使外洋陈兰彬,前由户部请领川资廿余万两。臣维国家寄廮外洋,有一二使臣衔命前往足矣,不必更遣多使,徒糜帑金。臣以为目前浮费,莫甚于此,则节省莫甚于此等语。

臣等伏查,前据李鸿章等以通商各国,宜随时遣使轮往兼驻,应需经费酌定在于各关库提支,准作正开销等因。光绪元年七月十一日间,先后钦奉上谕:郭嵩焘着充出使英国大臣。陈兰彬着充使美国、日国、秘国大臣等因。钦此。臣衙门当将东西洋有约各国出使大臣,及随带员役每年俸薪并往返盘费,及驻扎各国应行作正开销等项,约计每年需银五六十万两。此项经费,必须筹定常年专款,请照李鸿章等前议,将各关每结所收六成洋税作为十成,酌提一成另款存储,听候随时指拨等因。于光绪二年八月会同户部奏准,并于上年十一月、本年正月迭请饬下东西洋各国出使大臣等,将一切经费,凡系作正开销之款,俟一年期满后即行分晰造报。臣衙门再按其每年应用款项酌中定额,奏明办理。倘造报内有滥支经费,由臣衙门按款删减各等因。行知遵照各在案。查各国出使大臣一切经费,前经奏明在于各关存储一成洋税内随时指拨,是以郭嵩焘、刘锡鸿、何如璋等所需经费若干,臣衙门均遵照奏章据文行令江海关照拨,本与户部库款无涉。上年十月据陈兰彬咨,出使美、日、秘三国,壤地远隔,且参赞领事等分驻数处,派员既众,需用实繁,约略计之,每国需银五万余两。初年有整装川资等项,三国又共约需银五万余两,请领廿二万两等语。臣衙门当札行江海关遵照办理。此项银两,亦系于各关存储之一成洋税内动拨,非由户部请领,且系三国一切经费在内,并非仅作川资一项之用。至各国出使大臣除刘锡鸿派驻德国,何如璋派驻日本外,郭嵩焘系兼英、法两国,陈兰彬系兼美、日、秘三国,实为节省帑项起见。此时出使各国常川驻扎,系为办理交涉事件而设,非仅往来酬答,以通情好。且各国内尚应设立中国领事理事等官管理华人,使臣之外,需员较多,断非一二人员所能料理。

郭从矩未见臣衙门各项卷宗,自未能深悉原委。惟遣使固属紧要,而经费究宜撙节,应请饬令出使东西洋各国大臣等务须恪遵奏案,俟一年期满,即将应用款项造报臣衙门查核,以昭核实。所有臣等查明具奏缘由,理合恭折陈明,伏乞皇太后、皇上圣鉴。谨奏。

总署议复奏欧阳云折

奏为查明具奏事。光绪四年四月十五日,军机处抄交御史欧阳云奏灾难频仍,急求挽救,并节出使经费各折片。军机大臣面奉谕旨:该衙门知道。钦此。据原折内称:自庚申之变,俯从和议,事出权宜,而封疆大吏不识朝廷用意,渐忘本务。近年来,格致书院立而庠序之化变为异端,机器局开而寻常之用变为淫巧,甚至开船政局、招商局购造轮船,动费数百万金,购造铁甲船,又费数百万金。近又议开铁路,所费数十万金。夫彼以洋教惑吾民,以洋艺洋器诱吾民,假令人尽从洋教,习洋艺,用洋器,将圣贤之道自此而废。今饥馑之厄,并非洋教与洋器所能救,而连年风水之灾即在江浙闽粤,皆洋教与洋器盛行之处。伏乞推求此中利弊,无容格致之异说,无事洋器之奇邪。其船政、招商、机器等局费用,可渐裁减,不得续行购办,铁路幸尚未开,尤宜永远禁止。即借裁减各项经费,为赈济之用。又据片称,风闻郭嵩焘、刘锡鸿同使外洋,互相攻讦,请饬令速回中土,免滋事端。且闻出使诸臣,动须费数十万金,何不停此不急之役,留巨款以济穷黎,似可并令撤回各等语。臣等伏查本年晋豫等省亢旱频仍,该御史所请裁减各局及出使经费以资赈济,原为补救时难起见。惟自各国换约以来,交涉之事日见繁多,即防维之计益加周密,如江苏设立格致书院,所以讲求外洋技术也,与故乎异端者不同,津沪设立机器局,所以制造外洋枪炮也,与作为淫巧者不同。至左宗棠创议船政,造轮船以防各口之后患,李鸿章创议招商,藉商力以收中国之利权,臣等揆时度势,各项经费均有未能遽行裁减者。除格致书院经费无多,本不动用官项,臣衙门无凭查核外,本年三月间据两江督臣沈葆桢、直隶督臣李鸿章等先后复陈机器局未可停工,并难分拨款项各情形,声称津局所赖东海、津海两关四成洋务近来收数短绌,连招商局四成税银并计,岁不过十五六万,沪局只有奏留二成洋税一款,前此关税赢则二成亦从而赢,近日关税绌则二成亦从而绌。臣等查其册报,此款每年约拨银四五十万两不等。闽厂造船经费,现由户部议请于闽海关六成税内月拨三万两,四成税内月拨二万两。屡据船政大臣奏咨,未能按年清解。上年李鸿章等复奏整顿招商事宜,声明自光绪三年起,将直隶、江苏、浙江、江西、湖北、东海关等历年拨存官帑银乙百九十万八千两分期缴还。综计以上经费,并无如该御史所称,动费数百万金之多。臣衙门前因筹议海防事宜内造船一条,据各督抚复称,宜酌购铁甲船以资抵御,究以费巨而止,并未购办。丁日昌因开辟全台,奏明立马车路,嗣据沈葆桢将购回之吴淞铁路一条移送台湾,尚未据报如何安设,费用若干,该御史所请永远禁止等因,自系未悉其中委曲,应仍由南洋大臣、闽浙总督、福建巡抚酌核办理。至遣使外洋一节,前因李鸿章、李宗羲、王凯泰等以通商各国宜随时遣使,遇有交涉之件,可辩论者与之辩论,可预防者密为设防,应需经费在于各关提支,作正开销各等语。臣衙门先后奏奉简派郭嵩焘等出使英、法、美、日、德、秘鲁、日本等国,并奏明将各关六成洋税将为十成分算,每结均提一成,以为经费专款存储。诚以此举为万不得已之举,即此款为万不可动之款。除郭嵩焘、刘锡鸿互讦之处,业经钦奉谕旨训饬外,查何如璋等出使日本、陈兰彬出使美日秘鲁等国,现复奏奉简派崇厚出使俄国,均有应行办理交涉事件,更无撤回之理。惟该大臣等持节外洋,关系甚重,相应请旨饬下该大臣等务各恪矢公忠,力全大局,勿因顾虑人言,稍懈初衷,是为至要。所有臣等查明具奏缘由,理合恭折陈明,伏乞皇太后、皇上圣鉴训示。谨奏。光绪四年二月初五日,军机大臣奉旨:依议。钦此。

咨总署报销

为咨呈事。案准贵衙门咨,以出使经费务遵奏案,将应用款项分晰造报以凭查核等因。现经一年造报之期,适又钦奉谕旨回京供职,前项经费自应截至交卸之前一日为止造册报销。查各项用款均系查照章程撙节支销,经收经付因系英、德两国银行交涉,有以英金英银交放者,有以德银马克交放者,名目各异,稽核较难,是以均由翻译官博郎经理,以资熟悉而归划一计。自光绪三年十月初八自英起程之日起,至光绪四年十月初九交卸之前一日止,收款项下共计合银五万四千九百八十四两五钱八分零二毛,放款项下除留支安家俸薪未列外,共计合银四万二千四百五十四两四钱零八厘二毛,实存项下合计银一万二千五百卅两〇一钱七分二厘,相应造具四柱总册一本,分款清册一本,备文咨送。为此咨呈贵衙门,请烦查核可也。再支放各款,无论巨细,均有领状收据发票等件,因系德国文字,是以编号粘成洋卷,存储使馆以备查考。合并声明,须至咨呈者。

计咨呈册二本。

刘。

李凤苞任内卷略

李奏保博郎二品文衔

再,前随使德国头等翻译官、提督衔三品文衔、前任琼海关税务司博郎,于光绪三年经前使臣德大臣刘锡鸿就近由英奏带来德,充当头等翻译官。嗣复经臣奏留当差,于五年九月呈请告退。当令交带经手事件,准予销差,报明总理衙门在案。查该员自光绪三年七月派充头等翻译官到德,至五年九月交卸差事,两年有余,虽核于保奖章程稍有未符,然该员到德,事事创始,均系一手经办,悉臻妥协,实属尤为出力,似未便没其微劳。前经咨商总理衙门,量予酌保,旋准咨覆,今臣奏明办理等因。查出使章程,三年期满系照异常劳绩办理,今该员未满三年,可否照寻常劳绩,吁恳天恩,赏加该员博郎二品文衔,以示鼓励之处,理合附片陈请,伏乞圣鉴训示遵行。谨奏。

奏陈季同赏戴花翎报署咨文

咨行事。光绪七年十一月十二日,准兵部咨开:军机处抄交出使大臣李片奏,二等翻译官副将衔留闽补用游击陈季同自光绪四年十月初九到德之日起,至七年八月初八连闰扣足三年期满,自应照章奏请奖励。查该员陈季同考求武备,随阅操演,并办理翻译事务,均能博访周咨,精勤奋勉,实属异常出力。拟请免补本班,以参将仍留原省尽先补用,并戴花翎以示鼓励等因。光绪七年十月十五日军机大臣奉旨:着照所请。该衙门知道。钦此。钦遵到部。查留闽补用游击陈季同请免补本班,以参将仍留原省尽先补用并戴花翎,核与成案相符。应行遵旨办理,相应恭录谕旨,行文各国事务衙门,转行该大臣查照,并饬取该员出身履历送部查核注册等因前来,相应咨行贵大臣查照办理可也。须至咨者。

总署文咨令支销册中合成中国数目

咨行事。查出使经费在外国支放,不能不用洋银,至于每年报销,仍须按库平计算,方符体制,而便稽核。出使各国报销清册,只准开列库银,不准开列洋银,曾于光绪七年三月初七日,咨行贵大臣在案。乃近来报销经费总册内,虽皆合成库银,而分册细数往往一款内有开列洋银,煞尾合成库银者,有忽而库银,忽而洋银者,且有尚列洋银,竟无库银数目者,体例未能划一,殊难稽核。嗣后报销册内每款银数,务希查照前咨,注明库平若干,勿庸开列洋银名目,以昭画一,相应咨行贵大臣查照办理可也。须至咨者。光绪九年三月十九日。

上海文呈刘孚翊加给归装银两

布政使衔监督江南海关分巡苏松太道为申请核作收放事。光绪七年五月十二日奉宪台文开:刘孚翊在洋积劳病故,请加给归装银两,作为抚恤。兹承准总理衙门咨覆,于应给三个月归装银两外,再加给一个月等因,由道于出使经费项下拨放库平银八百两,发交黄守惠和转给刘故员家属具领等因,奉此遵经职道转行去后,兹据黄守惠和取具刘故员之胞弟刘孚京墨领一纸,送请核给前来。除将墨领附卷,并于出使经费项下动支库平银八百两,发交黄守转给外,理合据批申请,仰祈宪台俯赐核察,作收发印批回备案,实为公便。为此备由呈乞照验施行。须至呈者。

解批一纸。

光绪七年九月初七日署咨报销册不准开列洋银

为咨行事。前准大咨,册报出使德国各项经费,当由本衙门复核在案。查各国出使经费既在外国行使,自不能不用外国数目,惟支销册中仍须将外国数目合成中国数目,方能一目了然。此次贵大臣支销总册,虽将各项经费按中国数目核清,而细册中并未分晰造报,不特难于核算,亦于政体非宜。以后凡有造报之件,无论总册细册,均须合成中国银数,逐款划清,以醒眉目。其寻常往来函件,有关涉银数之处,亦望一律办理,是为至要。相应咨行贵大臣查照可也。须至咨者。

光绪七年三月十七日。

洋人劳根枪毙华童案
照录候补彭道禀

敬禀者。窃职道奉委会审河南洋人劳根枪毙华童命案,英国驻沪臬司连呢到日,即定八月廿日开堂,略问凶犯情由,饬令延请状师,复定廿五日审讯。中外人证,是日升堂会审。原告状师佛兰些士,被告状师威士,英国律政司威坚慎,暨小状师、书吏人等均列坐堂下听审。英律陪审人员向以签传为定,不知其中有何诡毙。当日到堂共十六人,乃被告状师威士谓密达、库安机、福他开三人与被告不合。夫西人与劳根合否,不得而知,至谓何卫、阿丹、士铿、巴杜华四人与原告不合,则不可解矣。尸父白阿群,一拾粪小民耳,与四人从未见面,有何不合。又谓佛尔兰、列福厘二人与原被告均有未合,将公正洋人概行摘去,只用五名昏庸无能者陪审,其为袒庇先立地步已可概见。名为签传,实则未也。英臬司连呢似隐悉其弊,故问明案由,即对陪审及众洋人曰,今所控者故杀,固与误杀不同,请申论故杀与误杀二者。凡人从容杀人者,谓之故杀,势迫无心杀人者,谓之误杀。以此案论之,如谓劳迫于势而后杀人,则劳根执枪追人,并非为人执枪所追,如谓劳根无心杀人,则劳根立桥执枪,鞠躬端准,向人丛轰击。由此观之,岂得谓劳根无心杀人。今劳根故意杀人之心显然可见,岂有他哉。万望诸君虚心鞠听,勿存畛域之心,勿听外进浮言,庶几偏私去而公平存,斯不负办公之至意。此番议论,固各国洋人所共闻,亦即劳根故杀华童之铁案也。假令陪审人员哑担、喇咐兰士、吟吧、吡唅、喉嗎等五人稍有天良,略知大义,一闻臬司所言,断不敢挟同袒庇,徇一己之偏私,废万国之公法。连审四日,无论华人证据可凭,即西人所供亦皆确凿。劳根故杀之罪,虽三尺童当亦知其无疑义矣。乃被告状师威士强词夺理,信口辩论,只计谢金之多寡,不顾犯罪之轻重,且谓沙面之事与定案后或更有不测之祸,各位总以勿计为高等语,以恿怂之。丧心昧良,莫此为甚。而此五人皆袒护劳根之人,误杀二字早有成见,藉威士颠倒是非之口,以掩中外听审之耳目。不然原、被俱有状师,何以未审之前,我宪台致函英国臬司,约原准原告状师佛兰士当堂辩论,未蒙允准。连臬司或为若辈蒙蔽,亦未可知。佛兰些士终未能多赞一词,只许被告状师威士肆口妄辩。勿怪英国律政威坚慎按款指驳,直斥其非,则劳根故杀之罪更无疑义,威士亦俯首无言。至将结案时,连臬司犹恐陪审人员任意偏袒,又向其反覆告诫,是律政司连枭司注意故杀也。二司所论各节,另折呈电。此案将结之时,中外观审人皆窃议英国法律森严,凛凛可畏,独劳根神色不变,殆早有安排矣。乃五人出,果断以误杀,独不思火器伤毙华童,复重伤二人,并非游猎,何得谓之误杀。连枭司即照英律断以误杀,观其对劳根曰,尔犯此重罪,止定误杀,尔当自幸数语,可知其非本意矣。职道见其轻视中国人命,即当堂与连枭司详细辩论,而陪审五人自知情虚,即行退散。后职道与连枭司再三辩驳,晓以利害,喻以人情,据云我意本欲断一故杀,奈为律所限,此案若提至上海,亦不致断为误杀,以该处陪审洋人知理者多,沙面陪审洋人不知轻重,我亦无可如何等语。夫官司所凭者律,百姓所畏者法。杀人偿命,中外一理。今任陪审徇情枉法,不独坏英国之法,且欲坏中国之律,将来百姓有所藉口,官府穷于钤制,是护庇一扦子手,贻中外不测之祸,使各国远来贸易者俱有戒心,甚无谓也。理合禀恳宪台将全案咨送总署暨驻英钦差曾侯,与彼刑部理论,按律平反,以昭公允。俾嗣后陪审人不敢舞弊徇私,西人幸甚,华民幸甚。是否有当,伏乞宪台察核示遵。

照译英律师佛兰西士论河南命案节略
论劳根案

税关人役劳根,于一千八百八十三年八月十二日,用枪轰毙华童白华景一名。曾经上海枭司于上年英九月在广东开堂审办。查此案按照各证据,允宜定为故杀,而陪审官竟议以格杀,枭司只判监禁七年。陪审之议,固非妥协,而枭司酌情判案,就令以陪审之议为妥协,仅予监禁七年,亦觉罪重法轻。然按英国法律之议与枭司之判,一经案结,不能平反。此时即使谆请英廷复审,更加罪名,亦属徒劳无补。惟其办理不妥之故，及其中弊端应行禁止者，似不可不详查也。韩署领事初审此案，殊形草草，若以其审讯证据为凭，劳根尽可释放。后幸有两广总督委员办理踊跃，多罗证人，兼以地方绅董协力相帮，不然此案之归结，更不止于如是也。初审时若果稍肯询查供证，则供证无难多得，该犯之妇，总应拿讯录供。且证人当日既有长枪短枪之称，自当立刻搜查。如果搜查，无难寻出，乃竟任凶枪无所获，又不能将其所以未获之故晓白于人。陪审之议，或亦如此有所藉口乎。迨总督委员奉委查办时，始行询查该犯之妇与该犯之役并轰人之枪，维时已遥，人物俱已杳无踪迹矣。盖此案所以办理不妥之故，固由署领事及其帮办原告者之不谙刑名，亦由署内无真正办案之人。盖署领事不晓华言，两帮办只通官话，其可以稍能作为者，止有一差而已。而此差又事多常忙，领事署内向无司律人员，即中国聘请者亦不准用。按照上海臬司及各口领事衙门章程，即使中国官为原告，亦不能自雇状师主控，故此案余虽为中国官聘请主控，亦不准担承主控之事。上海律政司本非老成练达之辈，而竟以此案交其主控，当其将案内情形布达于众，不能知所轻重，直将紧要各节搁下而不道，遂至无所动听，致此案如此了结。按照合约，英国自行审办本国犯人，不准中国管理。然英国未有真正办案人员，劳根、戴阿士两案，领事均不能办理妥，以昭公道。戴阿士则身脱法网，劳根则情重法轻，此等情形宜达英廷，请其稍为变通。嗣后广州领事一缺，请用律师补授，抑或领事帮办用律师一人。不然遇有重大案情，令其在香港雇请状师，亦必商诸上海，以致延搁，并准中国请状师主控。盖审堂设在中国地方，办理关系华民案件而不准中国请人独力主控，实属于理不合。劳根一案，初审固多不合，后审尤多未妥。陪审一节，广东地方殊不合宜。若案关中西，更觉弊大。盖遍寻各口，断不能得英国人为陪审官，而肯定英国人故杀中国人之罪。盖畛域之见太深，兼以彼此子民时有龃龉，焉能一秉至公。方劳根之案未审，伊尹氏与余已有所闻，多谓陪审官必不肯定英人故杀华人等语。此等弊端，更可向英廷理论，英廷亦不能不设法办理。总之，案关中西，断无皇家陪审人员，此乃实事。再者，西律每年正月即将堪充陪审官拟定注册，以备一年之用，其未于正月注册者，不准充当陪审之职。中国各口西人注册后，回国者有之，迁徙者有之，不出半年，注册者已去过半，而新来者又不能增入。劳根一案陪审官，并非由册内选取，实以在省英民堪用者充当斯职而已。若被告状师执此以争，不难为该犯脱身法网，且按照英法，所立陪审官员，准犯人无故屏却二十名。此案劳根及其状师若果执律以行，则此案不知何日始能问审矣。盖入选陪审者只有十八人，固可尽行屏却，然该犯及其状师不肯屏却者，盖逆知其不肯定其故杀也。可知任犯人无故屏却陪审一节，行之于西人稀少之地，殊有未合。香港西人较多，尚无此律。总而言劳根一案，已属铁案难翻，论理亦属无用。而英官在中国审办案件不能妥协之处，亦于劳根、戴阿士两案著明。领事官员既自不谙刑名，又不能得谙练之人帮同审讯，按照章程，中国官不得行主控之事，虽事情可以直达，而作为实由领事帮办或臬司律师之手，然此皆非练达者也。至陪审官既有畛域之分，陪审非其所宜，应由臬司独审独断。而犯人准屏却陪审一事，若照现在章程，除在上海外，各口地方洋人犯事，皆可不办。凡此数端，皆可伸达英廷。

谨将英臬司及律政司判语抄录呈电。

英国连臬司录阅供词，因言此案两造供词甚为详明，陪审各官须细心核夺，秉公定断。虽案情重大，供显白无难，片言而折。此案陪审各官,应先将是否该犯枪毙华童一节详细酌夺,如以原告供词不实,而以被告申诉近情,自当定为无罪。案内证人华人十名,西人九名,虽律师称止以西人供词亦足以昭劳根之罪,然事始于华人,本司理当先将华证人供词大意宣示,如其中有领会不清者,不妨请本司详解。至枪伤华妇华工一事,与此案无关,可以不必留意。言毕,遂将大意宣读毕,谓陪审官曰:供词允称相符,虽被告谓其自相矛盾,而原告已将参差之故陈明,内有三证人谓目睹该犯放枪,此处宜为留意。随又将西证供词,两造状师之所注意者略为宣读毕,因言曰:此案应将华童是否为劳根枪毙一节,先行酌夺,如系劳根枪毙华童无疑,按照法律,除有证据证明无意外,即作为故意论。如果真有可疑,亦当宁出勿入,长枪短枪,虽有不同,然若既以劳根为枪毙华童之人,则长短可以勿论,只问放枪是否原情可恕,即以此定其是误杀,抑是格杀,抑故杀。有谓该犯发枪,实出自卫起见,本司殊以为不然,盖当日无所用其卫也。即云自卫,亦不至于发枪,若云一时忿极,忿极亦不应杀人。忿极杀人作误杀论者,祗怒至丧心,不用凶器乃可,否则故杀。赞审供词内,有呢路慎作黑衣及目睹该犯放枪等语,则误认一说,勿庸置议。赞慎劝其勿烧枪,则当日非为势所逼,似可概见。而此皆与华证相符,至是误杀,抑是格杀,抑是故杀,应由贵审各官核定。言毕,各陪审官领命而退,互相参酌,约半点钟之久,重复升堂,禀曰:"劳根犯格杀罪。"书吏即问曰:"各位意见同否?"答曰:"同。"臬司因向该犯问曰:"定汝格杀,余其无词乎?"劳根对曰:"无。"臬司因语之曰:"尔劳根犯此重罪,现经审止定汝格杀,汝当自幸。"本司详查情形,知当日定非自卫者。若不于格杀之中从重定拟,殊觉有忝厥职。爰定监禁七年,并作苦工。

英国主控律师逐次指驳，若曰如果止以赞慎口供为据，劳根自是罪人。劳根向人丛中发枪，当时别无烧枪之人，且别无有枪之人，此时华童被击，非彼而谁？即此一节，可定劳根枪毙华童之罪。至谓两枪之说，黄南坡有供如是，惟称第二响始毙华童，可知向华童所放者止一枪，其余一枪系向西而发，击伤华妇。则威状师谓另由一人用长枪在桥施放，击毙华童一事，可以知其必无。至疑呢路慎为此，更属无因。各证人俱称其无枪，着黑衣，而放枪者乃白衣，虽华证人，亦有谓其着白。然赞慎当日与该犯及呢慎一路同行，见之最真。其谓该犯白衣，呢路慎黑衣一节，较为可信。其华证人有称呢路慎着白衣者，皆谓事前看见，然事前诸凡如常，所见无甚介意，则回想或有不真。且西证人皆谓其着黑，以华人认西人，或有混淆，而以西人认西人，鲜有错误。西证人正士吐蓝一人，称呢慎着白，而彼又称见该犯持物似长枪至桥。诸君细想，当时别无他人持枪杀华童，非此物而何。此案即止以西证人供词为凭，亦足以昭劳根枪毙华童之罪。华证人见事在前，西证人见事在后，长枪短枪，亦非自相矛盾，士吐蓝前亦有云似长枪。至供词一节，初审时两造均无状师，该犯又未便深为诘问，前所未言者，皆于此时因讯而陈明，故略有增加。我英国审案，初审后审供词尚时有不同，况此间一言一字皆须用人传话乎。些须不符，自亦势所必有者。至谓呢路慎或用长枪，似近推卸。当日遍搜其家，了无凶器，而劳根家则起出火枪二枝。且事后差往犯家，虽云搜查，未见认真。若果搜出长枪及其子药，自可不审而明。然案内证据断难件件供齐，总之，无论长枪短枪，皆足以毙华童之命。劳根手无持棍，或亦有之，然谁为祸始，实与此案无与也。至谓原情可恕，余更讶然。盖非为势所逼，杀人岂在可恕？该犯当日并未退避，追退避者耳，人已退避，追而击之，何可恕之有？

夫故杀与格杀，其迹有时相近，其实总有不同。盖故杀每起于怀怒，劳根被盗后定有怒。华人者聚众鼓噪一节，证人或略有隐讳，然劳根烧枪不在鼓噪之时，而在奔跑之后，赞慎虽被石掷而劳根未被石掷，此可知其未有险也。对人发枪，虽枪口向上，亦非可恕，而于人丛中发枪，即无意专杀何人，亦是故杀。威状师谓在街向空烧枪非干例禁，试问策马疾行亦无例禁，然踏毙人命，岂无罪乎。且劳根于华人奔避时从容发枪，致毙人命，则是非格以自卫也，其欲泄忿已耳。既已参而后动，是故杀非格杀也。列君高明，自能洞鉴乎此。

咨文

咨送事。照得英人劳根在粤省河南地方枪毙华童白华敬，及洋口轮船洋人踢伤华民落水身死两案，现经英国律师佛兰西伊尹氏将以上两案供词条款刊刻成本，并另拟节略，呈由委员候补道彭懋谦禀缴前来。除分别札发咨送外，相应咨会，为此合咨贵大臣，请烦查照施行。须至咨者。

计送河南沙面两案供词条款各一本。又照抄彭道禀一件，并节略二扣。光绪十年正月十三日。

署奏各国有婚媒等事致贺
照录本衙门奏片
光绪六年十二月廿七日

再，本年十二月初七日，据出使德国大臣李凤苞致臣衙门电信内称，德王孙正月婚，应请电贺等语。嗣于十六日复据李凤苞函称，光绪七年正月十六日为奥君长子婚期，中国向与有约，俟应派邻国驻使往贺等语。并于十八日据北洋大臣李鸿章来函，亦以此事宜就近往贺为请。臣等查德、奥均系已经换约之国,该两国交谊最亲,地界亦最相近,此等仪节在西洋各国颇视为邦交郑重之事,而于中国往贺尤为属意。除由臣衙门分别电复往贺外,相应请旨饬下出使各国大臣等随时酌核,咨明臣衙门照案办理,以期于交涉有益。理合附片陈明。谨奏。

德世子银婚颁赏宝星

咨行事。光绪九年三月廿日,本衙门附奏德国太子银婚请颁宝星一片,本日奉旨:依议。钦此。相应恭录谕旨,抄录原奏,咨行贵大臣钦遵查照,并将头等第二金宝星一面、绦带一条发交祗领转送,仍将收到及转送各日期咨复本衙门查核可也。须至咨者。附宝星一面、绦代(带)一条。光绪九年四月初九日。

李使赏戴花翎

咨行事。光绪七年六月十三日,由军机处抄出北洋大臣李奏出使德国大臣兼肄业监督请仍照原奖一片,光绪七年六月十二日,军机大臣奉旨:李凤苞仍着赏戴花翎,该部知道。钦此。相应恭录谕旨,照抄北洋大臣原奏,咨行贵大臣遵照可也。须至咨者。光绪七年七月初二日。

谢恩奏折

奏为叩谢天恩,恭折仰祈圣鉴事。窃臣于光绪五年五月廿四日,在德国都城使馆承准总理衙门咨开:光绪五年闰三月廿三日奉上谕:二品顶戴候选道李凤苞,着记名以海关道员用,赏加三品卿衔,派充出使德国钦差大臣。钦此。钦遵。咨行到臣,当即恭设香案,望阙叩头谢恩讫。伏念微臣一介庸愚,望轻资浅,前荷隆恩,署理使臣。八月于兹,虽扞格之渐通,尚涓埃之未效,方思勉尽驽骀,徐图报称。今又特蒙简授,宠眷逾恒,荷优异之叠加,益感惶之交集。近见德国究心训聚,专事富强,其动静实为欧洲全局所关,诚能与之联络,实足资为臂指。况届修约之期,辨析疏通尤为紧要。梼昧如臣,深虑弗能胜任,惟有禀承圣训,益竭愚忱,或可讲信修睦,杜其虞诈之萌,宣德达情隐,弭其要求之渐,以冀上崇国体,永固邦交,图报高厚鸿慈于万一。

所有微臣感激下忱,谨恭折叩谢天恩,伏乞皇太后皇上圣鉴。谨奏。

颂词谨录呈递。国书恭呈御览。

大清国使臣李凤苞,谨奉国书呈递大德国大皇帝亲览。伏念贵国在欧洲中土,政治学问为各国宗仰。自与中国立约以来,果能交谊日孚。使臣前驻贵国权摄使篆,历蒙推诚相待,礼意殷拳。今奉大皇帝特命,亲递国书,充为驻扎使臣,以表真心结好。使臣益当谨慎将事,想大皇帝定愿与我大皇帝同心,互相体谅,亲睦日深,俾两国臣民永享升平,同沾利益焉。

谨译德国君主领受国书答词,恭呈御览。

我德国君主接奉大清国大皇帝简派贵使为驻德大臣之国书,深为欣悦。溯德国与大清国立约以来,彼此有裨,交谊日亲密,甚喜。贵使能益联两国之欢,我国家亦必随时相助。今请贵使转奏大皇帝,我重伸敦好之词,并愿大皇帝福祉无疆,大清国日益隆盛。

递国书奏折底

奏为恭报呈递国书情形折,仰祈圣鉴事。窃臣于光绪五年六月廿二日,准总理各国事务衙门咨开:准军机处将颁给实授出使德国钦差大臣应递国书交领咨发等因,旋于七月初八日由上海文报局递到国书一道,臣敬谨祗领,当即照会德国外部。适该国君主在普士屯行宫,订于七月十五日回至柏林接见臣,届期同翻译官恭赍国书。前赴彼宫敬谨呈递,该君主亲为领受,臣并诵致进见之词,该君主接诵答词,立谈片刻,欣慰见于词色,旋经谒见该君国夫人,亦问慰周至。今方订谒其冢嗣及将相诸臣。查西国通例,既实任使臣之职,必重修晋接之仪,自应参酌彼中俗尚,以就我上国型模。谨录臣进见致词及该君主答词,恭呈御览。所有微臣呈递国书缘由,理合缮折具陈,伏乞皇太后、皇上圣鉴。谨奏。

光绪五年七月十六日。

奏徐建寅二等参赞官

谨奏,为遵旨议奏事。光绪五年七月廿一日,准军机处抄出上谕:李凤苞奏请调员差遣等语。着李鸿章等饬令道员徐建寅迅速起程,前赴德国,交李凤苞差遣委用。其所请作为二等参赞官之处,着该衙门议奏等因。钦此。并将李凤苞原折抄交到臣衙门。

查原奏内称,道员徐建寅朴实勤能,熟谙制造,再令出洋阅历兼考工程,不但有裨于使事,且有裨于防务。派充参赞官委能胜任,其应否作为二等参赞官之处,请饬下臣衙门核议等因。臣等查上年臣衙门奏定出使各国经费折内,所有参赞官本有头二三等之分,同给俸薪亦以次递减。又章程内开:出使各国大臣所带参赞、领事、翻译等员,应由该大臣酌定人数,开列姓名等项,知照臣衙门查核。各该员亦随同出使大臣以三年为期,年满奏奖各等语。今既据李凤苞奏称,该员朴实勤能,令其出洋阅历,于使事、防务均属有裨,并经李凤苞函商李鸿章,以该员派充参赞官以资佐理,其俸薪等项按照向章支领。如蒙俞允,即由臣衙门知照出使德国大臣李凤苞遵照办理。所有遵旨议奏缘由,谨恭折具陈,伏乞皇太后皇上圣鉴。谨奏。

谢恩奏底

奏为恭报接印日期,叩谢天恩,仰祈圣鉴事。窃臣于光绪四年十月初七日,由伦敦起程赴德,经于谢恩折内具报在案。兹于本月初八日行抵德国都城,初九准前大臣刘委员将关防文卷赍送前来,谨即望阙叩头谢恩,祗领任事讫。伏念德国为欧洲中土,叠主会盟,既可结信义以联络邻封,又可考学问以藉资印证。惟愧语言未习,资望尤轻,仰荷殊恩,试以专对,虽思竭诚图报,愿敷同仁一视之恩,深虞扞格偶形,未尽修好睦邻之指。惟有随事随时禀承圣训,徐求裨益,冀免愆尤。所有微臣接印日期及感激下忱,恭折具陈,叩谢天恩,伏乞皇太后皇上圣鉴。谨奏。

光绪四年十月初九日。

乌石九仙屏山案

咨会事。据福建通商局司道详称:案居闽县张星锷、侯官县程起鹏会禀,绅耆陈廷灿等佥禀:窃闽省乌石、九仙、屏山三山列障,为会垣龙脉所钟。山脚山腰民房环附,按其形势方位,目前尚属无妨。但恐展转变更,迭相授受,或剪芜而加辟,或折(拆)旧而增高,方位递迁,形势斯异,既伤风水,遂招灾祲。若非定厥章程,何以杜其情弊。伏乞严饬税契房胥吏,凡遇有附近山地民屋,不拘卖与何色人等,务须取具地保及右邻并本乡绅耆保结,饬差查明,方准报税。如有朦混滋弊,即将税契差承严办。其不取保甲,并不税契,擅行私买私卖,无地方官印信者,一经指出,授受同罪。其或租赁他人,亦不得以永远租住字样标载租约,即暂租者,亦不准租客擅自拆改更造。倘有此等情弊,其邻右地保沉匿不报,查出一律科罪。一面先行示禁,以杜弊端等情到县。据此,卑职等会查乌石、九仙、屏山等三山错列,均卑邑名胜之区。相传该山上下兴造土木,犹于地方灾福攸关。民俗久皆传信,未便强拂舆情。且各该山系属阖城公地,民间盖屋居住向不承粮,与别项有粮之产更觉不同。该绅耆等此次禀陈,系为思患预防,俾不法奸民无从盗卖盗租生事,所虑具有深见,应请准如各该绅耆等所禀,分别办理。倘各该山附近民屋,其间有先被捏名图利之徒辗转私卖,及契内混填界址,谬写铺名,蒙已朦税者,一经发觉,并即照例严办等因到局。当经由局会议照该县所请先行出示晓谕,移行遵照。

嗣据侯官县程起鹏禀称,兹查有乌石山下之支山一座,呼之曰第一山,系乌石山切近落脉之山,学署文庙皆赖此山为拱照,民风士习,关系甚重。故其山内有平旷园地一片,只栽果木,附近有林润鋆小屋数间,缭以短垣,不甚高大。询诸耆老,咸称该处地脉攸关,不准起造屋宇,其在前已有小屋,亦不能再改广厦高楼。林姓从前虽出价典买,亦不过收园木之利。究其山基根底,系阖邑公物,非林姓所得擅行私卖及妄兴土木,致有伤碍于阖邑士庶等语。

查该处园屋不能私卖擅改,通国皆知,自无人敢受。惟自通商以来,各国洋人均有来闽,洋人安知此中底蕴,保无牟利奸民暗中朦骗,私相诱租。万一洋人误坠其术,空耗重资,仍难管业,势必问之于地方官吏。与其事后龃龉,多生枝节,曷若预先布告,藉可防维。相应禀请查核,俯赐据情照会各国领事官,一体传谕各洋人,如后有人将卑邑第一山山内,勿论空坪园地屋宇,概不可受其愚骗,出价承租,则中外商民均有利益等由。又经由局报明照会,函致各国领事官,传谕各洋人知照,即准英国星领事、丹国窝副领事先后照覆,晓谕洋人,一体遵照又在案。

伏查闽省乌石、九仙、屏山三山错峙,实会垣就脉所钟,各绅耆等深恐遇有动作,伤碍风水。该山上下房屋园地,嗣后自难再准租买。其乌石山下之支山呼为第一山,系乌石山紧切脉络,亦难准土木兴作,均当永禁私卖私租,以保灵秀而钟地脉。理合详请查核,会咨总理衙门立案,并请照会各国驻京大臣,转饬领事官传谕洋人一律遵守,并分咨驻各国大臣,照会各国外务大臣一体知照,暨咨明南洋大臣察照,实为公便等情到本部堂/将军/部院。

据此,查该司道会议详咨,系为俯顺群情,期于中外相安起见,事属可行。除详批示并咨呈总理衙门察照,暨咨南洋大臣查照外,相应咨会。为此合咨贵大臣,烦请查照办理施行。须至咨者。

光绪六年三月初十日。

大北公司电报六条
照录丹国电报大北公司禀

敬禀者。中国现创设电报,所有与敝公司电报交涉事宜,理应预为议明。谨拟六条,仰求中国国家恩准照办,敝公司既得保获之益,亦可不失中国自有之权利。且敝公司尚有所禀一节。去年敝公司奉中国总理衙门、南北洋各处送交代发电报,大概字数计送往俄一万字,送往他国各处六千字,二共一万六千字,收到所来外洋覆信电报共八千字,通往来二万四千字。按照以上字数核算,共须报费洋银五万二千八百元。如果第四条内办法能于去年议定,则中国所出报费,往来俄国者只七千五百元,往来他国各处者只一万二千元,共须报费一万九千五百元。凡属敝公司者早可奉让,是中国可省报费三万三千元之数也。即可知彼此议定办法,互相情让,两有裨益。如蒙批准施行,敝公司必以后竭力诚心,报效中国。崇肃谨禀,祗请勋安。

一、大北公司之海线,已经设立在中国地面者,中国国家允准方可。自此次奉准之日起,此海线以廿年为限,不准他国及他处公司于中国地界内另立海线。在此年限之内,凡中国租及台湾等处,亦不准他国设立海线。

二、以廿年为限,中国国家欲造海线或旱线,凡大北公司已经设立之处,有与相碍者,中国官商不便设立。其无碍于大北公司者,尽可自行设立。

三、凡以后中国欲再设电线,如大北公司所索之价便(较)他人便宜,中国国家准其包办。

四、中国总理衙门、南北洋大臣、出使大臣及总领事往来之电报,在中国、日本、泰西等处,凡从大北公司自家电线寄发者,大北公司情愿奉让二十年限内均不取费。设有大北公司电线不到之处,须从他国公司电线转寄,仍应出他国公司费用若干。惟所有往来之电报,必须各署盖印送去以为凭信,大北公司方能免费。

五、大北公司之海线,由香港与泰西相连者曰南线,由日本与俄国相连者曰北线。日后中国电线设成,凡中西商民之在中国者寄电信前往外洋,从中国电线交大北公司转寄,倘其电报内不指明从南线寄往外洋,大北公司均从北线转寄较为迅速。

六、嗣后如有争辨之处,以中国文字为凭。

咨呈一件

为咨呈事。案准贵大臣咨奏设电线,奉上谕:系为因时制宜起见,即着妥速筹办等因。钦此。当经派员设局办理,并据大北司禀呈条款抄粘咨照。嗣于光绪七年十一月初八日,又准电报内开:津沪电局已于初八日开递各等因,承准此,查大北公司第四条款大意,凡该公司电线所到之处,因公发电报让价廿年。此案在津沪办理,自已照从前发电之费,扣除该公司电线所经之值。惟自外洋寄电回华,该国电局尚未接洽,是以本大臣于十一月初八日发给贵大臣电报,定造铁舰出坞一案径递天津,不独未能减值,且该电局反索价每字一马克廿五分。查自德至沪,定章每洋文一字价银八马廿分,每字逾十字母者加倍,密电以数码代字码号千数以内者,作一字价八马廿分,千数以外者作二字价十六马四十分。现在发电时告以大北公司让费之说,该电局以仅有传闻未经接洽为词。查此案自应仍由大北公司电线境内之费方昭信实,相应备文咨请,为此咨呈贵大臣请烦查照,札饬大北公司迅即转商各国电报公司议定约章,知会各国电报总局饬属照行,俾以前溢付之价亦可收回,以符名实。须至咨呈者。

光绪八年正月初五日。

东太后大事仪注曾使来文

咨会事。窃准总理衙门光绪七年三月十二日电报,三月初十日戌刻，大行慈安端裕庆康昭和庄敬皇太后晏驾。应自奉文日始，缟素二十七日。自大事日始，百日不薙发等因，承准此，查西洋各国公例，凡遇盟邦国恤，宫殿有辍朝示哀之礼，各国公使部堂等官，有至使署投刺吊唁公使之仪。若本使署成服太迟，诸多不便，谨以接准总理衙门电报之日，作为奉文日期。本爵大臣现驻巴黎，率领文武驻法员弁即于三月廿一日成服举哀。一面抄电行知驻英驻俄各员弁，由参赞官领班行礼，均恪遵会典丧仪，及总理衙门电示施行。理合咨会贵大臣，请烦查照。须至咨会者。

光绪七年三月廿四日。

署奏片

谨奏查明请旨事。窃臣衙门前因出使英国大臣郭嵩焘、出使德国大臣刘锡鸿，出洋以后意见龃龉，当经查明郭嵩焘奉兼驻法国之命，颁给国书，寄交祗领呈递，尚未据咨报抵法日期。刘锡鸿常与德国外部议论修约条款，其时德国驻京使臣巴兰德以修约未成回国，臣等已知照刘锡鸿随时访察等因，于本年五月奏奉谕旨，行知在案。臣等查上年十月据郭嵩焘奏，出洋以后，疾病日深，心力销耗，恳请销差等因，奉旨：着听候谕旨遵行。钦此。本年六月，接据郭嵩焘将陈报兼使法国呈递国书日期，并因病陈请销差各折片，寄由臣衙门代递各在案。西洋各国据（距）中国甚远，风土一切自与中国迥异，郭嵩焘以衰年远适，水土本未习惯，致染病疾，一再陈请销差，谅系实在情形，相应吁恳天恩，准其回华调养，以示体恤，并请简派出使英国兼使法国大臣一员，驰往接任。仍令郭嵩涛（焘）俟接任大臣到后，交代一切清楚，再行束装来华，以重公事。又本年七月，据刘锡鸿奏调参赞折内声明，到德后水土不服，常在病中,气胀足肿,又患怔忡,不能成寐等因。刘锡鸿虽未敢遽请销差,臣等察其情形,与郭嵩涛(焘)同一病躯视事,已可概见。出使大臣事烦任重,似非力疾所能勉支。且现接刘锡鸿电信,巴兰德到后,数日匿迹不出,自言胁有结块,回国医治,随即下乡,云腊月返柏林等因。是巴兰德回国以后,并未与刘锡鸿相见,修约一事,暂时无可议办。应否将刘锡鸿并令回华,另行简派出使德国大臣一员前往接办之处,恭候谕旨遵行。所有臣等查明请旨缘由,理合恭折具陈,伏乞皇太后皇上圣鉴。谨奏。

军机大臣奉旨:另有旨。钦此。

再,臣衙门奏定出使章程内开:出使各国大臣自到某国之月起,以三年为期,所带参赞、领事、翻译等员,亦随同以三年为期,年满奏奖。如有堪留用者,由接办大臣酌留等因。此章系指三年任满者而言,如有出使各国大臣未历三年即行更换者,所带参赞等员,除由臣衙门派往之同文馆学生充当翻译官者,应令仍在各国随同接办大臣当差外,其原带之参赞、领事、洋翻译各员,是否堪以留用,仍由接办大臣自行酌定。其留用各员,是否堪以留用,仍由接办大臣自行酌定①。其留用各员,准其自原带到某国之日起算,扣至三年期满,由接办大臣察看。如果当差无误,分别奏奖,勿庸俟接办大臣三年任满后,始行奖叙,以示鼓励。倘或留用以后,始勤终惰,即由接办大臣随时撤回。臣衙门派往之同文馆学生充当翻译官者,亦准其一律查照办理。至出使大臣奉旨有特办事件而回华未满三年者,所带参赞等员,不必拘定三年奏奖期限。又未满三年回华之出使各国大臣,任内一切事件,统令俟接办大臣到后,当

---

① 其留用各员,是否堪以留用,仍由接办大臣自行酌定,此句当衍。

面交代清楚,始准束装起程。其支销各项经费,如届一年期满,应行报销之时,接办大臣未到,仍令原经手大臣自行逐款分晰造报,以免缪辕。出使各国大臣及所带参赞各员,未满三年回华者,所有应得俸薪,均自该大臣卸任之日住支,仍令遵照奏章。如非丁忧身故,只准开支回华盘费,不得给予归装银两,以严限制。为此附片。谨奏。

噶罗巴设领事

咨会事。本年六月初五日,接准南洋爵阁大臣左咨开:据广西候补知府李守训清禀称,窃据噶罗巴等处商民函称,该处为南洋一大都会,与新嘉坡、暹罗相为犄角,地广众庶,物产丰饶,华民在此贸易者约有数十万。新嘉坡、暹罗两处现均设有领事经理商人,而噶罗巴未蒙议及。论生意之大,流寓之多,噶罗巴较此处为尤最,同是中华赤子,何忍奚为后我。兹闻侯中堂节移两江,兼办通商事务,众庶引领,嘱代禀求等语。

卑府伏查,噶罗巴前本巫来由部落,明季为荷兰所踞,遂占台湾,滋扰闽粤,沿海居民,遭其蹂躏。泰西人我中国之基,实始于此。现在荷兰开辟亚齐,与台湾相距较近,万一蚕食渐广,难保其不乘机窥伺。隐忧叵测,不能不未雨绸缪。考太西各国,自通聘问以后,异议顿消,盖因声气常通,凡事以易商榷。矧荷兰为欧罗巴最喜务远之国,岂可不先事预筹,免其安生觊觎。噶罗巴横亘数千里,不比新嘉坡地方狭隘,仅转各洋之货物,供行李之往来而已。而华人生聚于斯,贸易于斯者,又不止加于日本、金山、秘鲁、西班牙等处十倍。其寄居四五代,置田宅,长子孙者,既成土著,即往来商贾,亦令造册稽查。间有将该处生长之华民编为西籍,将册寄回西京,纵后日回华,仍归西官管辖,中国官员不必过问之说。未审总理衙门有无成议。如果准行,则冒籍滋事之人,沿海皆是。即憧憧往来之商贾,亦必习与性成,以夷狄之俗为俗矣,其为害可胜言哉。近查荷兰辟土开疆,招募各处华民,改易洋衣,充为兵勇,多雇新加坡洋人假充。今荷兰踵而行之,眈眈虎视,将以中国为鱼肉,而其期欲恐不止于亚齐一隅也。安南、暹罗本属我国附庸,该处广产米谷,接济沿海民食,乾康之年屡降谕旨,外国商人运米至闽粤江浙,准其免税,比年晋豫大饥,皆赖洋米接济。近因西贡为法所踞,收录土人为兵,已逾数千之众,厚其粮饷,勤其训练。噶罗巴与安南系毗连之境,一苇可航,而英、法、荷各国日加亲密,又复笼络我百姓,窥伺我边陲,不乘此时招来镇抚,不独云南广西边民受其欺朦,窃恐南洋数百万众亦复非中华有矣。论者谓设一领事,每年需费数千金,当此帑项支绌,何必过为虚耗。而不知政之急务,莫若保民,苟能消患未萌,所省奚正(止)百倍。侯中堂秉国之钧,必能思深虑远,杜渐防微,决不肯因惜小费,置之不议也。管蠡之见,冒昧渎陈,是否有当,伏候衡夺等情到本爵阁督大臣。据此,除批据禀中国商民在于噶罗巴贸易约有数十万之多,自系实情,惟在彼设立领事,有无窒碍,本爵阁督大臣遥隔重洋,究难悉其底蕴。兹据前情,候咨请出使曾大臣密饬新加坡领事,就近查明酌办缴印发外,相应咨请密饬新加坡领事,就近查明酌办见覆等因到本爵大臣,准此,噶罗巴一岛隶属荷兰,该处寄居华民数十万人,应否设立领事,以资保护弹压,除札饬新加坡领事左秉隆就近确查禀覆外,相应咨会贵大臣,请烦查照,酌核见覆施行。须至咨者。

光绪八年六月十四日。

　　为咨覆事。本年六月十七日，准贵爵大臣咨开：本年六月初五日，接准南洋爵阁大臣左咨开：据广西候补知府李守甸清禀，切据噶罗巴等处商民函称云云等因，咨会查照，酌核见覆等因，准此，查该守原禀所称，噶罗巴地方华民贸易者约有数十万人，倘系实在情形，自应派设领事，俾资镇抚。此案既经贵爵大臣札饬新加坡领事官左秉隆就近查覆，应请俟覆到后，再行咨呈总理衙门核示办理。准咨前因，相应备文咨复。为此合咨贵爵大臣，请烦查照。须至咨者。

　　光绪八年六月廿三日。

新加坡左领事禀

　　敬禀者。本月十七日接奉宪台札开：本年六月初五日接准南洋爵阁大臣左咨开：据广西候补知府李守甸清禀称，于南洋噶罗巴设立领事云云等因，奉此，卑职遵查噶罗巴一城，为爪亚全岛之都会，亦即荷属南洋各岛之都会，华人流寓其地者七万有余，多衣洋衣，隶荷籍。荷择其贤能者为马腰、甲必丹等官，专理华人事务，而审断之权仍自荷官操之。华人往巴贸易，须有荷国领事执照，方许留住。既在彼处留住一年，即行勒令入籍。若系往来过客，亦须主人代为报明来历，方免受罚，此则该处大略情形也。今中国拟在该处设立领事，所谓窒碍者约有三端，一恐入籍之人，沾染洋人习气太深，难于约束，一恐马腰等官把持公事，从中牴牾，一恐荷兰心怀疑忌，不愿接纳。凡此三者，窃以为皆不足患，患在不得其人而已。苟得其人，则入籍者亦当舍旧图新，马腰等官不难为我所用。所谓君子居之，何陋之有，惟在得人而已。至谓荷国心怀疑忌，不愿接纳，此尤不足患者也。查各国公例所载，若却此国领事驻扎，即不得复准他国,以免偏枯云云。今荷既准英、法、美、布等国在巴设立领事,若独不准中国,即是有违公例,谅荷亦未必遽敢出此。即或以此尝试,中国自有出使荷国大臣与之善为辩论,又何患彼之不准耶。总之,设立领事,但问于国于民有益与否,若果有益于国于民,则虽先难后获,在所当为。职请言设领事之益。查各国领事之权不同,是以设立领事之益亦异,上焉者有独断之权,益最大,中焉者有会审之权,益次之,下焉者有调和之权,益最轻。今拟在巴设立领事,上中之益纵不能得,然即其益之最轻者言之,其实亦不得谓为真轻也。夫华人之流寓外国者,类皆穷苦作工之辈,一入其境,受其管辖,即任其鱼肉。彼所以敢肆其虐者,为无见证之人耳。若领事一设,彼畏有见证之人,则已甚之为不得不稍知敛迹,而若辈穷苦之人,即阴其惠不浅矣。此一益也。华人流寓外国年深日久,不但风俗渐改,即性情亦变,其所以易于改变者,为与中国之声气不常相通耳。若领事一设,则衣冠往来,声气相通。彼民也,睹汉官之威仪,有不翕然向化者乎。此二益也。方今中外和好,互相聘问。凡我国一举一动,彼国无不知之,而彼国情形,我国或多所未晓。揆诸兵家知己知彼之道,是我尚未能尽也。若多设领事,则彼国情形皆可据实禀报,将不徒为民之爪牙,亦可为国之耳目矣。此三益也。有此三益,能多设一领事,即多与一利端,此泰西各国所以亟亟以此为重,而不闻有畏难中止者也。抑职又有所陈者,查南洋诸岛棋布星罗,而其最大者有四,曰婆罗洲,曰苏门答拉,曰爪牙,曰西里百。四十①者之中各有大埠,若昆甸若马神,此婆洲之大埠也。若亚齐若茫古鲁若叭噔

---

① 十,此字衍。

若巴邻傍,此苏门答拉之大埠也。若噶罗巴若三宝垅若士里末,此爪亚之大埠也。若望加锡,则西里百之大埠也。以上各埠皆属荷兰国,皆为华人流寓之区。今拟设立领事,似宜通盘筹算,不宜专顾一隅。职请献一策,曰各埠均设领事。或谓当此经费支绌之际,设一领事已费踌躇,况各埠均设领事乎。则职请又献一策,曰选派商人充任领事。查泰西各国除佛郎西外,多有选派商人充当领事,即我中国前任新加坡领事胡道璇泽亦尝以商人充当,办有成案。今欲于用人之中,仍寓节用之意,何妨踵而行之。或又谓商人充当领事,既不受国家之俸禄,又兼顾其贸易,势难尽力从公,克称厥职,且恐弊窦滋生,反足为累。则职请又献一策,曰设一领事以统摄之。若果统摄得职术,则若辈虽不可引为腹心之臣,亦可藉收指臂之助,岂不愈于无领事乎。或又谓各埠商人贤否,国家难于周知。则职请又献一策,曰先设一荷属各埠总领事于巴城,令其就近确察,据实保荐。将来领事倘有贻误,即惟总领事是问。如此则总领事爱惜功名,不敢徇私而滥保,即各领事亦感深知己,不肯任性而妄为。是国家专任一人,而可兼收众人之助也。或又谓领事分驻各埠,恐领事难于统摄。则职请又献一策,曰责成总领事每岁巡视各埠之时,乘驾兵船一艘,以练士卒而壮声威,是又一举而两得也。以上五策,倘蒙采纳,则南洋数百万华人皆可藉资保护。一视在巴设一领事专顾一隅,其益不大相悬殊哉。所有卑职遵查在噶罗巴设立领事有无窒碍各情,除禀大洋爵阁督大臣外,理合禀覆宪台查核施行。

光绪八年九月十六日。

咨会事。本年六月初五日接准南洋爵阁大臣左咨开:据广西候补知府李守甸清禀,请于南洋噶罗巴设立领事,保护寄居中国民商一案。因噶罗巴一岛隶属荷兰,比即咨会贵大臣查明酌核办理,并札饬新加坡在领事就近确查禀覆,暨咨覆南洋大臣左查照在案。兹据左领事禀覆前来,除批据禀设立领事于民有益,所论甚属详明。惟商人充当领事,恐开互相派设之端,于交涉之道不无窒碍耳。该处各岛多隶荷兰,应否设立领事以资保护民商之处,仰候咨明出使荷国大臣,暨分咨总理衙门、南/北洋大臣察核办理缴并咨覆南洋大臣左,分咨总理衙门、北洋大臣李查核外,合将左领事来禀抄录咨会贵大臣,请烦查照,酌核办理施行。须至咨者。计钞单。光绪八年九月十三日。

为咨呈事。本年九月十六日准出使大臣曾/贵爵大臣咨,本年六月初五日接准南洋爵阁大臣左咨开:云云抄录,咨会查照,酌核办理等因,准此,查此案前于六月十七日准曾/贵爵大臣咨会前来内开:云云叙第一公文,相应咨会查核见覆等因前来,当经本大臣咨覆,既经札饬新嘉坡领事左秉隆就近查覆,应俟覆到后,再行咨呈总理衙门核示办理等因在案。兹准前因,查左秉隆所陈窒碍者三端,有益者三端,颇为中肯。惟各埠均设领事,固非一时所能骤举,商人兼充又恐开互相派设之端。且华民之在各埠者,虽名为设华官以治华民,而实则审问管辖之权,仍操于和人。禁囚牢笼,无所不至,华民竟无所赴愬。诚如李守所禀,杜渐防微,实不容缓,如能酌设领事,虽未能遽收招来镇抚之效,而既可持平办论以疏通其抑郁,密揣舆情以激发其忠义,俾内向之民不致永沦异类,诚为当务之急。虽和国素怀疑忌,与他国之属地办法不同,其与各国所设条约,必须另立峏条,方可设领事于属地。前月本大臣与和国外部大臣论及此事,外部大臣谓中国倘实欲派设领事,亦须设立专条,及本大臣于驻和公使处借阅专条,亦与寻常准设领事相同,并无相抵之款。可知中若向和商立领事专条，彼亦无推诿。惟支吾延宕，蹉跎岁月，在所不免耳。又查和国南洋各属地，虽为华民数十万，而以爪哇岛为荟萃之处，应先于噶罗巴一埠派设领事，暂行总辖就近各埠，俟有成效，再行查看情形，随时酌办。则设一领事耗费无多，而于大局确有裨益。其应否与和国议立领事专条，应各呈请贵衙门/总理衙门核夺办理，除咨覆曾大臣暨南北洋大臣，相应抄录原禀备文咨呈。为此合咨呈贵衙门，请烦查照核夺。须至咨呈者。光绪八年九月廿。

咨行事。光绪八年九月十六日，准南洋大臣咨称，据候补知府李守禀称，中国华民在噶罗巴贸易者约有数十万人，请设立领事等情，经批示并咨曾大臣密饬新加坡领事就近查明酌办，嗣准咨覆，噶罗巴一岛隶属荷兰，应咨李大臣查核见覆，并札新加坡领事就近确查禀覆。现据禀称各情，据此批示，应将原禀来咨抄录，咨请查照核覆等因前来，除由本衙门咨覆南洋大臣外，相应照录来文，咨行贵大臣查照，将噶罗巴议设领事有无窒碍之处，咨覆本衙门核办可也。须至咨者。

光绪八年十月初十日。

为咨呈事。本年十二月初八日，承准贵衙门咨光绪八年九月十六日准南洋大臣咨称，据候补知府李守禀称中国华民在噶罗巴贸易者云云，咨复本衙门核办可也等因，并抄单一本，承准此，查此案前准曾大臣咨会饬据新嘉坡领事左秉隆查覆各情前来，当经酌核情形于九月廿日备文，咨呈贵衙门核夺在案。兹承前因，相应备文咨复，为此咨呈贵衙门请烦查照前次咨呈，核夺施行。须至咨者。

光绪八年十二月初九日。

咨复事。光绪八年十二月初二日准来咨内称,准出使大臣曾咨准南洋大臣咨开:李守旬清禀请于噶罗巴请设立领事,保护寄居中国民商一案。据左领事禀复查,左秉隆所陈窒碍三端、有益三端,颇为中肯。和国与他国属地办法不同,前与外部大臣谈及,谓中国欲派领事,须议立专条。惟延宕在所不免,应否与议,抄录原禀,咨请核夺办理等因前来,本衙门查噶罗巴设立领事,自为保护华人起见。惟重洋远隔,在他国之地治中国之民,必须荷兰国情愿照设,又无他端窒碍,方可拟行。今既有窒碍各情,所有该守请于噶罗巴设立领事之处应暂缓议,仍由贵大臣酌夺彼此主客情形,随时相机行止。除分咨曾大臣南洋大臣查照外,相应咨覆贵大臣查照可也,须至咨者。

光绪九年正月初九日。

申报南洋大臣札知各节由

新加坡领事官四品衔分省补用通判左秉隆为申报事。本年二月十八日,接奉南洋爵阁督大臣左札开:光绪九年正月廿日,准兵部火票递到总理各国事务衙门咨,光绪八年十二月十二日准来咨内称,据新加坡左领事禀复李守旬清请于噶罗巴设领事保护寄居中国民商一案,准出使大臣李咨称,查左秉隆所陈窒碍三端、有益三端,颇为中肯。和国与他国属地办法不同。前与外部大臣谈及,谓中国欲派领事,须议立专条。惟延宕在所不免,应否与议,应请总理衙门核夺。查噶罗巴设领事,应与和国议立领事崶条,以便设立,咨请查照核办见覆等因前来,本衙门查噶罗巴设立领事,自为保护华人起见,惟重洋远隔,在他国之地治中国之民,必须荷兰国情愿照设,又无他端窒碍,方可议行。今既有窒碍各情,所有该守请于噶罗巴设立领事之处应暂缓议,仍由李大臣酌夺彼此主客情形,随时相机行止。除分咨李大臣、曾大臣查照外,相应咨复贵大臣查照可也等因到本爵阁督大臣,准此,合行札饬札到该领事即便遵照,仍报明李大臣查考毋违等因,奉此,理合遵照,申报宪台查考。为此备由具申,伏乞照验施行。须至申者。

道衔广西候补知府兼袭恩骑尉李旬清谨禀大人阁下:敬禀者。窃卑府曾以荷兰所属南洋噶罗巴,华生聚贸易较别处尤多,经该处商人函称,请设领事以卫华商各情。当于是年四月具禀,蒙两江爵阁督大臣左批开:据禀中国商民在于噶罗巴贸易约有数十万之多,自系实情。惟在彼设立领事,有无窒碍,本爵阁督大臣遥隔重洋,究难悉其底蕴。兹据前情,候咨出使曾大臣,密饬新加坡领事就近查明酌办等因,奉此,卑府旋复往南洋各处,明查暗访,人言啧啧,均以噶罗巴设领事为中国第一要着。查荷兰在该处设官分职,傍及华人,以华人而授武官,任事者有玛腰一,服中国一品官服,甲必丹四,服中国四品官服,雷珍兰六,服中国五品官服。不外不中,固自亵渎冠冕,而窥荷兰人之用意,阳则荣以禄位,阴则有收拾人心之举。近又闻荷兰在该处议分设地段,俾授玛腰等以地方责任,而华人贸易其间,势必奉玛腰等惟命是听。设万一两国有事,而荷兰携领提纲,逼之使行,虽人心未必尽去,亦无可如何之事。况今日华人在该处窄袖短衣,高冠革履,纷然以西俗为俗,莫不比比皆是,有心人已切隐忧。至词讼一切生杀华人,而中国无官员为之经理,任荷兰主持,又无论也。再查华人从前每名在该衙门按月领随身票一次,例须纳银七分二厘。按年一次者,则纳洋银一元,固已苛待至极。自上年荷兰人正月为始,每人改抽班叶之令,而华人拥厚资贸易,计每年得利若干,多有以一人而抽班叶日至二三百元者。其替人佣工及小本营生，至少亦须二洋四角至一元六角。降至牲畜、坐车、椅桌、器具，计其置银若干，即抽班叶若干。较之上日，尤为苛待，实属骇人听闻。而华人曲为听从者，缘势力不能与该门较，而中国又无官员为之抗辩，遂致任其所为。至榷关抽税及烟酒等饷，任荷兰朘剥，又无论也。方今轮毂往来，大有朝发夕至之势，而华人麇集，日见有加无已。何辜赤子，任其摧残。卑府体顺舆情，转恳请设领事，坐镇其间，亦明知未必骤收成效。然能日引月长，徐徐经理，数十万商民，仍不失为我有。是否有当，除禀知出使大臣曾外，相应照抄禀两江爵阁督大臣左原禀清折一扣，合肃芜禀，为此具禀，恭请福安。

光绪八年十二月初二日。

照抄禀两江阁督左中堂稿

为请设领事，以卫华商而固藩篱事。窃据噶罗巴等处商民函称，该处为南洋一大都会，与新加坡、暹罗相为犄角，地广众庶，物产丰饶，华民在此贸易者约有数十万。新加坡现既设领事，经理商人，而噶罗巴未蒙议及。论生意之大，流寓之多，噶罗巴较此处为尤最。同是中华赤子，何忍奚为后我之语。卑府伏查，噶罗巴前本巫来由部落，明季为荷兰所踞，遂占台湾，滋扰闽越，沿海居民，遭其涂炭。泰西入我中国，实始于此。现在荷兰开辟亚齐，与台湾相距更近，万一蚕食渐广，难保其不乘机窥伺。隐忧叵测，不能不未雨缪惆（绸）。考泰西各国自通聘问以后，异议顿消，盖因声气常通，凡事易以商榷。矧荷兰为欧罗巴最喜务远之国，岂可不先事预防，免其妄生觊觎乎？且噶罗巴横亘数千里，不比新加坡地方狭隘，仅转各洋之货物，供行李之往来而已。而华人生聚于斯，贸易于斯者，又不止加于日本、金山、秘鲁、西班牙等处十倍，其寄居四五代，置田宅，长子孙者，既成土著。即往来商贾，亦令造册稽察。闻有将该处生长华民编为西籍，将册寄往西京，后日回华，仍归西官管辖，中国官员不能过问之说，未审总理衙门有无成议。如果准行，则冒籍滋事之人，沿海皆是。即憧憧往来商贾，亦必习与性成，以夷狄之俗为俗矣，其为害可胜言哉。近查荷兰辟土开疆，招募各处华人，改易洋衣，充为兵勇，又诱华人入其西籍，给予资财。其用意阴柔，诚为可虑。咸丰年间，外洋寇天津时，其兵勇多雇新加坡华人假充。今各洋踵而行之，眈眈虎视，将以中国为鱼肉，而其欲恐不止海滨一隅也。安南、暹罗本系我国附庸，该处广产米谷，接济沿海民食，康乾之年屡降谕旨，外国商民运米之闽粤江浙，准其免税，比年晋豫大饥，皆藉洋米接济。近因西贡为法所踞，收录土人为兵，已逾数千之众，厚其粮饷，勤其训练，今又攻其内境。噶罗巴与安南系毗连之地，一苇可杭，而英、法、荷各国又复日加亲密，笼络我百姓，窥伺我边陲。不乘此时招来镇抚，不独云南西边民受其利诱，窃恐南洋数百万众非复中华有矣。论者谓设一领事，每年需费数千金，当此帑项支绌，何必过为虚耗。不知政之急务，莫如保民，苟能消患未萌，所省奚止百倍。侯中堂秉国钧，必能思深虑远，杜渐防微，决不肯顾惜区区小费，置之不议也。是否有当，伏候衡夺。卑府谨禀。据禀荷兰所属南洋噶罗巴岛中国贸易商民寄居情形颇为详悉，抄送前呈南洋大臣禀稿详叙一切，尤多可采，查此案前经出使大臣曾暨南洋大臣左据禀咨会，并饬据新加坡领事详查禀覆咨照前来，当经本大臣屡次面商和国外部，据称倘欲设立领事，亦须设立专条等语，即经备文咨呈总理衙门，旋准核覆，暂缓议办矣。折存，履历并缴。

光绪十年三月十三日。

李。

李大臣卷

咨商事。据督操炮船刘游击禀称，伏按李丹宪拟造铁甲船，乃铁甲方台上加以圆炮台两座之式，与英国最新之铁甲船之英伏勒四布同，而船身长二百八十尺，阔六十尺，其转动灵捷有过之，为现时有铁角相碰之法。船身不欲太长，取其转动灵捷。方台左右前后，用钢甲十四寸至十二寸，贯甲之阻力远过于铁甲十四寸。于各国此等中号乃中号之大，非中等也。铁甲船求之，实为难得，且吃水只深十九尺，于中国海口更为适用。方台前后在水线以下六尺加以三寸，铁甲舱面直伸至船首，铁角能壮相碰之力，且止敌人直放攻下之弹。上舱面加以铁甲半，足以获方台前后舱位，使开花散弹并绵花药包不得击入各舱。按经纬法截堵无铁甲处，水线以下六尺，复用软木四尺为衬，使多浮力，即为敌人击破数舱，于浮力无碍。船主令台亦用钢甲八寸，内藏舵机、炮雷等项，数人可运，全船锅炉分前后左右，即损其半，余尚可用。背置船中左右煤柜，可以斜下船底，铁甲之下又多一重煤炭保获，且锅炉在中，水雷所不及伤。分抽水机使救援策应，不分人力，引清气机器使战时各舱关闭，人无闷气。至船内之重底，椊上之钢桶，气鼓之三角，一一皆合新创之法。惟单中所开该船炮转而台不转，则炮台不动，必内用旋盘转炮，炮口高出台外，炮台想是露顶，装药开炮时，炮手易为敌椊上小炮并格林炮所伤。法国前造露顶之台，英国亦有，铁甲船设升炮露顶之台，议者皆嫌其劣。虽该船系配克罗卜后膛炮，人在炮后，稍有遮蔽，而终未得全获。且临阵开花弹飞击台畔，散铁火光伤人瞎眼，其震裂曾验于南北花旗之战。苟炮后位人之处，设法添设薄铁遮盖，或顶配铁亭，与旋盘俱转，斯为全美。该船配克乐卜三十零半生的密答内径大炮四尊，较英国十二寸径大炮有奇，又二十一生的密答内径大炮二尊，较英国八寸径大炮有奇。此等炮械，配于中号铁甲船，可谓大极。其炮台按对角斜置，则四炮俱能前后左右环击，亦称至善，各国更无他法可胜于此。每小时可走十四海里半，殆试洋之速率，平常满载，能走十三海里左右，在铁甲已称快捷。惟吃水浅，藏煤较少，稍逊于别船，然用于中国，不行远程，尚无大碍。更捩舵用机汽三处，应有一处配在水线以下，使在水线下可以运舵。格林六尊，应配口径一寸以上，仍宜添设击雷艇小炮，配于降度架上，始为得力。现在铁甲船如配鱼雷，最为利器，惟雷管应配近水线，管腰用球旋转，可以左右而水不入，如英国芒拉铁甲船所配之法。各项以外，再添电火一二座，可配于桅上，更为全备。沐恩谨按，该船果能重心算准，如单配制，炮台上复设法添盖，已尽一时铁甲船之胜，与各国中号铁甲船纵横，可以操券以待矣。再禀者，以上各节俱照单揣意，未省与原图合否，请发图赐览等情到本大臣。据此，除批据禀李大臣拟造铁甲船式，一切皆合新法，与各国中号铁甲船相等。惟虑炮台露顶，炮手易为敌炮所伤，昨准来函以定台炮为贵，自必另有取义。能否照议，于炮后添设薄铁遮盖，或顶配铁亭有无益处，及鱼雷管应配何处，候咨商酌办。降度架上应添那登飞小炮，可击雷艇，前已函致照办，并饬军械所刘道转致添设电灯一二座，俾资周备。此项船图尚未寄来，该游击颇知用心考究，殊属可嘉。缴挂发外，相应咨商，为此合咨贵大臣，请烦查照酌办，见复施行。须至咨者。

右咨钦差出使德国大臣二品顶戴三品卿衔记名海关道李。

为咨呈事。上年七月承准北洋大臣李函开：筹备铁甲船一案。钦奉谕旨：着照所议。查照新式，在英厂定造铁甲二只，迅即知照李凤〔苞〕速行定议，早日造成，不可耽延时日。应以何厂何式为宜，尤当悉心酌度，认真经理，以期适用，毋为洋人所绐，虚糜巨款等因。钦此。恭录函饬速行遵办等因，准此。钦遵。赶速带同参赞官等前赴英、法、德各工厂详细考订，比较工料价值。至十一月初一日，始与德商伏尔铿厂订购一艘，系酌取近年英、法、德各国最新最妥之式，又与参赞官徐道逐一商榷，择良定订。其船身大致虽以德国之萨克孙厂为粉本，而钢面铁堡，犄角联台，穹顶钢盖，水线下铁甲舱面，以及撞嘴隔堵通水，一切新制，皆融会欧洲兵船，以集为大成，而不袭其陈迹。即一板之厚薄，一钉之疏密，一筒之接续，一管之曲直，无不参互稽考，反覆辩论。每有争持数日而始与厂主商定一件者，故船式虽限于入水之数，实居英国英伏勒昔布第一等船之次，而法制功用似有过之无不及，迥非前年土而其出售之八角台旧式船所可同年而语也。是船犄角两圆台联而为一，中函号令台，保获既周，照顾亦助。其搣舵有三四处，水力、气力、人力俱可施用。两圆台中，置克鹿卜二十五径长之十二寸口炮四尊，可以四面击敌，又首尾击（置）克鹿卜最新之式卅五径长之六寸径口炮两尊，系与克鹿卜厂详细驳减，直至二月杪方能妥商订定。所用首尾最新之长炮，其力可互抵八九寸口径旧式之炮。又上舱面应添连珠小炮，或用荷乞开士，或用努登飞德，现方择绎各国比试之说详细较量，方能择良配用。前月又与德国海部船政官及刷次考甫厂商定，仿近年各国新制，酌置鱼雷之管于铁甲堡前，左右各一具，现已订购，饬缋略图附呈。又与西们士电器厂商议，添置电光灯两座，方在缋算，尚未订定。并须添鱼雷杆雷之小艇以悬挂备用,并拟择定裙网之式,以防敌人之鱼雷。查是船有四大炮以击铁甲船,有首尾炮以击木船及巡海快船,有连珠炮电灯以焰击雷艇,有杆雷鱼雷以出奇,则攻击之法备矣。有钢面铁甲厚十四寸,约可抵全铁甲十七八寸。有铁甲舱面以增浮力,有钢罩以御小炸弹,有裙网以御鱼雷,则防守之法备矣。此后续订之船,拟仍照其式,以期得力,唯价值恐不能再减耳。其一切详细图幅,俱临造时先行送核。除使饬绘齐全,与银号保凭杂物细单海部信件,一并详绎绘呈外,相应如合同卅一款,船身程式一百六条,全船重数一表,船身附款廿五条,轮机程式十一叶,水管程式八叶,验铁章程卅九叶,译作华文共计八十二叶,又洋文一册,附合同之总图十二幅,又克鹿卜合同全份,刷次考甫鱼雷照相图四幅,船内布置鱼雷图一幅,备文咨送。为此咨呈贵衙门,请烦查核。须至咨呈者。

计送合同等项翻译华文八十二叶,又洋文一册,总图十二幅,克鹿卜合同全份,鱼雷照相图四幅,船内布置鱼雷图一幅。

一咨呈总署。

光绪七年三月初十日。

钦差大臣李。

为咨呈事。本月初一日,承准贵大臣咨开:据督操炮船刘游击禀称,伏按李丹宪拟造铁甲船云云全叙,咨烦查照酌办见复等因,准此,遵查本大臣去年十一月初一日,与德国伏尔铿厂订购之铁舰,系酌取近年英、法、德各国最新最妥之式,又与参赞官徐道逐一商榷,择良订定。其船身大致虽以德国之萨克孙船为粉本,而钢面铁堡,犄角联台,穹顶钢盖,一切新制,皆融会欧洲兵船以集为大成,而不袭其陈迹。即一板之厚薄,一钉之疏密,一筍之接续,一管之曲直,无不参互稽考,反覆办论,每有争持数日而始与厂主商定一件者。故船式虽限于入水之数,实居英国英伏勒昔布第一等船之次,而法制功用似有过之无不及,迥非前年土尔其出售之八角台旧式小船可同日而语也。今刘游击所禀各节,如转动之灵捷,钢甲之坚厚,冲碰之猛利,浮力之宽裕,隔堵保获之周密,引水导气之流通,炮位之得力,行使之捷速,却能将该船指陈大概,颇见用心考究。其禀内请添捩舵机、电火灯、炮台上钢盖及鱼雷管等事,均于定合同时早经议妥,并与电灯鱼雷厂熟商位置之法。惟拟配之格令炮六尊,即系击雷艇之炮,其或用格林,或用那登飞,或用荷乞开士,现方集译各国比试之说。大约格林炮仅有半寸一寸口径,那登飞炮最大者亦不过一寸,而施放敏捷较良于格林,然利于守隘,不利于击艇,因皆非炸弹,不能创巨雷艇,且发之太捷,则烟密架动,难以取中,似荷乞开士之一寸半炸弹较为得力。今英、俄两国试由格林改用那登飞炮,闻今年尚须续试,德、法两国试得荷乞开士最良,专用是炮,义、奥等国亦经详试,尚未择定。拟译全其说,详细比较,方能择善配用,此时未能遽定也。是船以四大炮击铁甲船,以首尾二炮击快船,而于格令等择定一种为专击雷艇之炮,若更小之炮则毫不济事,故各国兵船向无另备小炮之事。又查英国旋炮台之平顶,厚不过半寸,易受格令等炮之伤。今议用随炮旋转之穹顶,钢罩满覆全台,旁厚一寸,顶厚四分寸之三,庶几形穹则易于滑过,钢厚则难于击破矣。至于大船之配鱼雷,为近年最新之制,然英国则置于炮台前之左右,或在水上,或在水下,俱用球形之门。然屡经试得球门易于漏水,且台前左右有船身冲劈之浪,易于改动方向,万难取准。德法等国试得置定于船首水下,直向前者最准,然大船行速恐追及鱼雷,妨害己船,迄今未敢用之。今德国海部尚须详试,或置船首,或置台前左右,酌量其利弊轻重,即可著为定章。前月既邀伏尔铿与刷考甫会商,俟海部试定,即可在该船中安设鱼雷筒两座矣。查附合同之总图内,掫舵之机共有四处,一在飞台之上,一在号令台,〔一〕在铁甲堡中,一在堡后水线以下,或用水力,或用汤汽,或用人力,悉按德国已成之船配制,临造时再有详图送核,似亦极为周妥。除船内杂物细单方在译写未全,又陆续送到分图已核定者有廿余幅,俟饬绘齐全与银号保凭海部信件一并详译汇送外,相应将合同卅一条,船身程式一百六条,全船重数一表,船身附条廿五款,轮机程式一叶,水管程式八叶,验铁章程无节译作华文都为八十二叶,又洋文一册,附合同之总图十二幅,并叙明炮盖舵机均已议备情形,备文呈送咨复,为此咨呈贵大臣,请烦查照察核。须至咨呈者。

一咨呈北洋大臣李。计送。

光绪七年二月十一日。

钦差大臣李。

为咨呈事。窃于光绪八年四月廿一承准贵衙门抄咨,奏请厘定宝星等第,酌拟章程一折,钦奉谕旨:依议。钦此。比将奉发章程译就法文,连同所绘宝星等第各图式刊印成书。于是年十一月,由法文翻译官联兴请假回京之便,交其携带四百本,赍呈贵衙门查收。旋因西洋各国所赠宝星,均以斜络大带为等第尊贵之。据章程中未经载明斜络大带之式,函商贵衙门覆示听凭自制等因,复经按照此意,声明本国所定之头等第一第二第三,暨二等第一双龙宝星,均可佩用斜络大带。大带络于右肩,宝星垂于身左。其斜络大带颜色花纹,悉照贵衙门原定小带图式,酌量展放,合宜尺寸,自制佩带。于光绪九年四月照会英、法、俄三国外部,并分咨出使各国大臣、南/北两洋大臣一律存案,以昭画一在案。兹据英伦书局将续刻法文斜络大带章程图式，挑印八百本，先后呈送前来，除驻英驻法两使署各存一百五十本，分送驻扎各国外部及预备配送佩带宝星各官绅观览，俾知中朝曲要，并由驻英使署分送出使美、日、秘三国大臣郑七十五本，出使日本国大臣黎廿五本外，所有续刻法文斜络大带图式大批四百本，相应循案会衔，咨呈贵衙门，谨请查收，以备通行。

一咨呈总理衙门。

光绪十年闰五月初一日。

咨行事。查现在出使各国公事日繁，出使各国大臣所用参赞、翻译、随员等官亦日众，除随时咨明本衙门外，仍于每届年终汇咨一次，以昭周密。为此咨行贵大臣查照，务将所用各员现任何项差使，并官阶有何升转，暨别国出使大臣有无调遣任用之处，统届年终汇册，咨报本衙门查核，毋稍遗漏可也。须至咨者。

右咨钦差出使德国兼充和/义/奥国大臣李。

光绪九年十月十九日。

再，出使各国所用洋翻译人员藉悉该国情形，以免语意隔膜，一时实不可少。今出使德国头等翻译官博郎，已于本年九月间辞退销差。虽有四等翻译官赓音泰、荫昌兼资学习，渐有进益，然采访该国风尚，译述该国书籍，在在需洋翻译会同各员承办，且参赞道员徐建寅既到，将派赴英、法查考船械，译语之人，尤属不敷。查有上海制造局四品衔翻译西士金楷理，原籍德国，改籍美国，畅通华语，历译洋书，颇有成效。臣与北洋大臣李鸿章往返函商，该西士堪以调充使德洋翻译官，并令酌译武备之书，以供采择，相应请旨饬下总理各国事务衙门、南北洋大臣，转饬该西士迅速赴德，承充二等翻译官，以资差遣。谨附片俱陈，伏乞圣鉴训示。谨奏。

光绪五年十一月初十日。

钦差大臣李奏。

咨行事。光绪七年闰七月初九日,本衙门具奏接准出使俄臣曾纪泽电报中俄改订约章业经互换一折,本日奉旨:知道了。钦此。同日又奏接收伊犁事宜亟应克期举办等因一折,本日奉旨:另有旨。钦此。相应恭录谕旨,抄录原奏,咨行贵大臣钦遵可也。须至咨者。

右咨。粘抄/附约章一本。

钦差出使德国大臣兼充和/义/奥国大臣李。

光绪七年闰七月二十九日。

为给发执照事。兹据本国浙江宁波商人李月芳禀称,于光绪三年十一月在法国巴黎都城,遵本国礼娶法国人惟多白雪之女为室,光绪七年曾产一子,禀蒙钦差大臣曾发给执照,现今携妻来和国赛会。于光绪九年五月廿七日产生一女,禀请照案给发执照,并呈验钦差大臣曾给发执照一纸等情到本大臣。据此,查系实情,是无假冒,自应给予执照为据。为此照给商人李月芳收执。须至执照者。

一照给浙江宁波李月芳。

光绪九年五月廿八日。

钦差大臣李。

奏为前在英国订购巡海快船兼碰船二只,现由中国员弁驾驶来华。臣亲赴海外验收,乘往旅顺口巡阅情形,并照案将在事出力人员吁请恩奖,恭折仰祈圣鉴事。

窃光绪五年冬间,臣与总理衙门缄商筹备海防,访购英国新式快船,当饬税务司赫德在阿摩士庄商厂订造快船兼碰船两号,一名超勇,一名扬威。旋以船工将成,向例由赫德、金登干雇觅英国弁兵包送来华,沿途挂用英旗,实非国体所宜。因奏派督操炮船之记名提督丁汝昌与总教习洋员葛雷森,督带管驾官及弁兵舵水等二二余名,分起驰往英都,候船成验收,升换中国龙旗,自行驾驶回华,迭于五年十月、六年十一月奏奉俞旨钦遵在案。本年八月,屡据出使英、法大臣曾纪泽及提督丁汝昌报称,七月初八日该船在英埠试驶勘验,船炮制造均属坚利。初九日,曾纪泽亲引龙旆悬挂,升炮如仪,英官贺客卅余人,均各称庆。曾纪泽照会外部,转咨兵部海部饬行沿途英属各埠妥为照料,以免疏虞。旋接电报,该二船于七月廿三日放洋起程,经过大西洋、地中海、埃及苏尔士河、新嘉坡,各处驻口英员均相关照,毫无阻滞。八月廿三日行抵香港,准两广督臣张树声邀往省河验视。该船远道而来,船底泥苔沾滞,亟须修洗油漆。又在上海进坞,整理一切,略有耽延。九月廿六,驶抵大沽拦港沙外,因船身吃水过深,不得进口。臣恭办陵差甫回津署,闻信后督同署津海关道周馥,水师营务处道员马建忠、黄瑞兰,编修章洪钧,知府薛福成,提督周盛传、刘盛休,总兵唐仁廉等,于十月初一日驰往大沽,初二日出口验收船炮,机器裂(制)法均甚精坚,与原订合同相符。即于是日酉初,分乘超勇、扬威两船,展轮试行大洋。亥子之交,东北风狂吼,雪雹并集,巨浪颠簸,坐立不稳。船主谓为近年罕有之飓风,坐客多晕吐而弁兵操作如常,溅水已满舱,而机器运动不息,则其船身之坚利与官弁之熟习可知。初三日未初,驶抵奉天金州之旅顺口。初四日风息浪平,臣率随员登岸察看该口形势,实居北洋险要。距登州各岛一百八十里,距烟台二百五十里,皆在对岸,洋面至此一束,为奉直两省海防之关键。口内四山围拱,沙水横亘东西两湾,中泓水深二丈余,计可停泊大兵船三只,小兵船八只,内有浅滩,其口门亦有浅处,拟用机器船逐渐挖浚,目前之快船炮船,及他日购到之铁甲船皆可驻泊,为北海第一重捍卫。其口旁黄金山高四十丈,可筑炮垒,以阻敌人来路。臣前委员会同德弁汉纳根经营修阻,凿石引泉,工程已得大半,其余局厂船坞各项,当陆续筹款兴造,候炮垒告竣,再酌调陆军防获。是夜子初起椗西旋,逆风而行,每点钟限行十五海里,至初五日巳正初刻即抵大沽,计不及六时驶七百余里,可谓速矣。臣即于是晚回津。窃查此项快船,洵为出奇新式,其妙用有三,船小、炮大、行速也,船小则价不甚昂,炮大则能御铁甲,行速则易于进退。又船首暗设坚固碰撞尖头数尺,可以碰穿铁甲。惟系新创之法,其中难免毫无疵病,要在驾驶得人,随时设法补救整治耳。臣即饬委丁汝昌统领超勇、扬威快船二只,与本年代山东购到之蚊子炮船镇中、镇边二只,回泊旅顺口,与总教习葛雷森实力操练,随时出洋梭巡,俾弁兵胆技日臻精熟。该员弁等带领快船来华,阅历数万里风涛形势,教炼熟悉,保获平稳,卓著勋劳,实为中国前此未有之事,足以张国体而壮军声。所有中外出力人员,臣前奏准援照出使各国优保之例,吁请奖励。谨据实开列清单,恭呈御览,伏乞天恩俯如所请,分别照准,以示观感而劝将来。其余头目舵水人等有异常出力,应给蓝翎、千、把等项,容即查明,咨部备案。所有订购快船并碰船三只,现由中国员弁驾驶回华,臣亲往海外验收,乘赴旅顺口巡阅情形,并附请奖励各缘由,理合善折由驿详细驰陈,伏祈皇太后、皇上圣鉴,训示施行。谨奏。

为咨会事。窃照土货改造一案,前承总理衙门函示,与外部辩论务当据约力争,坚持定见,毋稍松劲等因。本爵大臣考核各国通商条约,编叙节略一通,于本年二月二十四日照会英、法、俄三国外部,请为转行驻京公使照办。照会中之大意,专以按照条约,各国商民无在中国制造之权为主,未提有碍华民生计字样。缘条约所许,虽碍我民生计而难以复争,条约所不许,更不必声明有碍生计一层。盖各国绅商有论及土货改造,不惟无碍于土民生计,反有益于土民者。不提此语,可省笔舌之争也。又查土货改造,固伤我民生计,若各国商民运附近中国之东洋、南洋等处材料来华制造发售,其伤我民生计更甚。是以本爵大臣照会直言各国商民无设厂制造之权,意不专指土货。除俟接准覆文若何,再行核办,并咨呈总理衙门察核外,所有照会三国外部一牍,相应译汉抄稿,咨会贵大臣,请烦查核。须至咨者。

计钞单。

钦差出使德和义奥国大臣李。

光绪十年三月初九日。

照录给英法俄三国外部照会

为照会事。照得各国商民欲在中国通商各口设厂制造一案,本爵大臣前奉国家之饬谕,将本国实在意向向贵国详细陈明,是以开具节略一通,咨送贵爵部堂查阅。想贵爵部堂察核情形,必能采取中国之意,并转行贵国驻京大臣照办可也。相应照会贵爵部堂,请烦查照施行。须至照会者。

附节略一通。

光绪十年二月廿四日。

附编节略一件,录送察阅。

中国国家前与各公使在北京会议土货征税章程之时,各国公使推德国公使巴兰德与总理衙门商办此事。查商议之中论及有约各国商民有无设厂制造之权,洋人在租界所谓租界者,乃西商寄寓之所。设厂,将土货改造为别样货物一节,巴公使意见与总理衙门不同。中国国家是以知照出使各国大臣,嘱将中国朝廷意见转告所驻各国之朝廷。据巴公使意见,条约所载洋人之权,不特准其贸易出入通商口岸,并凡各种制造有益于洋人者,亦皆准其创行,以与华民争利。且云此权合于条约,有正反两层之理。正面一层,如法约第七款、德约第六款、比约第十一款、奥约第八款所载工作字样,即是准以上所说诸国之民,及照约均沾利益之有约别邦人民,皆得在租界设厂,将土产之货改造为别样货物,即在租界地方销售,或转运内地,或运往别口及装载出洋,均无不可。巴公使之意,不但以条约载明之词援以为据,并用反面一层看法,将条约所未载明者,亦以理准行之理,助其辩论。据云,凡事之未经约内言明禁不准行,及无与约内有不洽之明文者,即为约中准行之事。巴使在京,为其本国及代各国皆如是辩论,如此解说条约,中国朝廷实属不能承认。中国国家不惟未见约内有给予洋商在租界设厂之权,亦以为并无此等意义,不特约内无此条款,即当日商议之时,亦实未计及有在租界设厂制造之事也。法国及别国约内所载通商工作二字,巴使援以为据者,中国国家以为巴使误会之讹,姑不必与之争辩,即统观条约全义,已足知巴使解释字样之论,实非当时商议条约各大臣之本意矣,何必据字样而争论乎。租界地段西人自称之词不过为洋商及其应用工役人等驻足之区,俾得居住以经纪各货进口出口之贸易,约内并无可为作坊地基之用之意,实有确据可证。一则租界地面太窄,不合设厂之用,二则约内并无购办土货以备改造别货之用,亦未议及征收销售造出之货税项章程,其言货物准洋商办理者只有二端,二(一)为进口货物,一为出口货物,约内无载税则，及运货章程亦止载此两端。凡货之运入内地者，必云洋货，凡言土货之由内地购办者，必云送至船上，此外并无在通商口岸截留货物改造别货之语，不惟无改造字样，而且货物必须出口，违者议罚。倘于租界中可以设厂改造土货，与做卖买同，及工作字样可为制造之解，则此节断不如此立言矣。按各国条约，不但无供给土货之条，而且有禁购买之条，然则纵使给有设厂之权，亦属空虚矣。且设厂一事甚为紧要，将来可以成为大业，如各当时立约各大臣欲争设厂之权，岂有不索得货以资厂用之权耶。商议税则之时，又岂能忘却厂内造出货物输税之章程耶。倘工作二字实有设厂制造之解，方可谓其遗忘。凡此足征立约时，设厂制造之事，既未在当初议约大臣之意中，而在中国议约大臣，断无如此意向。查租界未历及用场更有实可凭可指者，法约此系第一次用工作字样之约第十款内云，通商各口地方洋商可以租赁房及行栈存货，或租地自行建屋建行，亦可建造礼拜堂、医院、周急院、学馆、坟地各项用处，皆经逐款载明，何至于设厂于租界，如是异常之大屋，较诸上文所述各处尤为显著者，反忘却议及耶。当日约内既未议及，可知并无设厂之意也。中国国家故不能认工作字样，即为给洋人以在租界设厂造物之权，缘此事实与条约全旨相背，是以更难答应。若据巴使讲，从条约谓未经载明禁止即是准行，如此立论，则是约内所载明者愈少，而可为之事愈多，有是理乎。以上辩论之词，中国国家系采法约条内所载而言，缘此约系首次用工作字样者，其他国法文有工作字样之约，皆从此约抄出。英、美两国条约，并无一语与人以争论设厂之权者。由此观之，足征立约大臣意中工作字样之解，不与现在驻京公使之意相同，则约内设厂之权，实可决其必无。中国既未将工艺制造之权让与他国，而设厂之权或与或不与，皆操之于中国国家耳。所有各处已有制造之地方,或有中国国家未经禁止者,抑或将来有准其开设者,皆系斟酌权宜利便,因其有益于国计,姑准开设,非因约内有准其设厂之权也。中国国家请贵国察阅,并望贵国朝廷亦以此意见为然,转咨驻扎北京公使照办为荷。

为咨呈事。遵查贵衙门奏定出使章程内开:出使大臣到某国之日起,约以三年为期。期满之前,由贵衙门预请简派接办等因。兹查本大臣前于光绪四年十月初二日,在英伦差次承准贵衙门咨奉上谕:候选道李凤苞着赏加二品顶戴,署理出使德国钦差大臣等因。钦此。当即起程到德,于十月初九日接印任事。嗣于五年五月初四日承准贵衙门咨,光绪五年闰三月廿三日奉上谕:二品顶戴候选道李凤苞,着记名以海关道员赏加三品卿衔,派充出使德国大臣。钦此。咨行遵照。七月初八日又奉到咨发国书一道前来,当于七月十五日恭赍递送,历经咨呈报查在案。伏查本大臣系先经奉差出洋,复承恩命。自应以光绪五年七月十五递送国书之日起算,连闰扣至光绪八年六月十四日,实任三年期满,相应备文呈报。为此咨呈贵衙门,请烦查照章程,俯赐预先奏请简派,俾得届期到洋接办,实为公便。须至咨呈者。

一咨呈总署。

钦差大臣李。

奏为叩谢天恩,恭折仰祈圣鉴事。窃臣于光绪八年五月十八日,承准总理各国事务衙门咨开:光绪八年三月十五日具奏,出使德国大臣李凤苞三年期满,现在兼办铁舰事宜,拟请暂留一年等因。军机大臣奉旨:依议。钦此。恭录谕旨,抄录原奏,咨行到臣。谨即恭设香案,望阙叩头谢恩。伏念臣六载驰驱欧土,未报涓埃,三年驻扎德邦,期通扞格,奉兼使四邦之命,益惭专对非才,虽不辞十驾之劳,常恐咨诹难遍。兹复仰承恩旨,留任一年。荣宠自天,悚惶无地。当此时事方艰,奚敢遽求交卸。惟有勉竭愚忠,详揣彼中之制胜,力筹精器,仍资我武之维扬,冀可参稽防务,永固邦交,以仰答高厚鸿慈于万一。所有微臣感激下忱,理合恭折,叩谢天恩,伏乞皇太后、皇上圣鉴。谨奏。

奏为叩谢天恩,恭折仰祈圣鉴事。窃臣于光绪九年四月初八日,承准总理各国事务衙门咨开:二月初十日具奏出使德国大臣李凤苞现在兼办铁舰未竣,拟请再留一年等因,军机大臣奉旨:依议。钦此。恭录谕旨,抄录原奏,咨行到臣。谨即恭设香案,叩头谢恩讫。伏念微臣才轻任重,资浅恩深,奔走于德义奥和之国,未能灼见真知,考核其船械军火之长,未及集思广益,毫无报称,方切悚惶。今又叠奉纶音,再留一载,尤为感铭肺腑,惧懔冰渊。既屡荷湛恩于北阙,年复一年,当更求精器于西郵(陲),勉益加勉。惟期修好睦邻,奉扬圣主怀柔之意,甲坚兵利,永立海疆巩固之基,藉以仰答高厚鸿慈于万一。所有微臣感激下忱,理合恭折,叩谢天恩,伏乞皇太后、皇上圣鉴。谨奏。

军机大臣奉旨:知道了。钦此。

光绪九年四月初七日钦差大臣李奏。

奏为微臣叩谢天恩,恭折仰企圣鉴事。窃臣于光绪七年五月十一日,在德国都城承准总理衙门咨开:光绪七年三月初七日奉上谕:二品顶戴三品卿衔记名海关道李凤苞,着兼充出使义大利亚、和兰、奥斯马加三国钦差大臣。钦此。钦遵。咨行到臣。当即恭设香案,望阙叩头谢恩。伏念微臣猥以庸材,叠膺简命,专对一邦,既沐鸿施于逾格,缔交四国,益虞鳌戴之难胜。况义奥既并为西国雄封,和兰又向据南洋属岛,邦交之关系非轻,使臣之责成亦重。方今交涉无多,正可探各国纵横之情伪,务令范围永就,以动合圣朝抚驭之机宜。臣惟有上秉九重之训,下放一得之愚,勉任驰驱,稍酬高厚。除俟奉到国书,分别先后驰赴各国亲递,再行随时奏报外,所有微臣感激下忱,谨缮折叩谢天恩,伏乞皇太后、皇上圣鉴。谨奏。

光绪七年五月十三日。

钦差大臣李奏。

谨节录赴奥晋接情形并见奥君致词答词呈备钧核

光绪七年七月廿七日。午后带同法文翻译陈季同,德文翻译赓音泰,乘极快火车前赴奥国,薄暮过萨克逊国,夜分入奥国界。一路青葱,略有低山起伏,河水潆洄,麰麦既登,葡萄遍熟。其土脉亚于法国,而远胜于德国。

廿八日。午前抵奥国都城维讷,人烟繁庶,屋宇纵横,其都城民数亚于伦敦、巴黎而多于柏林。惟气候太热,风雨不时,是以夏秋间官绅皆赴乡避暑。是日寓于好代耳,音伯路耶,译言皇家寓,系驻德之署奥使代为订定。盥洗后即谒外部,遇其代办者宓铿土旦,即去年驻德参赞也,谓奥君及外部商知闰月朔回都,昨知贵使将到,已奏明奥君,不日可有接见之期,贵使初到,可先游览数日。遂导阅博物院数处,及城南五里之离宫,曰薰伯路,译言丽泉也。飞泉十丈,夏木万章,筑宫三层,前俯金城,则屋宇鳞比,后望山巅,则门阙翼然,洵足赏心豁目。

廿九日。导观镇国宝藏,皆教士法服,金珠首饰,及刻镂珠宝之物。其君后冠上之天宝石,大如李核,有元珠一串,大如莲子,云皆希世之宝。午后观城南武库及武备院,多旧时蒙古刀剑。古时蒙古及土尔扈族西特①数族西徙于控噶尔,即匈牙利,一名马②加,今与奥斯合为一国。又观钢铜炮厂,其所铸铜炮坚固如钢,甲于天下。管厂提督引阅,各工每月可成陆路炮一百余尊。近年方试造水师巨炮,大约纲(钢)铜之胜于钢炮者有二,一为久遭风雨不患锈蚀,一为废铜旧炮俱可翻铸。其要不过在提净铜质,而以水力挤坚之,然各国仿造,均未能及也。

卅日。观博古院及本国博物院、艺学院、矿学院,傍晚阅艺术院,有各机器小模,各格致器之小模,教习四十五人,生徒一千余人。心摹手追,颇益智慧,其有功于艺学不尠,虽不及巴黎艺术院之宏博,然伦敦、柏林尚无此局面也。

闰七月初一。连日感受暑热,委顿不食。午刻外部外函,奥君订初三日未刻接见。代理外部来云,国后世子及亲王等俱未回都,务请贵使冬间再来订见。且云外部尚书海美勒今夕回都,贵使于明午可来一晤。

初二日。仍委顿不食。午刻谒海美勒,清癯肃穆,年约六旬。迎入坐定,先谢春间之电报贺婚,且云宫廷地窄,未邀光降,我君甚歉。今派贵使来此,时得亲近,可望两国交睦日深矣。苞答以贺婚之事两奉中国电报,及驻德使式千尼告以不必来国,具见贵国君主体谅远人,免劳跋涉。今幸我大皇帝派来递书通问,以后仍驻柏林,如有事面谈,可以随时趋晤。海云:"维纳天气炎热,柏林较凉,犹驻京西使之避暑山耳。"苞答:"柏林虽非贵国,然相距不过一日之程,犹贵国使之在日本,与中国甚近也。"海云:"近年与日本略有商务,便于照料。而中国乃东边大国,将来铁路渐通,商务日兴,

---

① 西特,此二字疑衍。
② 马字原阙,据《薛福成日记》补。

定须专派一人驻京也。我君久闻贵使在欧洲数年，为人所佩服，一闻兼使我国，即愿早日接见，是以拨冗于明日恭受国书。惟王妃、王弟、王子俱未回都，我君甚愿贵使冬间早到，次第接见。令我先达贵听。"苞答："冬间得暇，自当再来。"海云："明日为欲带翻译官面君，谨当代请君示。"苞曰："他国递书，有带见之员。"海曰："他国头等使则朝车相迎，礼服相见。二等使则一人到宫燕见，不带随员。然奥君喜见中国人，定可带见也。"海又论及，中国教化最古，奥虽旧国，然方诸中国，不啻童稚矣。我闻古时早与中国北边来往，今重订交谊，自当较他国更易亲密。苞曰："古时中国西北边外各族踪迹，史册不能详考。今后来往，方为彼此有益。"海曰："古人不厌道远，亦今人所不及。苟今日无火轮舟车，我两国何能互相通使如此亲切。尚望中国扩充舟车之利，则中国之富强，天下莫与京矣。"又谈半晌而别，订明晨答拜。

初三日。午前海美勒来谓，奥君令我来告，请于一点钟时带二翻译官同见。又谈及此间官地图局须请贵使往观，曾派员测中国西北数省通衢及西藏、新疆等处，惟青海不能到，所到处颇蒙中国上等人优待。我国由是知中国真是礼教之国，有谓中国虐待他国人者，大约因自己无礼之故。苞谓良然，他国人者或强传西教，或强卖鸦片，华人已恨入骨髓，又见西人傲慢无礼，尤易启衅。若恪守制度之有学问人，固人皆敬重。惟青海恐有番族，不知敬重远人，是以戒令勿入，此即优待远人之意。海又述，奥君极喜与中国联络，又喜贵使久知欧洲规矩，深望常常到此，尤愿贵使相助我国，与中国贸易日盛。苞谓："今地中海奥国之脱爱斯得公司船已往香港，冀可贸易日盛矣。"又略谈辞别。未初乘车至宫门，从官络绎于道。既登楼，礼官引过三室，推门肃入，曰："我君在内相候。"苞率翻译官陈季同、赓音泰入，又关门。奥君立室中。苞捧国书三鞠躬，立定，奥君亦三鞠躬。苞以德语致词曰："大清国使臣李谨奉我大皇帝国书，敬递大奥国大君主亲览。伏念使臣久在邻国，习闻贵国政教向为西方各国所宗仰，我东方之国亦信之有素矣。我中国虽道里暌隔，而西方各国中，惟贵国早与东方由陆路相通，及立约通商以来，果能日益亲睦，复有轮船公司，商务渐有起色。今我大皇帝笃念友邦，特派使臣前诣贵国，亲递国书通闻，以坚交谊。使臣深知贵君主能与我一大皇帝同心结好，亲睦日深，俾两国臣民永享盛平，同沾利益焉。"以上致辞，未有华文送交外部。奥君屡鞠躬称谢，接捧国书，口答曰："闻贵使在欧洲四五年，人所敬信，德语亦以娴习。今蒙大清国大皇帝笃念友谊，特派贵使远来通问，实深铭感。数月前惊闻慈安皇太后慈驭宾天，我国同为哀戚。想大皇帝六七年后即能亲政，各国使臣又将觐见龙颜，多所荣幸矣。我国使臣报称，中国相待甚优，春间又蒙颁电报贺我子之婚，我常欣念不忘。今得贵使在此，得与自古最大最有教化之中国互有使臣，日益亲近，将来我国可大有利益焉。烦为转奏大皇帝，敬谨致谢。还请大皇帝圣安，愿中国永享升平。"以上口答之词，未有洋文送来。言际又捧国书鞠躬。苞称谢并允代答达天听，遂导见二翻译官。奥君向陈季同曰："去年予婿在德国阅操，遇见足下，今幸得见，何乐如之。我曾在士台耶枪厂遇守备王得胜，颇能德语，今在何处？"陈答："王守备已回津当差。"又向赓音泰曰："是否在德国国学读书？难得德语如此谙熟。我想德语最难学，谅中国语亦如此难学。"又向苞曰："望贵使冬间早来，俾我一家有接见之荣。"苞答："敬当遵命。"各三鞠躬而退。甫回寓，接到奥君三帖，令苞偕二翻译官，初五日酉初到薰伯路宫便服用饭。遂循例作函，订见教王使、义使、德使、俄使、土使。惟英、法使未回,皆头等使也。

初四日。午刻见土耳其使,外部传奥君命,请本夕赴俄本好司大戏院观剧。以国制未满廿七月,辞之。

初五日。晨见德使尔来士极诚恳,系德意志大支派各洛司邦主之弟也。午刻见义使罗比兰,尤为恳挚,即到寓答拜,再三嘱云:"凡有驱策,均愿效劳。"午后见俄使乌柏里,即前在柏林之俄使也。谈及两国同遭国戚,悽恻欲泪,又云:"幸蒙中国笃念旧交,议准续约,实为两国之福。"订明午往别墅便饭,辞之。酉初到薰伯路宫,兵卫罗列。登东楼,外部海美勒导见大礼官及兵部、户部、工部、海部、教部、膳部、马加部,皆彼所谓尚书也。又有已卸印之巴西国使,及获卫将军、地图局督办等凡廿二人,皆寻常官服。奥君出,穿朱衣蓝裤,马队常服,问苞是否明日回柏林。旋导入饭厅,令苞坐奥君右,巴西使坐奥君〔左〕,二翻译官与奥君对坐。奥君与苞谈各国天气,及俄国续约等事,俱择浅近易晓者谈之。看核甚丰,每尝一味,奥君必照顾左右。戌初饭毕,导入旁厅,吸烟立谈。奥君又就苞问前日看铜炮厂等事,户部订明日阅钞票局,兵部订午阅地图局测候馆,已派员伺候矣。又嘱陈季同明春阅操,谓是奥君之命。马加尚书请冬间赴马加陪都,谓在奥各使俱须一见。马加各大员若仅赴奥都,是仅办得一半也。戌正客散,苞向奥君辞行,又握手订冬间再见。

初六日。晨阅地图局测候馆,测绘之精,镂印之巧,考核之详,与德国伯仲,而英、法均不逮,盖英国惟海图为最精也。司其事者,皆各营之千总把总。凡绘镂者,官俸外月帖一百五十至一百奥钱,出外测量者,月帖二三百奥钱。每一奥钱,约合中国三钱三分。见教士使,问苞重视中国教士否? 苞曰:"教士于三四百年前到中国者,传授天文算法,皆敦品积学之士,通国皆重视之。今后若遇有品学之教士,而无滥收刁民挟制官府之习者,人之重视,犹与三四百年前无异也。"午后阅官印局所印钞票、信票、国债票及各部官书,每室有户部所派一人监之,男女工参半,条理井然。是日接和兰外部信函,得悉闰七月廿五日和王回都,可以接见。又接柏林来函,知第二铁舰尚须面论,遂匆匆登火车。

初七日。午后回抵柏林。

奏为恭报微臣前赴和国谨递国书情形,恭折仰祈圣鉴事。窃臣前准和国外部函报该君主回都之期,当于闰七月廿三日起程,随带翻译官陈季同、金楷理顺道先赴德国北境溪耳海口阅看水操,嗣闻和君有叔之丧,未能接见。臣遂于廿六日折回柏林静候。及接外部电报,即于廿九日起程,八月初一日行抵该国之哈克都城。经外部大臣何郝顺订定,订于初二日进见,届期礼官以朝车相迎。臣即恭赍国书,带同翻译官前诣彼宫。外部大臣导见和君,臣即恭捧国书,敬谨递送,并颂进见之词。和君鞠躬谨领,答复数语,礼意诚朴。又经礼官导见其国妃,问劳周至。次日,复邀赴王宫夜饮,其世子因病未见。遂谒见各国使臣,并阅该国之军火塘坝等事。又顺道考察比利时国炮台各工,于十二日回抵柏林。除将进见和君之词及往来考察各事,录送总理衙门备呈外,所有微臣前赴和国谨递国书情形,理合恭折具陈,伏乞皇太后皇上圣鉴。谨奏。

军机大臣奉旨:知道了。钦此。

光绪七年八月十七日,钦差大臣李奏。

节录德国水操法,前赴和国谒君致词,并顺道阅和、比两国塘工炮台武库情形,呈备钧核。

闰七月廿三日。辰正,偕金楷理登火车,酉正到溪耳。街道拥挤,各处树叶结彩,纸灯高悬,盖德君已到,各乡民迎观也。有马车迎至寓,陈季同随德君近处阅操,已先在寓。船主永格告曰:"今夕八点,德君在拜吕余见客,金翻译亦可同去,且可明日偕上德君坐船。"即具衣冠上车,一路灯火周密,有礼官导入。少顷排班,德君先与本地官绅谈,以次及苞,谓明日请船上观看。苞谢之。十点半吃饭,德君首座,共四十七人,酒竟,知府举觥为德君寿。

廿四日。卯正,上荷恩初良座船。兵部及水陆提督咸集海部,到拱立岸,侧以待德君。未几,德君及子媳亲戚数十人皆到,街道观者举帽欢呼。既登舟驶出口外,已有铁舰四艘,列作直行。第一弗里特西喀尔旁炮三船,统领维克特,船主怕欣,有廿一生脱炮十六尊,八生脱四尊,官廿二员,兵五百四十人。第二弗里特西格鲁孙双旋炮台船,船主克努合,有廿六生脱炮四尊,首尾各有十七生脱、八生脱炮各六尊,官十六员,兵四百八十四人。第三克郎珀令士双烟通旁炮之船,船主狄脱马,廿一生脱炮十六尊,八生特炮二尊,官十六员,兵四百八十四人。第四布来生,与弗里特西格鲁孙同式,炮数亦同,船主区能,官廿员,兵也十三人。以上各船作敌船一军,为先一日已将沿口炮台攻换,夜间在口外行动,待天明进攻之象。是时坐船随其右,四铁舰自直行变为前后雁行,又变为平行,又变为前后双行,又变为左右雁行,又折左复为前后雁行,又折右变为左右雁行,又折左复为前后雁行,再折左变为左右倒雁行,旋变为反雁行,以上盘旋往回,均由统领在座船出旌以指挥之。大约蓝旌为前后雁行,红旌为左右雁行,黄旌为直行,绿旌为倒置雁行,各船或行或止,相距必四百迈当,以验其行驶之捷便与否。至是统领登第一舰船,尾悬圆球,各船暂停。巳正一刻,泊于甲乙浮表间。以上为第一节。

此时离炮台二千五百迈当之外，为炮子界外，将各舢板放下，装备军械。凡舢板二十号，共载兵一营，六生脱炮八尊，有二轮艇张黄旟为引队。另有四舢板，有红心白边之牌，为军医艇。约二刻许，各舢板齐备，避于铁舰之间进驶。午初距炮台二千五百迈当，各舰发巨炮击左右炮台，并获舢板前进，左右炮台亦遂炮击之。大约旁炮之舰每分时发四五炮，旋台之舰每分时发一炮，快船在后击雷艇，约一二分时一炮。未几，东岸士叨炮台炮声渐稀，四舰渐由雁行变为直行缓进，专击西岸之发根士旦稍北之岸，各岸仍屡屡发炮，以驱炮台之守兵。及舢板拢岸，各兵上岸，排成四哨，前哨两两散开，发兵进攻，其医兵等曳炮上高坡，炮台兵亦出台迎敌。枪声甚密，兼有高坡八炮协击，守兵不支，而四舰仍悬击其炮台中以绝其退路。及舢板之兵已近炮台，炮声始绝。仍击稍南之弗里得希炮台，以绝其救应，至是而破入发根士旦炮台。为第二节。

座陈酒肴长桌，各就食之，不依次序。将演安置伏雷、攻破伏雷之法。伏雷本在外面窄口，今恐害他船地，只于弗里得希炮台之南布置之。午正二刻，坐船到浮表处。有起落伏雷之驳船两艘，每艘有小轮船一，小舢板五。每舢板拖一伏雷，驶去置于水中，凡八雷作两行。又一舢板曳一浮雷近座船，详观之置水中，而一真一假，两雷之间有浮表以接连电线，以小雷艇触其假者，真者立即轰发。置一浮雷于旧船之下，以电线通至座船，海部捧电钥，请德君手按之，电发船轰，水高十余丈，木板粉碎。以上试浮雷为第三节。

座船移泊于稍北之鱼雷靶旁。有白雪希鱼雷船，带鱼雷艇两队，每队二轮船，左右各有水下射雷筒。先以第一队并行，至距靶

四百迈当处,四雷齐发,每艇各击一靶,又第二队亦如之,其左右差
不过三迈当。德世子向苞曰:"燐铜鱼雷甚好。去年我在此试验演
两月,几如洋枪之可以命中。闻中国亦购之,真利器也。"未初二
刻,座船出令,使白雪希试发鱼雷以击毁爱尔白船。爱尔白系道光
廿八年布国夺丹国之船也。是时,白雪希船由座船旁与驶离爱尔
白四百迈当,以船首水线下两鱼雷齐发,适中爱尔白中段,立即轰
发。是为第四节。

操毕,各船奏凯驶回。既拢岸,德君及眷属登车,民皆欢呼。
申初,永格奉君命设饯于寓,有英国特派之水师官同席,其余皆各
国随操之武随员也。西初上车,亥正抵汉布克。

廿五日。晨阅汉布克之船械赛珍会,在近海口处。山阜楼极
宏,厂系海部新落成之测候总局。凡一切行海器具、天文地图气候
皆属焉,为海部中之一股。前数日请德君开局,故广搜各国船式器
具以集此会。此处总与各海口分局通电线以报风雨潮流、寒湿燥
暑,俾如船知所趋避。又将兵商各船在途日记汇送总局,以稽核各
国各海之气候,其关系行海匪浅尠焉。初入门有方厅,置兵船模十
二具,各以玻璃罩之,为中国之定远,德国之萨克孙、咮屯贝希等铁
舰及欹欣喀罗拉士叨等快船,威士伯之铁炮船,荷恩初良之座船
也。其旁为屋八区,一为各种罗盘测地经纬仪、较正吸铁差器,有
四周置直铁以分吸差者,有火酒护中针以令旋转流动者,有纪限仪
加重锤以取地平者。一为古今海图及行海之书,大半为和兰之
物。盖各国海权之大,必由行海之精。西国古来善行海者,首推
西班牙,商船通行,属地遍于海际。厥后和兰代兴,行海益精,西
班牙属地大半属和。近数十年接踵而起者为英国,其水师制度
略宗和兰而益精,德国撷和、英两国之精华而折衷一是,其兴正

未艾也。一为各种度时表、风雨表、寒暑表、速率表之属，有新式速率表，旁有圆盘，快慢针较良于旧式之阁。又有取海底泥样之器，测若干深有盐若干，各层海水不同之器。一为保命免险泅水各器，如抽水机式之雾喇叭声颇洪亮，有火箭蹲炮之属以送绳缆，有浮表浮木之属以待拯救，有浮木圈如裤，悬以索，可曳绳以救人。一为各国古今船模，有德王孙送来之广东巡船及折合之皮船，有商船内直剖各舱位置之式，铁甲船肋骨夹底之式，其客船之落格舱如中国长江轮船者，廿年前犹为时尚也。一为各种金类木类之造船料件，有各种刨刷洗船之器，各种麻线钢索草揽，各种凝水柜，各种暗轮及取水起桩运舵各机。一为学习水师之器，内有一器如测平尺式，中有罗盘可转侧，以解明罗盘欹侧若干，左右离铁板远近，其吸铁差不同之故。是会专集行海之器械，可以考古今递精之法，各国相师之益，诚有裨于防务、商务、工务，而非夸多斗靡衒异矜奇者所可同日语焉。适接驻德之和署使来函云，请在柏林等候，和君有接见之期，立即赴和，较为妥当，遂定计折回。亥刻回柏林。

连日邀伏尔铿厂主复商，第二铁舰于廿九日付价。和国署使又来，而称顷接和国外部电报，谓贵使可于今日起程，遂于亥刻偕陈季同、金楷理登火车。

八月初一日。午初火车渡兰因江，分为两段，乘以方舟，用网绳运之。午正到克雷乏暂歇时许，以观猎务之会，伯理玺天德士丁格拉德之请也。戌初抵和国都城哈克客寓，葡萄牙使哩耳梵司相迎，系前充驻德使，今充驻和比两国公使。

初二日。辰正哩耳梵司来云，外部尚书何霍顺与予同属于此，嘱予告贵使今日勿出门，恐和王忽然请见也。午正何霍顺来云，和王未正接见，有朝车相迎。且和王嘱云，一切充迫，不拘礼节，请贵使勿见怪。遂留印本礼节单，而取国书稿致词稿带去，又云予在朝相候，虽贵使有致词，而我君向来语简，谅不过一二句答词而已。届时，礼官白仑克荷士脱到，请予偕葡使共一朝车。车制朱绂，四马后立侍卫一人，又二卫士夹车缓行。及王宫，皆白垩之璧（壁），与民居杂处，绝无壮丽之观。下车，礼官引入，登楼，入候厅立待，有大礼官三人及外部在焉。陈季同、金楷理另备车同往，亦立于候厅，外部与礼官商议，先见凤苞。未正左门启，外部导凤苞入，金翻译随于后。和王自内厅出，各三鞠躬，立于室中，有二侍臣立王后。凤苞捧国书致词曰："大清国使臣奉大皇帝国书，恭递大王亲览。伏念中国二百年前，已有贵国人贸易，迄今南洋群岛中国人与贵国人杂处者尚多。自立约以来，立谊日睦，我大皇帝甚为欣慰。今命使臣致书问好，以坚睦谊，愿两国人民安居乐业，永享升平。"读毕，又读德语一遍，因和文与德文大半相同也。和王受国书，半晌，操法语曰："贵使是否初次来？"凤苞令金翻译答以法语曰："在欧洲四年，今初到贵国。"和王又半晌曰："我已晓得，甚喜贵使来此。"遂鞠躬，凤苞亦三鞠躬退出。葡使入见。和王年六十三，魁梧朴实，厚重寡言。礼官又导凤苞谒王妃，登右梯折过过室，王妃黑衣冠，立室中，年才廿许，二宫女随侍，各三鞠躬立定。妃操英语问曰："闻大中国命贵使来此，甚喜。闻贵使在欧洲已久，谅已熟知各国风俗矣。"苞答："在欧洲四年，略知一二。"妃曰："是否到过比国都城？"凤苞答曰："曾路过数次。"妃曰："是否欧洲各国皆系贵使兼办？"凤苞答："不过三四国，尚有刘使臣在英、法等国。"妃曰："何时回柏林？"凤苞答："拟十日内回柏林。"妃曰："愿此后常得相见。"遂鞠躬。凤苞退出，仍与葡使共车，礼官送至客寓。遂遍拜二等公使,遇比国使、西班牙使,其余未遇。日本使同寓,操英、法语,年余①卅余,曾在英国读书八年。前曾与刘云生同舟东渡,今竟驻和。使甫一年,斗室中琴书杂陈,盖儒雅中人也。

初三日。拜公使及部臣,照葡使送来之单,以免遗漏也。午后顺道到万生园及植物园一阅,局面褊小而无次序。未正往海边士盖芬宁,为通国著名之地。沿海以石子作斜坡,白浪翻腾,沙山层累,多旧船,似广艇。此地为昔年荷人破英、法水军之处,今遍地盐草沙碛,华屋连续,游人极众。沙山之内,多清水沟渠,林木荟蔚,既便游聘,又便浴海。其天气较清于城市,人皆乐就之焉。酉正赴王宫吃饭,有丹麦国世子及妃、德国卫马邦世子、各国崴派送葬之员、各国公使及署公使,而参赞等均不与焉。予与葡使初递国书,虽因送葬,亦得与。因和国向例,凡公使到,必请饭一次也。未及(几),国王及妃出。王穿马队戎服,冠有冲天白羽,妃仍墨绖,客环立鞠躬,王及妃以次略问一二语,即入饭厅。王背门坐,其右为妃,其左为丹麦世子妃,各国公使坐于王之对面,共六十人。饭罢,王导入饭厅,就各客立谈,妃就凤苞问:“德语是否在中国学的? 到过英、法国否? 欧洲水土相宜否? 此间颇湿,恐他国人不便久居。闻贵使在此一礼拜,要回柏林,何时可以再语。”等语。外部导见卫马世子及妃。又有就谈者,或称德使,或称英使、法使、俄使、土使及教王使,皆昨日报刺而未见者也。戌初散。

初四日。晨,东方会物之会请往观,所陈中国、日本货甚多,有日本屋二区。已正,海部订观其署中之水师博物园。始入门,有各种炮弹内景外形,各国子母弹式,其药箱以红铜为之,用闩盖,内装

---

① 余,此字衍。

三为裹,今兵船皆用此。各种海口钉式,大半为法人弗令乃尔之法,各种船模中有士叨取及穆尼吐之圆台船,皆英造也。有西南之弗里希恩双门闸式,以铜为之,为海闸最新之式。前二百余年商船之因印度回者入水甚深,有两浮船夹之以进,本国进口称为骆驼,各国称羡之。今有小模,实近世浮船坞之权舆也。盖自有轮船以来,入水不深,久不用此法矣。有铜造之浮坞模半段,上支边棚,置吸水器。此器配造后,折成数段,运往瓜哇矣。又一室为和国相干之各国船式,有俄王彼得之卅四桨船,有方亭之土而其船,南洋各种船船板下水脱勾之法,弗里希恩之扳船法,共五室。土基尔夺令者,著名藏画之院也,请往观。所列二三百年前本国名家,如罗本士、怕托、仑德兰得之真迹甚夥。士丁格拉哈特画院为士格士一家珍藏之物,即猎会伯里玺天德之兄,今充和国礼官,延予往观。有画百余幅,分为五室,汇集法、意、得(德)、英各国人之名画,清奇浓淡,各擅其长。又阅和国本国之制造博物院,旧枪炮甚多,有和国前三百年居家之式,作玳瑁小橱,为楼三层,共二尺余,桌椅盆碟,无一不具,虽无近时华丽,亦楚楚可观。历观各院,莫不规矩备具,而却无出色,如肥人骨格素具,而今已瘦损之象。是日仍谒各国公使及朝官。外部何霍顺来云,世子有病,不必候见,如贵使欲回柏林,亦无不可,以后有事当致信柏林。朝会之期,先期发电,望贵使一赴。午后比国使来云,贵使道经比国,须观画乏斯,不但炮台为最新之式,且通商各务俱贵使所乐于考订,予已致函比国兵部,贵使到时,必能派员导观炮台炮队。官舌乏特者,前在克鹿卜试炮处所识也,是日持兵部执照来云,请明日观和国制造军火厂。

初五日。辰正,官舌乏特及兵部司员引观城外制厂,马车衍(沿)运河行,凡有马路必有运河,水高于田四五尺,草木肥泽,牛羊遍野，牛皆有衣，肉乳均佳，羊则太肥，取毛最良。沿河多浣衣女及纤船夫，有以骡马纤船而一人随后曳之者。运河右岸多风磨及吸水机之烟囱，兵部员指示曰："旧时雨水淹田，全赖风磨戽水，近来用吸水机器，而风磨改为磨麦矣。"苞问："此等平衍水田，如何防守？"答曰："作堤均皆武备机宜。今欧洲大局，大国未必兼小国。若英人图并，必为他国所不许。惟布法有事，必以比国为战地。法人虽胜，不能入德，必据和国以相持之。故一有战事，德人必藉口于和国额兵不足，易为法据，而德人必先发以据和国，佯称代为守御，故我国所防，实防德人耳。其防之不必炮台也，只须决堤淹田，则仅留纵横各堤。其纵路俱通敌境，而皆为不相应之挂路，敌兵只能一线直行，不能大队齐驱，而我兵由横路取之，可以截攻，敌虽洞识地图，亦不敢深入也。惟放水全灌各田，须八日之久，而德兵神速，朝发夕至。此时择要堵截，我兵部另有胜算也。"既到制造厂，亦四面有沟，总办副将迎入，专造枪子及枪炮子之火引，有匠七百余人。荷国自同治十二年始用布蒙枪，其铅箭重廿五格，插铜壳之杵皆向上，而螺钉定于圆盘壳底，只有一火孔，每分时成四十枚，皆男工为之。其敷白药于铜帽中，用小长方板点注之。铜帽既成，置架上试之。架有方铁重半启罗，自二直辅落下，距铜帽十至三十生脱迈当应发火，过不及者，皆不用其造子母弹之时引，亦与克鹿卜异。一用跃起之活机，其尖用铜与白铜白铅合成甚坚，其钉固之横格针则连，力大者用铜丝，小者用白铅丝。又一种用不动之尖机而以隔针钉固，其弹嘴之引火，皆恐时引不发而尚可研发也，是弹平时以时药引火，装于焊团之箱，而弹上另用铜圈螺盖，下有绒垫，以避潮湿。据云，屡试得此等时引，若过潮热之地及久储者，必另装于焊固之箱，中国亦应用此法。次观有在左近一厂，另有总办迎入,系专造各种炮弹,而枪子之铅箭亦附焉。铅箭以廿三分锡一分居之,用女工逐枚灌铸,据云较良于以机器截铅条者。先观其炮弹之模厂,除钢弹购于克鹿卜外,余皆本厂自造。其水师炮之最大者廿四生脱炮,类共分三种,一为阿蒙士花,因从前兵船皆造于英,故仍用之。以(一)为克鹿卜,则近年自造之船用之,且年有新添以为法国式,内生铁外纲(钢)之旧炮。此等炮今不添造,只用手工造弹,而不用机器。其陆路炮向来自制,近年亦仿奥国乌合秋士法之纲(钢)铜炮,用旧丝铜添新红铜及锡为之,以十二生脱为最大子母弹之夹底圆饼,先以熟铁成之,杀其两旁,俾易翻转,以曲管用麻缚之入模,添以沙,又屡换模,圈成颈形,以生铁铸之,则圆饼已在弹中,然后入直管,加红漆灰,以满其罅隙。顶加双层螺嘴,菊心弹之模为方面,铜架有十六,菊心顶起,既满沙土,作方孔四区。凡各种弹模,皆以本厂铜自造,系寻常红铜百分中和锡十二分,锡购于英国。凡融铜须加旧炮铜六十五分之一,庶易凝结,既镕化时加入锡约五分或七分时即倒出,故所受养气不多,而铜色略红。其镕铜皆用华铅罐,每次受铜六十启罗,热风自地炉壁外转入炉旁,一点钟即镕成,若用旧法,须六点钟方成。见有十二生脱弹铅壳之凹处,经以油线,谓连发炮时可以不用洗杆,亦本国之新得。历观机器,并无新奇,弹外铜箍,全用人手捶打。阅毕,路过达耳敷脱城。古时和兰为西班牙属国,及争战八十年而维连阿仑治自立为民主国。国人奉为统领,天主教人戕之,今其屋尚存。传至康熙初年,和王娶英女,兼为英国王,即维连第三也。厥后,和常助英助法,恒会盟于此城。今事隔二百年,而路过此城之宁士贝克人犹指曰:"此旧时会盟处也。"申刻,外部何霍顺来谈。申正,谒故王之婿维脱,德国沙孙回麦邦世子也。述及奥国在法之公使伯爵许伯珀尔,曾为绕地之游,记载甚详。且云过上海时,曾文正公。其礼官未格恩导见公子之夫人,即新故王叔之女也。述及其父曾见中国人,谈及中国孝亲敬老之道,其父甚喜之,惜今有不及见贵使也。日本之驻和使长冈获美氏屡来华,谈渠在日本方创兴亚会,欲连横以距西国,且沾沾谓琉球事必能同衷妥办。是夕,闻苞将回柏林,依依握别,笔谈至夜,赠苞以诗曰:"同是天涯持节臣,他乡何幸共相亲。衣冠今日虽殊俗,礼乐千秋不异伦。禹扶桑全接坏,柏林哈格亦交邻。好期后会真容易,玄旆悠悠岂怆神。"苞楷纸和之曰:"自古东瀛通使臣,而今交谊日弥亲。衣裳赴会途真远,唇齿相依拟却伦。地势离披连北徼,天骄窥伺有西邻。急难兄弟应同气,漫诩三山海上神。万里东方秉节臣,同僚同志倍相亲。学参今古深根柢,才贯中西迈等伦。小叙荷廷犹并坐,偶叙旅馆亦芳邻。纵谈时事嫌宵短,各论千言笔有神。"闻获美经外务衙门考试,华文列优等,不久可充驻京公使矣。按哈克城自乾隆时始建都,世家大族繁处渐多,今有居民十余万人,地势低湿,沟渠与街巷相杂,仿佛浙江风景。

初六日。晨(辰)正登火车行,东路过果答。已初至北境阿母士太唐,为和国之陪都,有善会长美阿近至客寓。是城庶富数倍于哈克,多水道水闸,城于半月形,街道与沟渠相间,有各式开比之桥,屋宇皆清洁高敞,市肆稠密,屋皆四层,下有木桥,沿运河处帆樯林立,栈房驳船甚多,其最大之街为富商所居,巨室云连,中夹清溪,两岸林木青葱,实欧洲所仅见。已正,美阿邀观瞽。围墙皆白石为之,瞽者七八岁至十八,共计六十人,有六媪管之,三师教之。每瞽共需一千沽尔屯,须父母自帖(贴)一半,极贫者亦须帖(贴)一百沽尔屯。年更少者置于分院,年廿以上或归家或送总院。是日所观者一为手工,如穿藤、织筐、绞绳之类,〔二〕为读书、写字、习算家、地图之类,其书图皆于坟上,虽授以未习之书,手模口诵,如所熟读。其写字或限以圆筐,逐字作之,或以针刺作笔画,顿成数纸。三为精细手工,如织沙袋、辫花巾,皆女工也。四为操琴、品萧、歌曲、说书,男女皆为之。设铜瓶于门外,观者随意助之。午后谒本城府尹芬好芳,商观其运河水工。府尹欣然许明日代雇轮舟,并导见其总工程司、副尹贝克马及文案等。是日,引观署中各办公所及油画厅。府尹谓,本城救火章程甲于欧洲,请贵使一观,发电召之,五分时可以立到。旁宅为救火中总局,有九电机,各通一分局,全城分四股,四周及各半径俱有电线通之。如一线偶断,尚可自左或自右通之。全城救火兵与巡捕兵相合,一传警报,巡捕亦立时齐集,故救火捕盗两得其用。城中区别为数十图,每图有数家设警钟,状为长方匣,各街有点画电码记号。某街有警,一发警钟,总局辨知某街之记号,即传火兵巡捕齐集。总局之室隅另有三电机,或通府尹,或通巡捕头,或通饬众巡捕。是日发电片刻,即闻车声隆隆,集于府衙。前为汽车,以麻及油渍之枯煤生风,炉门迎风数分时气力已足,即可运水。次为出水车,又次为二辆手运之水龙,每龙十二尺,又一辆为家伙车,及一切救人之车,有口鼻罩,可入浓烟中十五分时。梯有二种,一为接连六节者,每节上下有铁箍衔接,梯顶有二轮。一为钩梯,轻长而有铁钩,可挂于窗棖,又有绳索包袱以救人下楼之具。又次二辆人曳之车,各有出水管及龙头,可装于随处水井。以上为救火之一小队布置,试验不数分时,而火兵在楼水飞水闸等小模有三节之双门闸,下有木桩,上砌以石,外有各段阶级,内作弯坡,又有旧式之模,唯双门相距太远,而外级作直墙而已。府尹曰:"此院皆本城古器及要工小模,聚此以资考证。"

阅毕,又观王宫。本是会馆而拿破仑居之,今荷王每岁犹驻跸旬日,王妃亦须到一次,通宵妇女公宴之,献铁皮宝冠以赴宴。此冠为是省村女之首饰,王妃受而戴之,众皆欣悦。宫墙皆白石,雕琢人物甚工,舞厅高卅五迈当,长卅七迈当,上作环顶而无栋柱。昔此地与地中海通商,载意大里石以归而琢之,故白石最多。傍晚谒船政提督,年七十余矣,谓本国今只造快船,本厂规模亦小,贵使如愿观览,可随时光顾也。见其屋宇逼仄,四围有沟绕之。

初七日。晨起阅鸟兽院,地址宽广,鸟兽繁多,林木畅茂,为荷国最著名之园,然大致与柏林相埒。驼之双锋有钩环相连者,巨蛇十余,最大者长四丈。已初回寓,贝格马美阿及水利总丞海芬美、水工监工尼夫脱里克咸在。遂同登轮舟,先观上游之新闸新埧。此处河宽四百丈,北岸深处筑双门闸三道,宽狭不同,以过大小船只,中宽十八迈当,左右各宽十四迈当。其南又一耳闸,宽十四迈当。其北岸坡筑减水闸三道,各宽四迈当,而筑屋其上。自闸以至南岸,筑堤埧以堵水。水工监督谓,此间闸埧关系最要,工程最精,成已三年。其造法,先将造闸处以大桩围定三层,桩皆密切,每层相离十六尺。水面以上钉以横木两道,又以内外三层相连,填以小石沙土,乃戽尽围内之水。钉以密桩,填以乱石,乃塞们土。上砌砖石之工,以为闸座之外,边角之石,受水冲刷处用热钉搭连之,又用铅衬其缝而捶实之。三道闸俱前后有开合之双门,中段又有副门,门各有减水之牐,用齿杆启闭升降之。其门以铁为之,唯门柜与石相切处,则加木厚三寸使不泄水。闸既筑成,放水令平,绞出围桩,挖尽围下小石沙土,即为工竣,此为闸门造法。其堤埧则先用柳条缚扫,径约二尺半,一纵一横,层层相连,上加土篓,实以泥石,约厚十寸,又系小舟载碎石,由四面运压之,大约每方迈当加碎

石三千启罗,计高一迈当。俟扫沉舟歃,乃齐断其揽（缆），仍以长
绳联之,渐放之,陆续加石。凡其砮处,如此层层相加,至露出水
面,乃以塞们土砌砖二层,共二十五生脱,又加不等石一层,亦廿五
生脱,与水相齐,内外作水平坡,又斜上而至堤顶,其斜度一直一横
四为率,堤顶之阔,则视河深数加一迈当。数月后,堤身后下压,底
泥旁溢,则又加高其堤。堤内外不可挖深,以护堤根也。此为由外
留水之堤埧造法。迤西本一片汪洋,又年前于巨浸中筑堤为运河,
以达于海。又涸水以为田,计广一万一千亥甲他比,比中国十万一
千亩。其田初犹斥卤,今渐膏腴田,而低于运河水犹丈许也。其费
和国钱一千三百万沽而屯,合中国银四百余万两,其黄以田售得三
百万沽尔屯,国家津贴二百万沽尔屯,余皆水公司之款。此运河之
堤亦用柳扫,土篓而上砌碎石,向水处斜度为直一横,向田处为直
一横三,其中水坡阔十丈,此为内田外水之堤工造法。其南岸本为
淤泥,先运海滩重沙填以为堤,令渐将淤泥压溢两旁,一年余乃于
沙堤挖深廿二尺,订桩以砌砖石,成为驳岸。今轴轳蜜（密）布,货
物推（堆）积之处,皆昔年之淤泥滩也,此为人工所造驳岸之底。
遂循运河行五十里出海口,其狭处不过十余丈,建水闸二道,近海
口之闸有高低门,视水之高低以启闭之,有针旋转,以指明之。海
外有两夹堤,长九十丈,另由左右岸作鳌形,两堤各长四百五十丈
以围之,其端各有灯台。海口以内,用连珠斗挖河器至近海口多沙
处,及口外两堤间则用吸沙之器,用离心力和水吸起,十分水中有
一分沙,滤去水,载运于海。每年吸去沙卅万立方迈当,每立方迈
当重一千三百启罗。其鳌堤之工先载乱石填之,次以二工人穿却
水衣,以一方假石逐一叠整。方假石以沙土为之,每方重十二顿左
右。琢凹,以起重架放入水,及叠至露出水面,乃以塞门土筑石为

堤。既成，又加假石积于堤外，以培其根。此堤外假石，值三百万沽尔屯。凡海口必筑夹堤，尤要之海口必加鳖堤，庶无淤浅之虞。此为海口外堤工之造法。海口常深八迈当半，大潮时上下十八尺，平时上下八尺。是日又阅城西之换水闸，所以供全城祛浊迎清之用。有气机四百卅马力，气锅八座，运扇叶轮八架，各径丈五。每一分时运水一千六百立方迈当，系吸污水出城，或送清水入城，其闸门因水之高下，以自为开阖。下有铁纲（网）以滤污浊之物，此亦他城所无。又阅城北岸之船厂，有铁浮坞四节，长短不同，以四汽机吸水三点钟之久，可以吸尽。闻咸水易于蚀铁，今拟添造木浮坞，谓价贱易修，不畏咸水，较为合用。酉初回城，留水工监督等于会馆晚饭。是夕府尹来寓送行。

初八日。辰初登火车，美阿来送行。由西路过谋式河之华脱塘，亦和国名城也。有绕城之铁路一千五百迈当，四年前所成。大桥长八百五十迈当，荷兰士克底甫之大桥长一千四百迈当，有石柱十四座，凡大桥之境，左右各有小炮台，外环以濠，或有圆铁炮台以护之。午正抵盎乏斯，比利时国之大都会，亦大商埠也。既抵客寓，兵部营造司总稽察西摩尼士田比都来云，兵部特派引观此间水陆炮台及武库等处，惟贵使所命，遂商定先观连堡及离城之子堡。坐马车赴南城，城周廿余里，择要隘处建廿余壁，各筑坚固兵房，上覆厚土，外濠地中筑护卡，又外为斜坡，苟敌全城尚可据此堡以守之，因其与周围土墙相连，故曰"连堡"，大约皆于五年内所成。是日观最坚固之东隅连堡，向北建兵房一行十余间，又有向东西两兵房，俱两层，上有石环顶土隔堆，共高廿七尺。外为干濠丈余，又外亦兵房，上有遮路及向外之斜坡渐低，距廿丈又为水濠，左右各建向内之屋，上亦覆土。又外二十丈为人字堡，高廿丈。自堡中通

出,为护濠之鼻卡,向左右各六炮,又外为水及外斜坡。人字堡之
左右为出城大路,右为操场,左右各有磬折之翼堡,置炮以护水濠。
详观形势,有奥班之法之曲折呼应而无其繁琐。总司谓近年添造
者,仍不外此法。此连堡外相距二千五百迈当,有不相连之子堡,
各子堡横相距约三十迈当,敌必先破二三子堡,然后可进逼大城之
连堡也。遂驱车出城南四五里,总司指曰:“此即最坚最新之一子
堡也。”由北入曲折路,两旁皆枪孔,过浮桥计八丈,入外堡为十二
丈,又内为干濠,周围可通宽二丈余,而内外上下两层皆兵房,又一
为椭圆形内堡,长约廿二丈,宽约十五丈,内堡之中心留空地,宽约
四丈。俾四面兵房向光受光,内堡顶高卅五尺,其内周置廿四炮,
炮门外低五尺,各筑隔堆,干濠之左右,各参差以护之。外堡高廿
二尺,外又高五尺,向外渐低。外堡向左右伸出为翼堡,各长四十
五丈,外堡向南渐低,约距四十五丈,为前卫堡之兵房十九间,西边
兵房内有半月形之路,以藏马炮队,可随时由左右翼冲出击敌。前
卫堡系人字形,两旁接于左右卫堡,再接于左右翼堡,而成五角形
之大堡。大堡之外,并椭圆堡之后半,共有水濠环之。水濠之在
北者,宽八九丈,在南者,宽十四五丈。濠外有遮路,宽三丈,又
外复高四尺为外斜坡,其护水濠者。前有鼻卡由兵房中间出入,
隔为三行,向左右各置六炮。又前左右有卫堡相接处,各有兵房
通出,至左右角之护濠耳卡,各向后有炮四尊,又椭圆堡之后,左
右各有腮卡,置炮三尊。北面有大浮桥,其左右翼堡后各有小浮
桥,回新法必有数门,使敌莫测也。此炮台凡有兵房子药库等
处,砖石之工皆在低窄深藏之处,蹲炮悬击所不能中。共有十八
生脱、十五生脱、十二生脱等炮四十八尊,皆非露置。临时再补
以陆路之炮。凡置炮处,每间一炮,以土堆藏之。谓敌苟击毁我

炮,尚有以补缺也。此子堡驻步兵一营,计三千余人,又马炮两队,计八生脱者十二尊。总司云临战时尚须调兵襄助,于堡外择地作人字等小堡。凡距堡五百迈当以内,不许造砖石房屋,以绝敌人之藏伏。酉正回寓。

初九日。辰正,兵部总司邀登巡船,阅视沿海之塘工,见有在水中逐段筑石塘,系用大铁桶,长约十丈半,内有木柱,外包铁皮,以汽机压气驱水沉至底。运工匠砖石于桶下,渐筑渐浮,至水面以上,然后加夹板联为一段而加高之。其桶下工人,每三时辰而换班。此器为近时桥工塘工之利器,可不用打埧而在水中作轧工也。总司谓:"沿江防守,莫妙于铁炮台。因其占地不多,且可近水也。"此江有铁炮台三处,二为圆铁台,一为排铁台,视江势曲直以位置之。先阅北岸之排铁台,计廿四生脱克鹿卜炮六尊,排作一行,为德国葛禄孙所造,即前年有模样送天津者也。下有木桩及石基,前有大石斜坡,下有子药房,左右有总子药房,后壁有长方窗,宽三尺。每炮有出气圆孔径尺许,其炮架用葛鲁孙升降法,以四人之力用油筒压,令炮耳升起,故炮台之升降不多,而炮洞不必太高。统领令炮兵演之,极为灵便。台后半基宽五尺,置蹲炮八尊,以备悬击。又后低十二尺,为台内平底,有储炮弹之厂屋。后为水池,台前有深壕,宽十丈,有土埧及浮桥。又外为斜坡。此处本宽大之旧式炮台,今排铁台之左右相接者,尚有旧式砖壁之旧炮。方培土改造,尚未竣也。炮台前之江边,亦用筑石塘之铁桶,筑水底之鱼雷伏台,工方及半,因得详观之。伏台方约四五十尺,以砖石为之,前左前右两角各置一水底鱼雷箭,有不泄水之球门,其伏台之顶亦不露水面。只有望台露出水面,望之如小烟囱,以便望敌定准且以通气。由伏台斜道至岸,内有铁隧道,约长五六丈,可以出入人役,运送鱼雷。是日有廿工人在桶下做工,其换班由二铁筒上下,其桶下有一今半天气压力。统领云,本国用坏台氏鱼雷,在水面下试演,虽经潮水移动,尚有把握,遂兴此秘密之工,苟非有兵部专命,虽本国人亦不准观,但知为修塘而已。决阅南岸之圆铁台,因在江流之折角处,可左右迎击敌也。就高阜作铁圆台三座,每台有二克鹿卜炮,前一台为廿八生脱,后二台为廿四生脱。外有土斜坡,干濠宽廿二尺,濠内为兵房相对,外有斜坡,唯前有水濠,宽五丈,圆铁甲台内周七十四尺,高八尺,前有二炮洞相并,无中柱而有前后二柱,周围铁甲厚八寸,内衬铁木亦八寸,铁板平顶厚四寸。台下有三层,上层高十丈,有旋梯十四级。此层有中柱及四周直铁柱,与台同转,铁柱与四周砖壁离二尺半,可通人行。中层高十二尺,旁有人力转动之,其旁室有转动之器机,如汽机不灵,可用八人动之,其旋动用外齿轮法。下层高九尺,为临用之子药房。其子药由中柱之圆盘升送至台上,每送一次子药,各二分。三圆台一字平列,相距各六七丈,有一台于两炮洞外加厚六寸,亦近时新法也。圆铁台系英国式非尔特厂所造,尚有一处圆铁台与此无异。船主论及比国新制伏雷之引火灵捷异常,取出观之,系一白金丝盘作螺纹,加以燐,又略蘸那甫他油,然后填以散药,遇小力电气如百度表之六十度即能发火,不似寻常伏雷,引火必须三百度发火也。既登岸,又乘车阅连堡焚数处。又阅馎饦厂,自磨麦以至烘熟,每日可成卅六吨,用气机三百匹马力,用八炉烘之,每炉方十六尺,有一百五十枚,五十分时可成,长行军最要之糇粮,故官场为之也。又阅武库,四面有屋,中留大院,长卅余丈。督办者副将导观,前屋为官弁住居及料件之楼,常有工匠六十人收检军械,院中遍置生铁旧炮及圆铁弹。右厢平屋有栅无窗,亦无隔壁,俱储炮弹十二生脱以内

者,俱用木条作梯形衬三层高三尺余,十五生脱以上者俱立置于木
板,其弹嘴等件藏于内楼,而弹上另用螺塞,弹头均用红漆,谓较良
于旧时之黑油。其装弹之空箱推(堆)积于后,谓旧时装箱皮藏钢
件皆锈,不如常受风吹,临运装箱为愈。其右厢楼为鞍辔、炮车、枪
刀,正楼为枪炮及精械验器及督办所居。比国大炮近年皆用克鹿
卜,其陆路八九生脱者皆自制之钢铜炮,即奥国之法。廿四及廿八
生脱克鹿卜炮用于铁炮台者,皆用葛鲁孙升降炮耳之架。十二及
十五生脱之旧生铁炮,今仍用于护濠卡及不紧要之炮台。此炮后
门有枢纽及横柱,其藏火药处皆用原来之花鼓筒,以大木架支之,
干躁(燥)时吹以风,虽六七年不变,然所藏不多,因分储于各子
堡,临战时方聚于连堡中也。鞍辔等件各队各架不相混,马鞍用两
木片,下衬木球四枚,可随马脊肥瘦用之。每队炮兵如有木架一木
箱,一切俱备,临用时一齐取去,无歧误亦无缺乏。其炮及弹上之
网件俱分驻,不相切合,以免发电生锈也。木箱满以稻草屑及砻
糠,将钢件擦净藏于其中,外留标签,永不生锈。枪架以铁作人字
形,自上而下,两面各立六杆架,内高五尺,可以任取何杆,此法虽
比奥国占地较多,工料较贵,然立置终胜于横卧,似可取法也。其
长矛有高架直悬之,其枪上之刀与鞘另处,亦易免锈。凡兵之食
器,并作一小桶提之,其内有十二盆四锅及刀铲之属数十事,皆洋
铁为之,载于后队之军械车中。凡枪炮擦至极干洁,以燃灯所发之
火擦之,虽七八年不锈,每五年重擦一次。凡储军械之屋,虽非晴
霁,亦应通气,用毡或厚麻布作帘以蔽门,则通空气而不通湿气。
余事皆与他国武库同。归途见沿江船坞大见工作,知此处船池本
为拿坡仑所创,自道光卅年与和兰议定海口之后,本城商务日盛,
船坞船池渐以扩充也。

初十日。巳正上火车,未初抵狄士道府。酉正又上火车,酉未抵德国兰因江东之缪耳海姆,旋有弗里此基里洪电线厂之监工来订明晨阅厂。

十一。阅电线厂。每月用纲(钢)铁二千百顿,铁则重生铁炼为熟铁,扯为条,绞为丝,钢则购钢条以扯成丝。工匠八百人,小工三百人。今方代造中国之电线,又代伏尔铿造中国之船缆等件,是以顺道一阅之。专造电缆、电线、船缆、圹辫、吊索、铁篱线,以至细如毛发之钢丝,而以木杆之电线为大宗,向来皆英国伯明恩造之。今英国亦大半购自本厂,一因钢铁料产于近处,二因德国工借较贱,三因送至伦敦之费较贱于伯明恩也。详观其渡白铅退火等法,及试验拉力绞力,均得精妙。常有人峝司考验,凡德国国家所购者,另有部员查验,他国订购者,亦可把德货代验也。午正上火车,申初抵博洪铸钢厂,有工匠三千三百人,有罐钢、毕士买钢、西门马丁钢各种。而毕力(士)买另有汤马士新法,系用多罗密之土为炉底,可炼含燐之铁,为精铁。其罐钢能铸十五顿之大钟,皆为他厂所无,所造火车路条、火车轮及各种轮轴,其钢件甚多。其局面虽逊于克鹿卜,而制造之精,实不相让。今方昼夜赶造义大利之陆路炮一千尊,外箍炮耳皆用罐钢,装箱运往义国,而配一义国自制之生铁,内管但求急就,而未必精良,不知义国何所取焉。是厂亦有毕士买炉七坐,西门马丁炉八座,其罐钢每日可成一千二百灌,所由铁矿大半由本厂二铁窑所出,遂引观其铁窑,有熟热风炉八具,其煽风用汽机两座,谓倘有损伤,仍可以一座吹风也。其铁沙有自英国者,有自西班牙者,有自本厂之希根铁矿者。本厂又有煤厂,每日出煤一千吨,可以自炼枯煤。厂有工人一千余,铁矿有工人五百,有工匠之住屋二大区。一为有家室者,一为未娶者,饭厅卧室俱极清洁。是厂创于道光卅年,今之总办巴勒咸丰四年始任事,年六十余矣,系德相毕司马之执友,国会中著名议员也。阅毕总办留饭,戌正登火车。

十二日。晌午回柏林。途间感冒,卧病二日而愈。

署咨余思诒折

为咨呈事。本年七月初十日,承准贵衙门咨光绪八年四月二十九日准军机处工部代奏主事余思诒敬抒管见一折云云,咨行查照,酌核定议,俟咨复本衙门以便施行等因,并抄发原奏到本臣,承准此,伏查原折内一曰建立文庙学宫,考试商民,以广兴文教。自我国家承平日久,生齿日繁,闽粤沿海居民散处外洋,贸易营生者日众。不但南洋岛屿、南北美洲,即亚非利洲迤南之摩萨等岛,亦随在有。华民聚处岂少富商大贾及娴礼义通晓文理之人,虽濡染他邦之风俗,而犹宗仰汉官之威仪。惟徒有观光之志,而终嗟行路之难耳。诚能择群聚州处之区建立文庙学宫,举行考试,固易于兴起鼓舞。惟经费浩繁,猝难筹办,而查贸易稍盛之处,俱有华民会馆,供奉武帝神位,应请饬各处领事官酌量情形,就领事馆或会馆中添奉先师孔子神位,朔望日领事率属员耆老行礼,又宜就地讲生宣讲圣谕,广训直解,其讲生应筹给薪水,如勤慎而教导有方者,由领事或耆老呈报出使大臣酌请奖叙,以示鼓励。再筹设义塾,分为三等,上等者习制艺试帖,由领事仿府县之例酌取,俟出使大臣来往时便道传试,考取作为生员,给资内渡,以应原籍乡试。中等者习文牍修约论判,亦由领事考取,送出使大臣覆试,作为翻译生,以备使馆领事官翻译之选,领事官酌量奖赏,不必考试。此三者义塾之师,由出使大臣查看,择尤奏请赏加训导等职衔,优加俸薪,以崇民望。

其商民有捐资建设讲堂学塾及筹备常费者,由出使大臣奏请奖叙,行之数年,亦(文)教渐兴,经费渐裕,再议设文庙教官。庶几扩充日广,可臻一道同风之盛矣。今美国旧金山等处华工,识字者甚少,习染日久,一时未易兴学,而南洋各岛华民向有巨商操执事权,不乏杰出之材,且与原籍声气同通,亟宜设法鼓励。和国属之噶罗巴岛有商民二三十万,亦多殷实之人,未失中国礼义,亦宜派设领事,设法教导。惟和国条约中未有互设领事之语,恐尚费周章耳。

原奏一曰颁发时宪书以便行用。查各国之历日,土耳其及各回部则行回回历,即唐之九执历也。俄罗斯历与泰西历闰日而不闰月,每年节气维系于月,虽注明朔望而不以朔望纪月。今各处华民虽与西人贸易来往,不能不用泰西月日,而犹每年托人购寄时宪书,岁时伏腊及自巳自辰,往往宴会亲朋。此不但南洋大埠如此,即在德国之小贩,亦无不乐奉天朝正朔,足征人心之不忘本也。然欲时宪书中递算华民所寓之处经纬度分,以详载昼夜长短,节气早晚,则零星窎远,万难遍及,似应仿两金川土司之例,凡有领事理事处,推算节气时刻,附于各土司之后,每年颁发时宪书若干本于领事理事处,以便散给遵用。既可稽考时令,查看日忌,且可以示大一统之义。虽身处殊方异域,而心向化日光天矣。

原奏一曰恭颁大清会典律例,申明教令,俾知法纪。伏查中国历代政教美备,我朝祖功宗德,尤超越前代,迥非他国所及。而佣工小贩,举无所知,一沦绝异域,偶见其条教号令,辄为心悦诚服,此最为人心世道之忧。然欲于寓居处裱糊张挂,既骇土人之观瞻,且巨典鸿模,又万不能裁节漏。又佣工小贩,非皆知书识字之人,窃恐室碍难行。应请择贸易最繁、绅商丛聚之处,酌定藏书楼,凡《十三经注疏》《廿四史》《通鉴纲目》《正续文献通考》《皇朝文献通考》《大清会典》《大清律例》①及《列朝平匪方略》酌量藏储。着领事及绅耆司之,准人习诵,如有散失,着所司赔补。凡诵讲圣谕之期及西国休息之日,亦摘要并讲。俾知中国之大经大法,所以维持于数千年者,迥非小补欢虞之道,则爱戴之诚,油然而生矣。

原奏一曰汇集各国同义字体,通知中外民情。查自古文字,惟中国汉文为六书具备。虽最近如蒙古、印度、波斯亦皆联就音成字,惟最远如阿非州之埃及,则有象形会意,五千年前已有之。迨泰西有周时之希伯来希腊,秦汉之腊丁,始渐改埃及文以联音成字。厥后腊丁为官话,而别为各族土话则有法语、义语、日斯班语、葡萄牙语,此为南境之罗马一类。又日耳各土语以萨孙为官话,即今奥国德国之语,英国则合罗马日耳曼而变之,美国即用英语,瑞士、瑞典、挪威、和兰、比利时等国皆近于德语,此中境西北境之日耳曼一类。又式拉甫在欧洲之东,其后衍为俄罗斯、波兰及土而其西境各小国之语,而最着(著)者为俄国语,此为东境之式拉甫一类。西国文字之祖,不外此三类,皆因联音成字,故方言既异而各国文字亦异,不似中国秦越异音,古今异音,而文则皆同也。就今而论,英语、德语、法语为交涉贸易所通用,腊丁语则几同蝌蚪文矣。其次为俄语、日斯班语,和兰皆有属地相近。又次为义国、日本国语,然往往此国有此字义,而他国无此字义者。有同用一字,而此国一义彼国又一义者。且中国有此字义,而各国均无者,各国有此字义,而中国独无者,万不能逐字对诠。往往有一字需译作数语,以罕譬而喻,西国向有两国对译之字汇,而尚无集各国同义字以辑为一书,因不能概以即音求义,即义求形也。然今日辀轩四

_____

① 大清律例,原作"大清例律",误。

出,交涉日繁,条约函牍中国以华文为主,而洋人以洋文为主,象胥重译,语气轻重,未必全洽,而一字歧解,辩论无及,关系诚非浅鲜,则华洋字汇洵为今日不可少之书。然欲求精核,则穷年累世,莫竟其功。且字汇须备两种,一系中国字为纲,而以英、法、德语解之,此可汇为一册,名曰《华洋字汇》,一系每国字为纲,各以华文解之,此须每国文另成一册,可名《华解英字汇》《华解法字汇》《华解德字汇》。今查中国字为纲者,有嘉庆十八年法国王拿波仑所定之汉文西译可为粉本。其书系编次中国一万三千三百六十字,各解以腊丁语、法语,特法语不及腊丁之详,应请饬同文馆师生将拿布仑原本补其法语之遗者,增注以英语、德语,仍留腊丁语成为全璧,颁行各使馆各商埠,以资考核。洋文为纲者,惟美国威良之《英字汇》最为精当,应请饬驻英使馆及各省洋务局修改删润,以成善本。法文字汇向未精当,德文尤所罕见,应由驻法驻德使馆饬翻译官公余酌撰,先成五六千字之便览字汇,可逐渐增加,以成巨册。不计时日,务求精当。无论便览巨册,俱署请饬发同文馆师生较校(核)后刊印颁用,以昭划一。

以上四条,事皆可行,第敬就管见,参酌时宜,量为变通,或可更无窒碍。苟领事等员实力照办,持之有恒,行之以渐,则流寓华民不致沉沦于异俗,且向慕仁义,敦原根本,虽糊口四方,而普率土仍复尊君亲上之民矣。所有遵议工部主事余思诒条陈一折,相应备文咨覆,为此咨呈贵衙门,请烦查核施行。须至咨呈者。

光绪八年七月廿四日。

员外郎衔工部主事臣余思诒跪奏,为推广文化,请饬议行,以收怀柔之效而广治平之业,敬抒管见,恭折仰祈圣鉴事。窃维天下之要务,惟在广教化而已。我朝深仁厚泽,化洽群黎,海澨山陬,道通蛮貊，是以数万里梯杭咸集，千百国玉帛来朝，实可征教化之盛行矣。惟是立约互市以来，各国商民学习中华语言文字者实繁有徒，而我出洋之民无虑数百万人口，日久寄居，见异思迁，深恐习与性成，渐忘根本，是诚大可虑也。臣历考译出西书、外国新报，详询各国商情，窃以为可以维系华民者，约有四端。一曰建立文庙学宫，考试商民，以资广兴文教。二曰颁发时宪通书，以便华民行用。三曰恭颁会典律例，申明教令，俾知法纪。四曰汇集各国同义字体，俾通中外民情。此四者皆简而易行，实于中外人心大有维系者也。仰见皇太后、皇上慈惠元元，无远弗届，右文崇道，渐被四方。臣自知愚陋，献曝心殷，敬抒所知，以备采纳。臣伏查，吾民以奔走衣食之故流入他邦，或五六年，或四三年，其最久者，子已生孙，孙又生孙，服食起居，都成异俗，眷怀故土，能无怆然。盖贫富同情，老少同志也。幸蒙圣恩高厚，垂念远民，简放大臣，分驻各国，又谓领事官妥为保护，俾寄居绝域者得见中朝衣冠，重睹尧天，感深骨髓。富商子弟娴习文字礼义者，既难于考成，复少所师承，未免向隅，殊堪恻悯。伏以至圣孔子内圣外王之道，配天地，贯古今，故舟车所至，人力所通，日月所照，霜露所坠，凡有血气者，莫不尊亲。可否请饬于各国设领事官地方，租买地址，建立文庙学宫，设立教官，宣讲圣谕广训，诠注经义，并设义学，教习小学经书文字，商民中如有文理清顺者，准领事官考试如府县考之例，申送大臣考取作为生员俏生，并准咨回原籍地方一体应试，以资观感。惟经费甚巨，一时恐难筹画。或请先于商民聚集最多之处，先行拨款，陆续创设。商民中如有愿助经费者，准该大臣先给奖札，奏请议叙。查各国在中华地方设立耶稣天主基督等教堂传授习学者，蒙恩饬官一律保护。今在该地方建立文庙学宫义塾，设立教官，当亦各国所乐从,是亦一道同风之盛轨也。臣伏见泰西各国以冬至阳生为岁首,与中华建寅为正月历日迥异,无节气朔望,无宜忌各条。华民寄居者,农工商贾均有其业,男女婚嫁,市肆经营,几无岁月之可稽,亦无宜忌之可择。华民即有展转相托购买通书者,又苦程途弯远,时节违次。可否请饬钦天监,按照经纬度数推算各国节气朔望昼夜时刻,别为一页,加入时宪通书,发设领事官地方及通商口岸,便民行用。俾遇春秋之佳日,仍然食德饮和,纵寒暑之异,宜犹是尧天舜日,是亦远迩不遗之一端也。臣伏查各国地方寄居华民不下数百万人,蒙恩简放大臣,设立领事官,妥为保护,立法极为详备。但恐愚民无知,习成异俗,致乖法度,殊堪隐忧。自宜各大臣率领事官时申教令,俾知虽居异域,未外生成。可否饬令各衙门恭节大清会典律例、官民常用应知简明条目,刊刻颁发各领事官并通商口岸行用,并裱糊张挂领事官公廨,庶华民触目惊心,不致久而忘本,是又维系远民一端也。臣伏查闽广江浙通商口岸,经史书籍行消(销)出洋者,每年无虑数千万金,税则俱照纸张纳税,虽华民讲习之需,而外国商民习学中华文字以备来华之用,亦多购买者,是各国情状亟宜设法畅达也。臣窃见英、法、俄、德、日、义各国字体不同,虽秘同日,奥同德,比同法,丹同英,而美与英微有少异,各有字学等书。苟以中华之字汇部分画数为纲领,汇集各国同义字体辑为一书,究不难即音以求义,即义以求形。尝考《左传》"楚人谓乳谷,谓虎于菟",《礼记·内则》"左佩纷帨",郑氏注:"佩巾也,齐人有言纷者",实即方言文字翻译之始。盖音虽各别,义可从同也。可否饬下总理各国事务衙门,汇集各国同义字体辑为成书,俾阅者即形以见义,即义以求音。不特翻译可按书而索,即远近各国民情亦可以畅达,大地同文,车书一统,实中外之关键也。夫是则声教迄于地球,诚感遐迩,圣化行于域外,道贯古今矣。臣参合时事,访察详情,谨陈管见四条,似于地方并无窒碍,于大局不无裨益。冒昧渎陈,不胜惶悚,是否有当,伏乞皇太后、皇上训示施行。

奏为咨行事。光绪八年四月廿九,准军机处抄交工部代奏主事余思诒敬抒管见一折,并片称军机大臣面奉谕旨:该衙门知道。钦此。钦遵到本衙门。查原折内称,可以维系华者约有四端,曰建立文庙,考试商民,以资广兴文教,曰颁发时宪书,以便行用,曰恭颁会典律例,申明教令,俾知法纪,曰汇集各国义文字体,俾通知中外民情各等因。自是均为寄居外洋华民而设。惟所称四端是否可行,及是否实有裨益之处,未可悬断,必须因地制宜,斟酌周咨,方能办理。相应恭录谕旨,抄录原奏,咨行贵大臣钦遵查照,酌核定议,俟咨复本衙门,以便施行可也。须至咨者。

光绪八年五月初七日。

咨覆事。前据工部主事余思诒敬陈管见一折内开:维系华民者四端,曰建立文庙学宫以兴文教,曰颁发时宪书以便行用,曰恭颁会典律例俾知法纪,曰汇集各国同义字体俾通民情等因,均系为寄居外洋华民而设,当经本衙门抄录原奏,咨行各国出使大臣,分别酌核。其后兹准出使各国大臣先后议覆前来,本衙门详细查核,所议各有所见,要皆为因地制宜起见。查第一条除日本国勿庸置议外,其余出使各国大臣佥称可以就华民众多之处,先设义学试办,以冀逐渐推广,但置此经费支绌之时,碍难挪款兴办,或能就地劝捐试行,自无不可,应仍由出使各国大臣酌量地方情形办理。第二第三条或称本可购寄,毋须颁发,或称事多窒碍,或称难期得力,所议并同,应勿庸议。第四条或谓字典合璧外洋原有,亦不合用,或云各国异音异文,断难撮合为一,自是实在情形,或有称可就原有之洋文各书,令同文馆及出使各馆翻译官逐部翻辑汉文,汇订成书,可资通用等语,所议尚可照办,除由本衙门徐为设法外,应请出使各国大臣随时留意办理。所有酌议余主事原奏四端外,别准驳各条相应咨行贵大臣查照施行可也。须至咨者。光绪九年二月十三日。

署咨陈季同逾限四个月

咨覆事。光绪九年八月廿四日,接准来咨,以二等翻译参将陈季同于八年八月请假六个月,回闽修墓。是年腊底,遵行北洋大臣饬知赴津,蒙询外洋情形,并派带工匠四人赴德学习,及回闽携取行李,赴粤谒见督宪,共逾期四个月三天等情,可否免其扣算资俸,备文请示前来。查出使各国馆内随员等在差年久,遇有请假等事,由出使大臣核明实在情形,照章准假六个月,不扣资俸。此次该翻译请假,逾限四个月三天,既据禀称系奉北洋大臣传讯各情,尚与寻常耽延逾限不同,暂准免扣资俸,嗣后不得援引为例,应咨覆贵大臣查照可也。咨至咨者。

光绪九年九月初四日。

署奏曾侯为全权大臣

谨奏为查明请旨事。窃臣衙门前于光绪二年八月,酌定出使各国经费折内声明,出使大臣头等三品充,月给薪俸二千四百两,二等三四品充,月给一千二百两,三等三/四品充,三品充,月给一千两,四品月给八百两。是年九月拟定章程十二条,内开:出使各国大臣分头二三等名目。此次办理伊始,所有现在业经派出各国大臣,均暂作为二等出使各国大臣,月给俸薪照现在实职官阶支给,其四品充二等者,拟月给一千两。嗣因出使日本国大臣何如璋、出使德国大臣刘锡鸿俱系五品官阶,其应支俸薪拟照四品充二等者,月给一千两等因,先后奏准行知遵照各在案。本年五月,臣衙门奏请简派出使俄国大臣,廿二日,俸(奉)上谕:吏部左侍郎崇厚着充出使俄国钦差大臣。钦此。七月廿一日,奉上谕:崇厚着作为全权大臣,便宜行事等因。钦此。廿七日,臣衙门奏请派员办出使英、法、德国大臣,奉上谕:一等毅勇侯候补四五品京堂曾纪泽,着派充出使英、法国钦差大臣等因。钦此。臣等查崇厚、曾纪泽奉命出使俄、英、法各国,按照奏定章程,均应作为二等。惟崇厚钦奉特旨,畀以全权大臣之任,原以出使俄国,现在有议办交涉事件,关系重大,与出使他国情形不同,可否作为头等,以崇体质。查西洋各国凡充头等者,有代君行权之责,从不轻以除授。拟请似(俟)后出使各国大臣,如非实任一二品及有应办紧要事件,勿庸赏加全权字样,以示区别。至曾纪泽以前大学士曾国藩之子承袭侯爵,加恩以四五品京堂候补,爵秩较崇,自应量予优异,可否比照二三品充二等者办理。如蒙俞允,臣衙门应即行知遵照。所有应得俸薪,仍令均自到任之日起照章支给。臣等理合恭折具陈,伏乞皇太后皇上圣鉴。再,此折臣崇未经列衔,合并声明。为此谨奏请旨。

十一月初二日到。

曾侯谢恩折

奏为恭报微臣接印日期,恭折叩谢天恩,仰祈圣鉴事。窃臣于光绪四年十二月十八日呈递法国国书,业于十二月廿三日在巴黎使馆恭折奏明在案。于光绪五年正月初三日搭附火轮车,初四日驰抵英国伦敦都城,即日准郭嵩焘派委文案随员李荆门,将大清钦差出使大臣铜质关防移交前来。臣当即恭设香案,望阙叩头祗领讫。伏念臣学愧牛涔，识惭豹管，九重锡命，兼两国之行人，三百诵诗，使四方而专对，见舆衡之相倚，端资忠信笃敬之忱，历原隰以遄征，事报朝聘会同之盛。臣惟有竭尽棉（绵）薄，益矢冰竞，策驽驻十驾之功，懔鳌戴三山之重。除所赍国书应俟呈递礼再行恭折具陈外，所有微臣行抵伦敦接印日期，谨缮折奏闻，叩谢天恩，伏乞皇太后、皇上圣鉴。谨奏。

再，臣前准总理衙门咨送木质关防一颗，经于光绪四年十月初六，在上海行馆将开用日期附片陈明在案。现在微臣业已行抵伦敦接印任事，所有前项木质关防，照例截角缴呈总理各国事务衙门销毁。除咨明总理衙门外，谨伏片陈明，伏乞圣鉴。谨奏。

行抵日国抵国书及颂词答词

奏为恭报微臣行抵日国日期及呈递国书情形，恭折仰祈圣鉴事。窃臣于三月十六日在华盛顿使署奏报起程日期，即于十八日率领随员人等前赴纽约海口，附搭英国公司轮船，廿一日开行渡大西洋。闰三月初二日到英国之利华浦埠登岸，初三日到英伦敦，十二日到法都巴黎。四月初一日行抵马得力，是日斯巴尼亚国都。次日照会其外务大臣戴端。初三日准其外务照覆，订于初四日未刻接见。届期，臣偕参赞侍讲衔翰林院编修臣吴嘉善等恭赍国书，前赴彼宫呈递，其君主躬亲接受，问劳殷勤。臣等诵致通好之辞，君主亦具有复辞，谨并录呈御览。所有微臣行抵日都及呈递国书缘由，理合缮折具陈，伏乞皇太后、皇上圣鉴。谨奏。

谨录呈递国书颂词恭呈御览

使臣陈兰彬恭膺我大清国大皇帝简命，亲赍国书前来，以表永远和好之意。伏惟大日斯巴尼亚国大君主仁心善政,锡福群伦,五土友邦,均敦睦谊,我大皇帝实深欣悦。今使臣聘闻贵国,驻扎伊始,惟愿彼此情通,两国共臻安乐,长享升平,不胜庆幸之至。赍奉国书,谨此呈览。

谨译日国君主答复颂词恭呈御览

今吾接奉国书,十分欣幸。因贵大臣是大清国大皇帝特派公使,驻扎本国都城,贵大臣又达贵国大皇帝和睦之意,吾深感情。吾今亦虔诚答复,恭颂贵国大皇帝福祉日增,国家隆盛。请贵大臣达知贵国大皇帝,从此两国友谊益亲,均有利益。贵大臣才望素著,以后吾国同心帮助,贵大臣亦可容易尽职。用特颂复。

片奏刘麒祥参赞衔

再,驻员弁多经崇厚酌带回华,随员四人,无一留者。是现在驻俄人员,实属不敷差遣。臣拟即在派驻英、法各员弁中酌带数员,随同前往。查光绪五年正月初九日臣附奏驻英人员一片,所有开单之员,余世松因丁忧未能到差,嗣后改调花翎四川补用知府刘麒祥来英,充补余世松随员一缺。又以该员官阶较崇,拟酌加参赞虚衔,而薪俸则仍照随员支领。曾经函商总理各国事务衙门在案,徒以远道调员,未能(得)启程确音,未敢冒昧陈奏。顷该员已于五月廿五日行抵伦敦,听候差遣。查该员遇事留心,通达时务,近年在刘锦堂军营当差,与(于)新疆舆地情形甚为熟悉,随赴俄都,于伊犁一案不无裨益。臣即日携带该员赴俄,以资臂助。又查有派驻英国供事直隶州知州用候选知县李炳林,本系总理衙门供事,随臣出洋办理文案,极为得力。臣以该员官阶较大,曾经咨商总理衙门,将该员酌予候补随员名目,现又历练年余,公事益臻熟习,识解亦更开扩,以之升补随员,必能胜任。合无仰恳天恩,俯允以花翎四川补用知府刘麒祥派充参赞衔,随员同知衔直隶州知州用候选知县李炳林派充随员之处,出自高厚鸿慈。除现驻俄国人员容俟微臣接任后再行陈奏,分别去留外,所有刘麒祥李炳琳派充随员缘由,谨伏片陈明,伏乞皇太后、皇上圣鉴。谨奏。

曾侯谢恩折

奏为恭报微臣行抵俄国接印日期,叩谢天恩,仰祈圣鉴事。窃臣于光绪六年六月初三日在伦敦拜发恭报起程日期一折,旋于初七日离英,初八日至法,留驻旬日,料理公事。十九日自巴黎启行,取道柏灵,与出使德国大臣李凤苞面商要务,即于六月廿四日行抵俄国都城,廿八日准出使大臣邵友濂将大清钦差出使大臣铜质关防赍送前来。臣当即恭设香案,望阙叩头谢恩祗领。伏念臣猥以驽庸,渥膺宠遇,赋皇华而周原隰,敢言骁征靡既之劳,仗使节而涉冰渊,益切鳌戴难胜之惧,惟有秉九重之筹策,矢千百于愚柔,庶几强国输诚,改要盟之旧酖,更冀职方载笔,书侵地之来归。除照会俄国外部订期呈递国书,及应论事宜容臣随时陈奏外,所有微臣行抵俄国接印日期,谨恭折叩谢天恩,伏乞皇太后、皇上圣鉴。谨奏。

在俄呈递国书

奏为微臣谒见俄罗斯国君呈递国书日期,恭折驰陈仰乞圣鉴事。窃臣于六月廿四日行抵俄国都城,曾将接印日期于七月初四日恭折奏明在案。比即恭录国书,照会俄国外部订期呈递。旋晤其外部大臣吉尔斯暨俄国驻华公使布策辩论多时,最后,该外部大臣乃允代奏国君,请示期日。其时俄君正在城外阅兵,未能接见各国公使。直至七月十四日乃接外部照会,订于十七日未刻,俄君在城外萨尔斯克行宫接见各国公使。直至七月十四日乃接外部照会,定于十七日未刻恭赍国书。率同参赞衔随员刘麒祥、法文翻译官庆常,由森彼得堡使署启行至火轮车栈,俄之署礼部尚书达微多福暨其参赞等官在栈迎候,同坐轮车行五十里,至萨尔斯克车栈,遂至行宫朝房坐候。一时许,该署尚书奉俄君之命设筵相待。是日为西洋礼拜敬袄之日,俄君赴袄堂行礼,未初回宫,达微多福导臣经过正殿,直入殿旁小阁俄君治事之厅。国君当门而立,臣行三鞠躬礼,手捧国书,宣读诵词。俄君受书答词,皆由外部之华文翻译官孟第传译。俄君致词礼毕,送臣出至殿廷,自作英语与臣问答数句,慰劳甚殷。旋至外殿,接见刘麒祥、庆常等员,复作法语与庆常问答数句,回身入阁,臣等乃退。

　　窃臣自抵俄都两旬有余,细察俄人相待之情,颇有前踞后恭之象。直至呈递国书之日,始有输诚修好之言。此皆由皇猷远播,威惠交孚,帝德诞敷,刚柔互济,丝纶讲信,贤于数十万众之甲兵,玉帛寻盟,保此二百余年之和好。观初端之礼节,尚属顺成,冀再议之约章,犹能补救。理合飞章入告,仰慰宸廑。除将诵词及俄君答词咨送总理衙门备查外,所有微臣谒见俄罗斯国君呈递国书情形,谨缮折驰陈,伏乞皇太后、皇上圣鉴。谨奏。

俄遣使进京奏稿

　　奏为俄国遣派使臣到京议约,微臣现派驻参赞官起程回京,听候总理衙门差遣,恭折驰陈仰祈圣鉴事。

　　窃臣于十月十七日在俄呈递国书情形,于廿四日恭折奏明在案。臣谒见俄君之后,即于十九日具文照会俄国外部,将总理衙门奏明准明约章,摘要叙为六条,开端陈说,仍声明其余小处,应候大端商有期绪,再行议及,措辞颇觉委婉,且于廷臣议定应驳各款,亦尚未和盘托出。不意该国早挟成见于臣,所具文牍业以为指驳太多,无可和衷商改。顷于廿四日详译该外部廿三日复文,据称现奉俄君之命,定意派公使到京议约,不肯在俄与臣商议等因。查俄国遣派海部尚书统带兵船赴华,为时已久,其议遣使在京议事定计,亦非一日,所以犹肯接待中国公使,容臣谒见俄君呈递国书者,盖尚有不欲轻启衅端之意,而于上年立约已得之利益又难舍弃,故于接到微臣文牍之初,登时宣露遣使赴华另商之说。臣即日照会该外部,查询俄使衔名等第及已否起程赴华。除俟覆到日再行电告总理衙门核办外,伏查前出使俄国大臣崇厚上年在俄办理条款事宜,有头等参赞官二品衔道员邵友濂正在俄署,熟悉情形,嗣经奉旨署理出使俄国大臣,亦常与俄国外部等官往来辩论。臣抵任后,叠次照会外部及与总理衙门往来电商要务,又系该员赞襄经理,该员前在总署衙门多门(年),一切案牍,极为谙练。兹复俄国遣使到京议约,臣谨饬邵友濂趱程回京,以备总理衙门随时询问。一俟俄国约章办有头绪,再由总理衙门遣派该员回署当差。该员用心周密,处事周详,不惟俄国情形深所考究,即欧罗巴、亚西亚两洲他国政治,亦复多所见闻。刻下暂回总理衙门听候差遣,似于公事不无裨益。所有俄国遣俄(使)到京议约,臣现派驻俄参赞官趱程回京缘由,恭折驰陈,伏乞皇太后、皇上圣鉴。谨奏。

黎庶昌谢恩奏底

奏为恭谢天恩,仰祈圣鉴事。窃臣于光绪七年六月初七日,在日国参赞任内承准总理衙门咨开：三月初七日奉上谕：黎庶昌着记名以道员用，赏给二品顶戴，充出使日本国钦差大臣，即行来京陛见。钦此。当此恭设香案，望阙叩头谢恩讫。伏念臣边隅下士，材质疏庸，同治元年荷蒙穆宗毅皇帝厚恩，特旨以知县发交原任大学士两江总督臣曾国藩差遣委用，从军江皖，未建寸长。嗣经出使英国大臣郭嵩焘奏调出洋，派充参赞，叠驻英、法、德、日四国，后先无(五)年，报称毫无。兹复奉使扶桑，渥承心兰，一阶授职，由郡守而骤转监司二品加衔，降伦音而召趋天阙。臣感惭非分，敬矢在公，惟勉竭于驽骀，庶稍酬夫高厚。所有微臣感激下忱，理合缮折恭谢天恩，伏乞皇太后、皇上圣鉴。

郑蒋(藻)如谢恩奏底

奏为恭报微臣出洋日期，缮折驰陈仰企圣鉴事。窃臣于九月间自上海入都陛见，荷蒙召对两次，仰承圣训，指示周详，跪聆之下，莫名钦服。陛辞后旋即出都，经过天津，与北洋大臣李鸿章将交涉应办事宜覆加商酌，驰回上海料理一切。又至金陵谒见南洋大臣刘坤一，准经援照出使大臣何如璋旧例，饬派驶远东渡，以壮声威。臣部署已定，谨拟于十二月初一日率同所调员弁自上海启程，前赴日本。除俟到该国呈递国书后，另行具奏外，所有微臣出洋日期，理合缮折驰陈，伏乞皇太后、皇上圣鉴。

黎庶昌出洋奏底①

奏为恭谢天恩仰祈圣鉴事。窃臣于光绪八年二月初九日，承

---

① 此系曾纪泽《出使期满再留三年谢恩折》。

准总理各国事务衙门咨开：光绪七年十二月初八日具奏出使英、法国大臣三年期满一折,同日军机大臣奉旨：曾纪泽着再留三年。钦此。恭录谕旨,抄录原奏,咨行到臣。谨即恭设香案,望阙叩头谢恩讫。伏念臣材惭鲁钝,质本愚柔,使西域而赋翩雏,长风万里,徂东山而赓蛸蠋。零雨三年,深虞诮致茅鸱,敢信好同苹鹿。乃蒙圣主深加倚畀,饬令微臣再任驰驱,曲荷鸿慈,难伸蚁悃。惟有守恭敬忠之彝训,联英、俄、法之邦交,殚竭庸愚,稍酬高厚。伏愿共球九有,遍十洲三岛以来享来王,干羽两阶,合四海一家而于疆于理。所有微臣感激下忱,谨缮折叩谢天恩,伏乞皇太后、皇上圣鉴。谨奏。

郑藻如谢恩奏底

奏为微臣到国接任呈递国书,恭折仰乞圣鉴事。窃臣于十二月初一日,自上海乘坐驭远兵船启程,前赴日本,业经奏报在案。初五日抵长崎,十三日抵神户,廿一日抵横滨,三处皆系通商口岸,设有理事,察看中国人民与彼尚属相安。二十六日行抵该国东京,准出使大臣何如璋将关防文件等移交前来,当即望阙谢恩,祗领接任。旋往见外务卿井上馨,面订呈递国书日期,适以君主出外游猎,订于正月初五日未刻接见,何如璋等亦即辞行。届期,前署中国公使郑永二等掌典国史仙吉管驾马车三辆来,臣偕同前大臣何如璋等,率领候选同知陈允颐赍捧国书,至其宫内呈递,日君主戎服免冠而立。臣前鞠躬,日君主亦鞠躬,臣有诵词,日君主亦具答词,相与成礼而退,与两国情形无异。伏念臣至悉愚陋,膺兹巨任,才非专对,时切冰兢,现在球案尚悬,关系甚重,臣不敢因循以误事,亦不敢激切以图功,惟有慎固邦交,实事求是,随时与总理衙门及北南洋大臣商酌而行,庶期上酬高厚之鸿恩,冀效涓埃于万一。除将诵词答词咨送总理衙门备查外,所有微臣到国接任呈递国书缘由,理合缮折驰陈,伏乞皇太后、皇上圣鉴。

　　奏为美国纽约地方华民日众,拟请设立领事官藉资保护,恭折仰乞圣鉴事。窃查美国地方西通太平洋,以金山埠为首站,东大西洋以纽约埠为首站,皆为往来必经之路。从〔前〕华民寓居美国者,以金山为最多,业经前任出使大臣陈奏设领事,驻扎金山,料理一切。近则纽约一埠华民往者亦日见增多,土人不无嫉忌,兼以日斯巴尼亚国所属之古巴一岛,与纽约水程相通,华民由古巴回籍,必须假道纽约,实为通行要路。现值美国设立整理华工新章,凡华工由纽约出境者,亦须有中国官发给执照,以为再来美国之据。臣迭次与总理各国事务衙门函商,似非在纽约添设领事官不足以严约束而资保卫。可否仰恳天恩,俯念该处地居冲要,准设领事官驻扎料理,实于华民大有裨益。如蒙俞允,拟俟奉到谕旨,妥酌章程,钦遵开办,并拟于随带各员中,遴派江苏试用通判欧阳明充当纽约领事官,同知衔郑鹏翀充当翻译官,五品衔赖鸿逵充当随员,饬令妥慎经理,冀收实效。但事属创始,必先与洋人声气相通,乃易集事。如开办时或须暂用洋员,以备差遣,容俟临时妥酌选用,合并陈明。所有美国纽约地方拟设领事缘由,理合据实缕陈,伏乞皇太后、皇上圣鉴。

奏出使新章

　　再,臣衙门奏定出使章程内开:出使各国大臣,自到某国之日起,以三年为期,所带参赞、领事、翻译等员亦随同以三年为期,〔期〕满奏奖,如有堪留用者,由接办大臣酌留等因。此章系指三

年任满者而言,如有出使各国大臣未历三年即行更换者,所带参赞
等员,除由臣衙门派往之同文馆学生充当翻译官者,应令仍在各国
随同接办大臣当差外,其原带之参赞、领事、洋翻译各员,是否堪以
留用,仍由接办大臣自行酌定。其留用各员,准其自原代(带)到
某国之日起,扣至三年期满,由接办大臣察看,如果当差无误,分别
奏奖,毋庸俟接办大臣三年任满后始行奖叙,以示鼓励。倘或留用
以后,始勤终惰,即由接办大臣随时撤回。臣衙门派往之同文馆学
生充当翻译官者,亦准其查照,一律办理。至出使大臣奉旨有特办
事件而回华未满三年者,回华之出使各国大臣任内一切事件,统令
俟接办大臣到后当面交代清楚,始准束装起程。其支销各项经费,
如届一年期满应行报销之时,接办大臣未到,仍令原经手大臣自行
逐款分晰造报,以免缪轕。出使各国大臣及所代(带)参赞各员未
满三年回华者,所有应得俸薪,均自该大臣卸任之日住支,仍令遵
照奏章。如非丁忧身故,只准开支回华盘费,不得给予归装银两,
以严限制。为此附片。谨奏。

军机大臣奉旨:依议。钦此。

片奏丁忧人员

再,臣衙门于光绪三年十一月奏明出使各国大臣等自到某国
后未满三年,如有丁忧身故之员,归装一项照期满者给领,其回华
盘费,无论已未三年期满,均准一体开支,所有幅(副)使以下各
员,一律查照办理等因,奏准行知遵照。嗣据出使美、日、秘国大臣
陈兰彬咨,随员黄达权、严士琦、莫宴均等先后遣报丁忧等情,臣衙
门均据咨知照吏部。又据陈兰彬咨,随员刘亮沅丁忧在籍,守制已
满百日,饬令随出洋等因。臣衙门曾据吏部复称,咸丰九年奉上

谕：近来各省纷纷奏留丁忧人员，难保无夤缘情托之弊，嗣后军务省分管代（带）兵勇打仗出力之员，准其奏留差遣，并就近起复，俟军务告竣，仍饬令回籍，分别守制穿孝等因。钦此。刘亮沅出洋，仍随前往之处，碍难据咨准行等因。臣衙门当咨该大臣查照文据，出使日本大臣何如璋咨随员沈文荧呈报丁艰，即回原籍，应饬于百日后仍令随往。臣衙门据咨知照吏部，又据吏部文称，出使日本大臣何如璋咨随员陈文史闻赴丁忧，应饬该员将经手事件交代清楚，请咨回籍守制等因，臣衙门当咨该大臣查照各在案。臣等查出洋人员均由各出使大臣自行拣选奏调，今据陈兰彬、何如璋等咨，所调随员有未出洋报丁忧者，有既到外国报丁忧者，均已随时知照吏部。查丁忧人员例应一体回籍守制，惟出洋调遣，事难道远，实与寻常差委不同。臣等公同商酌，嗣后各出使大臣奏调之员，除未到外国者，并无经手事件，一报丁忧即饬回籍外，其有已到外国而报丁忧者，应令各该大臣查明，该员如无经手未完事件，即照章给予归装盘费等项，饬令回华。倘有经手未完事件，即由该大臣随时据实奏明，暂留在洋差遣，俟差竣回华，再令补行穿孝守制。如此分别办理，庶此项丁忧人员不致藉词希冀，而各出使大臣亦得暂收指臂之助。如蒙俞允，臣衙门应即知照吏兵等部，咨东西洋各出使大臣一体遵照办理。理合附片陈明。谨奏。

光绪五年正月十八日军机大臣奉旨：依议。钦此。

新加坡领事经费奏底

奏为新加坡设立中国领事应给俸薪等项，查照章程成案酌核办理，恭折仰乞圣鉴事。出使英、法大臣郭嵩焘奏新加坡设立领事，恳给俸薪一折，光绪四年十一月初一日军机大臣奉旨：该衙门知道。钦此。钦遵。于初二日由军机处抄交到臣衙门。据原折内称,准总理衙门咨覆:查上年奏请设立领事折内有在新加坡谕知胡璇泽但允发给开办经费,其应支薪水听从筹画等语,今准咨称,领事翻译等俸薪,由江海关道归入出使经费内汇拨,自系变通前奏办理,应由臣专折奏明等因。

臣自受命出洋以来,实见开支出使经费岁益繁多,领事保获民商,尚有身格纸费足资筹画,是以举胡璇泽以为例,非谓各国选派领事皆应开支经费,独新加坡一处可以责成筹办也。国家所定经制,须归一例,不能以胡璇泽一人独示区别。至该处所收经费,自应责成按年开报,抵销所支薪俸,其需用人员,文案委员亦不可少,翻译之设专取传达语言,领事能通知该处语言,翻译一节即可从省。伏乞饬下总理衙门,仍照通定章程发给新加坡领事及委员等薪水,从开办之日为始,均归出使经费内开支,所用委员亦责成使臣酌核名数,咨报总理衙门以昭画一等语。臣等伏查上年八月间据郭嵩焘片奏,领事之名可立,领事之费不可多。各口民商盼望保护,皆愿凑集领事经费。在新加坡谕知胡璇泽,但允发给开办经费,其应支薪水听从筹画报销,胡璇泽亦欣然允从。南阳(洋)各埠应令胡璇泽切实考求,即饬作为总领事,仍统归南北洋大臣及两广总督就近经费(理)等因。当经臣等以新加坡须设领事,该大臣拟委胡璇泽承充,应即作为新加坡领事官。南洋各埠相隔甚远,南北洋大臣等势不能节制,该大臣拟饬胡璇泽作为南洋总领事等情,应请从缓妥筹。该大臣议及开办经费不给薪水,即就中国流寓民商愿出户口年貌等费内报销开支,系为力求节省起见。各处情形有与新加坡相似者,即照此一律办理等因,奏准行知各该大臣遵照。嗣于本年二月间,据北洋大臣咨准郭嵩焘咨胡璇泽驻扎新加坡领事所需经费,未据总理衙门核定,似应照奏定出使经费通行章程,正领事官月给俸薪五百两,领事翻译官月给俸薪三百两,即由报明开办之日起,饬江海关道就近汇交。其中国流寓商民愿出户口年貌等费,每年若干,令该领事据实详细开报,酌核抵销等因。经臣衙门咨令详细察核咨复,六月间据郭嵩焘咨,新加坡领事经费,应自胡璇泽具报二月十九开办之日起支,所收商民船牌及身格纸费,饬由领事据实开报扣抵。臣衙门复咨其专折奏明等因各在案。今准郭嵩焘奏请,仍照通定章程发给新加坡领事及委员等薪俸等语,既据该大臣查明据实奏请,应请查照臣衙门奏定出使章程内开正领事月给俸薪银五百两之例,按月由郭嵩焘发给新加坡领事胡璇泽照数支领。胡璇泽通晓西洋语言,即毋庸添设翻译,以归节省。至领事官需用文案委员之处,查臣衙门前议覆郭嵩焘等奏随带人员折内声明,出使章程只有随带医官,并无文案名目,请将该大臣等随代(带)之文案作为随员,按月照俸薪二百两之数支给。现在新加坡领事处需用人员,未便创立文案名目,应令查照奏案,将文案委员作为领事随员,照出使大臣随员月给俸薪银二百两之数酌减,每月给予俸薪百六十两,稍示等差。该领事应用随员名数,仍由该大臣核定后,咨报臣衙门查核。所有领事及随员等俸薪等项,均自开办之日起支,统于该大臣出使经费内发给,仍汇入一年期满奏销册内,一并列款请销。至该处所收身格纸费等项,臣衙门前咨覆郭嵩焘,以现与日国有议定招工章程,华人前往新加坡,可按此章程商办,所有出洋身格纸费,勿庸另议,以归一律。惟出洋船牌费一项,各国征收有无异同,转饬胡璇泽详细禀覆,应令该大臣查照前咨,即饬胡璇泽将船牌费一节迅即查明,禀由该大臣咨覆臣衙门核办,并令该大臣饬将该处每年所收船票费若干,抵支开办薪俸等项,不敷若干,再由出使经费内拨给,以昭核实。所有新加坡设立领事议给俸薪等项缘由,理合恭折具陈,伏乞皇太后、皇上圣鉴。

未满三年分别奖叙奏折

再,据何如璋片称,所代(带)随员查有州同衔同文馆学生任敬和,到差丁忧,当以经手事多,咨请暂留差遣,现届差满,已准总理衙门咨饬该员回籍守制。又候选同知刘寿铿、直隶试用县丞吴广沛、福建试用县丞何求、户部学习郎中陈文史,均在差次先后具报丁忧回籍。各该员远役海外,不无微劳,乃以中道丁艰,不获与随使各员同邀请恩奖,未免向隅。以上五员应否给奖之处,请饬核议具奏等因。光绪七年正月廿五日奉旨:该衙门议奏。钦此。钦遵。由军机处抄交到臣衙门。〔臣〕等查,光绪二年九月十二日臣衙门奏定出使章程内开:出外各国大臣所代(带)参赞等员亦以三年为期,年满奏奖。原为稍予限制起见,惟因事故回籍未满三年之期,自与无端请假者不同。既经该大臣奏称,未便没其微劳,臣等公同商酌,自在差久,暂酌分等差给奖,较为平允。凡有出使人员事故离任者,除在差未及一年毋庸置议外,其在差已满一年者,拟请交部议叙。在差已满二年者,拟请交部从优议叙,庶于鼓励之中仍寓区别之意。今查何如璋原奏任敬和一员,虽经呈报丁忧,仍留日本当差,现既三年期满,自应与各随员一律给奖,拟请仍由该大臣酌议办理。又刘寿鉴一员于光绪四年五月到差,十二月具报丁忧,陈文史一员于光绪三年十一月到差,四年三月具报丁忧,该二员在差未满一年,应勿庸议。其吴广沛、何定求二员均于光绪三年十一月到差,五年十月具报丁忧,该二员在差已及二年,应请交部从优议叙。如蒙俞允,应由臣衙门通行出使各国大臣,嗣后一体遵照办理。所有臣等遵议缘由,理合附片覆陈,是否有当,伏乞圣鉴。谨奏。

曾侯奏出洋期满给假章程

谨奏为遵旨议复恭折仰乞圣鉴事。出使大臣曾纪泽奏请明定期满员弁给假章程一折,光绪八年正月十八日奉旨:该衙门议奏。钦此。由军机处抄交到臣衙门,臣等查原奏内称,随代各员弁现届三年期满,纷纷禀请销差,似宜明定章程,除始勤终怠人员随时遣撤外,其已满三年必须仍留当差者,拟由出使大臣察看情形,酌准先后暂行给假数月,以体该员弁等思归之情。惟经费有常,体恤之中当示以限制。查原定出使章程,各员由中国起程及已满三年,由差次回华,所有整装归装两项银两,各按照三个月俸薪银数支给。拟请嗣后期满奏留人员暂给假期者,除往返盘费准其作正开销外,其往返未逾六个月者,始准免其扣俸扣资。如此则旧员去而复返,所给薪俸与归装其数适相符合,庶于原定经费之外,不至别有虚糜,于使事亦足收效等语。查臣衙门前奏出使章程内开:出使各国大臣所代参赞、领事、翻译等员以三年为期,如有堪留用者,应由接办大臣酌留等因。诚以出洋宜资熟手,而经费务节虚糜,酌留旧员非独免往返之劳,亦足收谙錬(练)之效。惟久役思归,本属常情,该大臣奏请明定出洋期满员弁给假章程,并以往返未逾六个月始准免扣资俸,是曲体人情之中仍寓限制,于经费尚无浮支,即于公事亦无贻误。臣等公同商酌,应如所奏办理。拟请嗣后出使各国大臣随代(带)员弁,其已满三年堪以留用者,如请假回华时,由出使大臣查看公务之缓急,斟酌准驳之先后,分别准予假期,往返统以六个月为限,倘有逾限,即行扣俸扣资,庶免久旷职守。其往返盘费,准其作正开销,毋庸给予归装整装银两。如蒙俞允,应由臣衙门通行出使各国大臣一体照办。所有出洋期满员弁给假章程,臣等遵旨议奏缘由谨恭折复陈,伏乞皇太后、皇上圣鉴。谨奏。军机大臣奉旨:依议。钦此。

汇水咨文

为咨呈事。案照本大臣前在纽约途次,承准贵衙门咨开:光绪七年十二月十九日本衙门具奏出使美日秘国大臣陈,第三次一年期满支销经费按款查核等因一折,本日军机大臣奉旨:知道了。钦此。抄录原奏清单,咨行钦遵查照等因,附抄件到本大臣,承准此,查原奏内开汇水折耗一款,各国出使大臣均不开报知照详加考订,嗣后册报务归一律等语。本大臣于道经法国时,询准出使大臣曾面称,英、法各国经费系将汇水匀摊支款之内,故无折耗名目。又咨准出使大臣李覆称,德国一切放款均照原收价值核发,折耗已在其内各等因。窃查美日两国出使经费,系将汇到实银支放,故有折耗开报。兹承大咨,自应查照英、德各国章程一律办理,但其中尚有未能尽同之处,似需略为区分。窃查上海汇银赴英,向按镑价汇兑,每一镑即一金钱,每一金钱值洋银五圆,上海镑价时有低昂,大率库平银一百两汇至伦敦,遇镑价低时,可得洋银一百四十一二圆,遇镑价昂时,仅得洋银一百卅八九圆。若由伦敦再汇华盛顿,每一金钱仅值洋银四圆八角有零,由华盛顿转汇金山、古巴又需汇水,将来秘鲁开办,相隔愈远,汇水亦必愈增。凡此节节折耗,一则视乎路之远近,一则极乎地之冲僻,情形各有不同,则办法自难强合。兹拟由光绪八年冬季起,凡美日两国公使领事署内支用经费,如房租铺陈器用公宴洋仆以及一切公需,皆将节节汇水摊入开报。惟俸薪一款,拟将由上海汇至伦敦之汇水,归公使及各员自认,独由伦敦递汇各处之汇水,仍请开列汇耗名目,作正开销。缘俸薪一款系按中国银数核作洋银发给,若洋银之折耗愈多,则领款亦为之递减。向来美日两国支发俸薪,凡库平银一百两,核作洋银一百五十二圆有奇。兹既将由上海汇伦敦之汇水摊归自认,则库银每百两遇镑价昂时不过洋银一百四十一二圆,视向来所领洋银已减去十圆十余圆不等,积一年计之,每员已各减数百圆。在各员固不敢以骤改新章稍存计较,然使再将由伦敦递汇各处之汇水各归自认,则所领洋银又需节节递减,必致驻美都者复减于日都,驻金山古巴者复减于美都,他日驻秘鲁者复减于金山古巴,未免厚薄参差,转似不能划一。现查美日各署俸薪,除日都使署距伦敦稍近,汇寄无甚折耗可以不计外,所有美都、金山、古巴三处,每年约支俸薪银七万余两。计由伦敦展转汇至该三处,共约需汇水银二千银两,即作正开销,数亦非巨,而于库平合作洋银之数可免参差。将来秘鲁开办,亦请照此核给,俾归一律。至各署所用洋员,向皆订明给发洋银,未便令其认摊汇水,应核计支发洋银若干,摊入汇水开报,合并声明。所有遵议嗣后册报缘由,相应备文咨覆,为此咨呈贵衙门,谨请察照酌核,立案施行。须至咨此。

周德润折

谨奏为遵旨议奏事。光绪十年三月初二日,军机大臣面奉谕旨:内阁学士周德润奏嗣后出使外洋人员酌赏顶戴,无庸先给升阶等语,着该衙门议奏。钦此。钦遵。抄交到臣衙门,臣等查原片奏称,奉命出使外洋者,海舶未登即用坊职,简书初下遂躐卿班,衡诸明试以功以义,窃谓骤赏无因。查册封琉球、安南典礼,正副使俱以本官赍诏,许暂用一品顶戴服色,回日缴还,仍用本任品服。拟请以后遣使出洋,仿奉使琉球、安南旧例略予变通,先止酌赏顶戴,事后仍准戴用。一切升阶,均量为裁抑。除现任京堂坊职照资迁转外,如编检科道体制较崇,自勿庸先给升阶。至六部司员外省司道,均请以本官行,或稍示优异,奉旨以京堂候补,应请三年内暂停升补,候期满回京,其办事勤慎,由总理衙门声明咨照吏部,出缺时注入题本,恭候简补,或奉职无状,即分别注销褫革。其以本官出使各员,差竣后统由总署查明优劣,出具考语,请旨办理,以示惩劝各等语。臣等伏查各国派员出使创办之初,俱经特旨赏给顶戴升阶以崇体制,本非暂时奉使册封、循行典礼者可比。若出使三年之久,升阶过于裁抑,恐远适绝域,人皆视为畏途,而爵赏过优,实以启躐等躁进之弊。拟请俟后出使各员三四五六品京堂仅加三品顶戴,外官司道京官科道、编检、各部司员给予二品顶戴,酌加京卿衔,均以本官充使,无庸先给升阶,仍准其照例升转铨补。所有出使人员均归臣衙门考察,期满回京,查其办事尽心竭力,有益于国,三品以上各员候旨遵行,四品以下者由臣衙门出具考语,就本官酌保升阶,请旨奖励。其或奉职无状,亦由臣衙门随时参奏,分别撤销降革,以明赏罚而重使事。抑臣等更有请者,方今中外通使,万难视为缓图,而其要总以得人为本,苟得其人,即破格超迁亦不为滥,不得其人,虽斤斤焉限其升阶,亦复何益。立限制以绳其后,何如严保举以清其源。相应请旨饬下中外大臣,嗣后保举出使人材加意察核,必实系风节卓著、通达时务之员登诸荐牍,不得以浮薄少年、躁妄嗜利者滥竽其中充数,庶几行己有耻而使命可期不辱矣。谨将臣等遵议缘由缮折具陈,伏乞皇太后、皇上圣鉴。再,臣德润系原奏员,是以未经列衔,合并声明。谨奏。光绪十年五月初一日军机处大臣奉旨:依议。钦此。

谨录奥商述和国属噶罗巴华商情形呈览

奥商摩力止白洛霍在南洋噶罗巴之苏弗巴耶经商三十年矣,其与该处华商往来最熟,今暂回奥国,用访其该处华商情形,谓华商之在噶罗巴等岛者,大半有巨万资本,且子孙世居其地,素秉礼义,群皆敬服,不似旧金山、古巴等处之无业佣工,遭人厌弃,并不似该处流寓之西国人,饥来谋食,饱即飏去。故和国重视华商而不信托土人,并不信托其流寓之和国人也。凡西国货及土货由华商贩运于各岛,华商有新加坡来往之大船,皆挂英国旗。凡大行栈、大公司船均属华商,如外口货中糖居四分之三,计值六百万古屯,全系华商为之。和国选举华商之头人曰美阿,曰喀甲登,即州县官也,惟问刑则用和官。凡华人应纳之税,由华商之头人定之。从前华商应纳丁税名曰辫税,今已免之,只有铺税、工税、房进赀税。其出口货惟加非,每重一百启罗纳税三古屯和钱各值三钱半,其值则七十至二百十古屯,余货俱无税。其进口货纳税百分之六,酒则尤贵,最贵者每百里脱纳税卅八古屯。洋药和官运来,全岛为廿二省,每省约售洋药廿二万古屯,每省举一华商接运分售,缴价系照去年所销之重数,而由官酌定本年出售之价。凡接运洋药之华商,须存保钱于和官,三日后方领洋药。前年有一省三日后不交洋药,刑官断令和国家罚钱而和国家不允,华商遂扣留和国接济阿齐之兵饷船,而刑官仍右华商,卒令和国加罚,其公正如此。凡听断华人与土人讼,则陪审者华人土人各半,有一和国刑官视陪审允否之人数多寡断之。华人与华人讼,则和国刑官凭西律断之。凡阿剌伯等处回教人入境,先须颁有和官准单,人入境不必领准单,随便可以去留。凡华人初到,皆思日后苟有钱财即当回华,及至渐有家室,孳生之(子)女,即久居于此。然所生子女,亦无日不想回华,及率子女回华省视亲戚,不久仍回于岛。其衣服、辫发、风俗、正朔皆累世不改,与广东内地无异,男女有别,庆吊有礼,每逢中国年节,各种贸易停闭,因贸易之权全操于华商也。华人中有百分之五暂娶土女,及略有赀财,即另娶粤女为正妻,其余九十五分则皆有中国妻妾,绝不与西人土人通婚也,其与土女所生子女皆从父不从母。凡子女皆读华书,崇信孔孟之教,间有奉佛者。既读华书十年或八年,再读和国文之书数年,其华文、和文兼通之人甚多。平常所用者,华文为主,土语次之。近数年来各处有古老会,前年会友集钱以运中国内地,不知何用,有和人造谣,云中国大宪欲令该会之人作引路,以收南洋各岛为郡县。和廷大恐,阴派心腹巡查,方知中国大宪实不与古老会来往,其造谣者系东边小岛之和国刑官也。和国因华人有利权,不便更予以兵权,故向不准华人充兵,华人亦不愿充兵。亚齐之役所募者,皆西人土人,即本岛团练之兵,亦用西人而不用华人。华人甚望中国设立领事,冀可格外沾益,然和国必不肯遵办。前年土耳其欲设领事,商议数年,尚未照准。今就他人详查之,该处和国刑官待华人甚为公道,其选华商之头人治理庶务,亦极妥善,华商俱得安居乐业,本不可设领事,即设领事,亦未必更有利益。若为羁縻人心起见,则该处华人向守中国之礼义风俗,累世不改,似不致日后助和人以害华人也。和国向防中国郡县,南洋各岛自有古老会集资之谣,遂格外优待华商头人,亦格外防闲中国之官员。然中国官员向未来岛,所来者皆农工商贾之人,全岛以巴他斐亚为繁盛,而华商最多者为苏耳巴亚,其附近各

岛如赛木罕、卜陀尼恩、巴答马噶塞、本伊马新、代力、朋喈等，皆有
华商聚集以权贸易之权，西人土人均不逮焉。

以上系李丹崖星使问答辩论内摘出。

李。

许景澄前任内卷略

许钦差片奏学西洋演炮测算法

再,防口击船全恃炮位,西法演炮专尚测算,炮尺之准点,弹药之行度,皆有定率,绝无参差。各路防军皆湘、淮旧旅,观留打靶,但凭目力,以此较彼,疏密悬殊。现曾国荃、陈宝箴(琛)已饬炮队试习测算,拟请旨通饬各督抚及统兵大臣,一律讲求。抑或饬下李鸿章,选派水师学堂精熟学生,分赴江、浙、闽、广教演炮准成法,一面选聪敏兵勇随时操习,似于防军事宜较有把握。愚昧之见,是否有当,谨伏片具奏陈,伏乞圣鉴。

八月二十五日军机大臣奉旨:另有旨。钦此。

光绪十年七月十六日。

咨报赓音泰酌加薪水五十两

为咨呈事。案照三等德文翻译官赓音泰,前经贵衙门于光绪三年奏派出洋。光绪十年九月,本大臣接任视事,奏留差遣。该员在洋年久,翻译纯熟,近来缮办交涉函牍,亦臻妥协。去年奉旨在德购造铁甲快船,本大臣与伏耳铿厂往复商订,饬令该员与洋员金楷理互相翻译,而所有驳减价值及议商紧要关键,专令全赓音泰办理,亦能慎密将事。查出洋翻译人员,如实在出力,向由出使大臣随时咨明贵衙门，量予升改等次。本拟将该员改为二等翻译官，俾更奋勉当差，惟德馆已有二等翻译官一员，未便添派。兹拟按照二等翻译俸薪酌减银数，仿前翻译官沈鼎钟成案，酌加薪银五十两，并原领之数，每月共领薪水银二百五十两。自本年二月起支，期于鼓励之中仍示限制。相应备文咨呈贵衙门，谨请查核施行。须至咨呈者。光绪十二年二月廿一日。

王咏霓二年满差请便游历

为咨呈事。光绪十三年二月十二日，据驻德随员刑部学习主事王咏霓禀称，窃随员于光绪十年四月间，蒙恩奏调咨部随从出洋，九月抵德，派充随员差使。自到洋二年有余，常患水土不服，两次随驻法都，均于体性不宜。本拟早求放回，只以经手事件未完，不得不勉力承办。现在事务稍闲，而肝肺郁热，积久愈深，亟思回国就医，以资调治。可否恩准给咨归部，当本衙门差事之处，出自逾格鸿慈。

再，查光绪十一年二月总理各国事务衙门议准章程，凡出使各国大臣，应随时分饬属员游历纪载，至部属中如实有可备出洋游历者，准保荐考核发往各国游历等语。随员有志外务，愿于归途绕渡大西洋、太平洋，乘便游历英、美、日本各处，藉广闻见。惟约计时日，当需三月左右，除舟车、房饭拟请于支给房饭项下据实撙节开报外，其余一切用费，概由每月应得俸薪内自行弥补。将来到京销差，应将游历日记缮呈宪览，转送总理各国事务衙门察核，以符定章等因。

查该员学问优长，熟谙外事，到洋以来，随同本大臣往来法、德、和、比等国讲求交涉及船械事宜，深资得力。兹因久患水土不服,禀请销差调治,给咨到部供职。查系实在情形,不能不准。如此请其拟乘便绕游英、美、日本各处,藉广闻见,洵属志趣可嘉,应即一并照准。并据该员呈报,于三月初四日起程。除批札饬遵外,所有该员因病销差,乘便绕游回华,给咨到部缘由,相应咨呈贵衙门大部,谨请查照施行。须至咨呈者。

光绪十三年二月卅日。

王咏霓奏请奖叙由

奏为德馆随员已满二年,禀请销差,拟恳照案奖叙,恭折仰乞圣鉴事。窃查总理各国事务衙门光绪七年二月十八日奏案,凡有出使人员事故离任者,除在差未及一年勿庸置议外,其在差已满一年者,拟请交部议叙,在差已满二年者,拟请交部从优议叙。庶于鼓励之中,仍寓区别之意等因在案。臣所带驻德随员刑部主事王咏霓,于光绪十年四月经臣奏调,随同出洋。现据该员禀称,自到洋以后二年有余,常患水土不服,现在经手事竣,拟求给咨赴京,仍回本部当差,并请援案乘便游历英吉利、美利坚、日本各国,藉广见闻等情前来。臣查系实情,当即批饬,准其销差。核计该员自光绪十年九月初五日到差,至十三年三月初四日销差起程,扣算已满二年。查该员学问优长,熟谙洋务,随臣往来法、德、和、比等国,办事均臻妥协,不无微劳足录。合无仰恳天恩,交部从优议叙,以昭鼓励。所有随员已满三年照案请奖缘由,理合缮折具陈,伏乞皇太后、皇上圣鉴训示。谨奏。

王文谟请领旱路费

大人阁下,敬禀者:窃○○渥荷宪恩,由总理各国事务衙门调洋差遣,前因三年期满,禀请销差,蒙批缓议等因。伏查○○经手事件,现已清理完竣,合无仰恳恩慈,准其销差。如蒙宪允,○○即拟于十月初一日由洋起程,应请给咨仍回总理各国事务衙门当差,并求饬发归装盘费,俾利遄行,实为恩公两便。再,现因镑价奇贵,核计所领盘费勉敷到沪之用,又值北洋封冻,起旱晋京,需费更多。因思总理各国事务衙门派员出洋,向给旱路盘费五十两,○○系回京供差之员,应需此项盘费,事同一律,可否请由宪台一并发给之处,出自逾格鸿慈,伏候训示云云。

顾祖荣呈请随带仆役赴义大利口

　　大人阁下,敬禀者:窃○○于光绪七年冬蒙前宪李札调出洋,充当供事。是年十二月二十二日到差,九年改派随员,办理文案及采办军火事务。宪台莅任后,因有经手未完事件,复蒙奏留各在案。自七年十二月廿二日到差之日起,计闰扣至本年十一月底,已届三年期满。本应悬恩留法当差,以图报效,现因患病,勉强支持,恐有贻误,且经手事件,业已办理完竣。伏乞宪台恩准,销差回华,俯赐发给归装川资银两,以便起程,实为德便。如蒙俯允,○○须由火轮车先赴奥国脱立爱斯脱海口,再搭公司轮船前回中国。但以○○病躯本难支持,况沿途换车、换船、搬运行李等事,必须有人照料,始克成行。查出洋随员向来准带随丁,往来盘费作正开销。○○出洋以来,并未带有仆从,现适因病,拟由柏林暂觅一仆,俾资沿途照料,实出万不得已,仍俟送至奥国海口,即令其赴回柏林。所由(有)该仆由柏林至奥国海口往返川资银两,合无仰恳宪恩,准其一并请领之处,出自逾格鸿慈,实为感戴。肃此,恭叩崇安,伏乞垂鉴。○○谨禀。

顾祖荣呈报在籍病故禀

禀为随员出洋积劳成病,回华病故,吁恳奏恤事。窃家主六品衔补用县主薄(簿)江苏候补未入流顾祖荣,前于光绪七年冬间,奉钦差前出使大臣李调派赴德,充当供事,旋经改派随员。到差之后,时以水土不宜,感患肺喘咳嗽之症。嗣奉札派随同前赴和国办理炫奇会务,和国水土尤为恶劣,会中事务烦剧,心力交瘁,咳嗽之症因以加剧,甚至咳血盈升,屡濒于危。后回德都,迭延洋医诊治,时愈时发。至光绪十年病发更频,每月必咳血数次,适于冬间期满,当即禀请销差,带病就道。至光绪十一年三月行抵上海,因轮船颠播,病势加危,随即雇船,扶病回至嘉兴原籍,病日见重。医云积劳年久,病根已深,恐难痊愈,延至六月廿四日病故。伏查出洋当差,风波险阻,艰苦备尝,实与军营出入者无异。现在家主顾祖荣异域从公,积劳成疾,回华病故。合无仰恳大人,俯赐照军营立功后病故例,奏请赐恤,实为恩德两便,沾仁上禀。家主共有两子,长名以成,次名以浦,均在原籍读书。合并声明。

光绪十一年八月。

再,德馆随员六品衔江苏候补主薄(簿)顾祖荣,经前任出使大臣李凤苞于光绪七年调洋差遣,自臣接任后奏留当差。该员前经李凤苞委令办理和国炫奇会务,并兼采办军械,水陆奔驰,频年劳顿,兼以水土冱寒,致患肺喘咳血之症。十年十二月间,该员自揣不支,将经手各事料简清楚,禀准销差回华,冀得调理就痊。讵接该家属来禀,该员抱病内渡,经涉风涛,抵华后势益加剧,于光绪十一年六月廿四日病故。臣查该故员办事勤慎,不辞劳瘁,因患咯血,遽至不起,实缘在洋当差积劳所致,情堪悯恻。合无仰企天恩,俯准将六品衔江苏候补主簿顾祖荣,饬部援照驻英医官曾念祖回华后病故请恤成案,酌议恤典之处,恭候圣裁,谨附片具陈,伏乞圣鉴训示。谨奏。

光绪十一年十一月廿七日。

出使大臣二品顶戴翰林院侍读臣许景澄跪奏,为遵照部议,另核请奖期满人员,恭折仰乞圣鉴事。窃臣前奏随带人员庆常、潘承列等三年期满,援案请奖一折,光绪十三年二月廿三日奉朱批:庆常等均着照所请奖励,该部知道,单并发。钦此。兹据总理各国事务衙门咨准吏部,以该员等所请奖励,核与奏定章程不符,奏令另核请奖等因,自应遵照办理。合无仰恳天恩俯准,将四品顶戴工部候补员外郎庆常,拟请免员外郎,仍以本部郎中遇缺即补,补缺后作为历俸期满,六品顶戴潘承烈,拟请以府经历归部,不论双单月,遇缺尽先即选,并加六品衔,以资鼓励。所有遵照部议,另核请奖缘由,理合缮折具陈,伏乞皇太后、皇上圣鉴。谨奏。

光绪十三年七月廿八日具奏。

朱批:着照所请。吏部知道。

金楷理奏请给总领衔

再,德馆二等翻译官二品衔洋员金楷理,前经扣至光绪九年三月十一日,三年期满,经前任出使大臣李凤苞及臣先后奏明留用在案,现扣至本年二月十一日,续届三年期满。该洋员译办交涉事件,情形熟悉,著有微劳,拟请赏给总领事衔,以示鼓励,理合附片具陈,伏乞圣鉴训示。该洋员现仍留用,合并声明。谨奏。

总署奏稿为德君九秩贺书

谨奏,为外国君主庆辰,请旨给予贺书以示睦谊,恭折仰乞圣鉴事。窃臣衙门现准出使大臣刘瑞芬、许景澄先后函称,英国君主现满在位五十年之期,德国君主现届九秩寿辰,各国均遣使致贺。中国之与外域,虽仅示羁縻之方,亦或有从宜之礼,应否奏请颁发贺书,届期赍往致贺各等语前来。臣等查英、德二国素敦和好,此次一为在位五十年,一为寿登九秩,非各国常有之事。现据该出使大臣等声请前因,似不妨少加宠异,以示我怀柔之意,而益坚其悦服之忱。臣等公同商酌,拟请准给贺书,缮写贺文,钤用御宝颁发,以昭辑睦。谨拟贺书底稿二道,恭呈御览。如蒙俞允,即由臣衙门敬谨办就,送交军机处请用御宝发下,转寄出使大臣亲赍致贺。是否有当,袛候圣裁。所有臣等酌议缘由,理合缮折具陈,伏乞皇太后、皇上圣鉴训示。谨奏。

照录国书

大清国大皇帝闻大德国大皇帝兼布国大君主好。查本年二月廿八日寿登九秩庆辰,逖听之余,实深欣悦。因念中国与贵国友谊最睦,夙敦和好,特此具书申贺,并寄礼物数件,派驻贵国钦差大臣二品衔翰林院侍读许景澄赍递,代达通好致贺之意。惟愿长延福祚,共享升平,朕实有厚望焉。

计开礼物:

玉如意一柄。

紫檀木都盛盘玉器一分。

玉葫芦式水盛二件。

玉双螭水盛二件。

玉蝠喜水盛一件。

玉山一座有座。

官窑青花白底六方磁瓶一对有座。

官窑青花白地磁果盘一件有座。

大红缎绣花团屏八幅。

大红缎绣花灵仙祝寿图一悬。

许大臣第一次任内咨覆总署来因河浚治情形

为咨覆事。光绪十三年二月廿七日，承准贵衙门咨称，光绪十二年十二月廿二日，准军机大臣字寄醇亲王等会议黄河分流事宜一折，钦奉懿旨一道，并抄片一件。钦遵前来。查原片内称，海口淤滩，人力难施，拟用机器船只节节疏浚，使尾闾得以宣泄，则上游自无横决之患。机器船只，不费人工，水中掏淤，最为灵便。近闻德国来因河等处用机器浚治有效，中国自可仿而行之。请饬下总理衙门、北洋大臣确加询访外洋办法，仿造试行，以佐人力之不及等语。德国来因河与中国黄河情形是否相似，用何项机器疏浚，果否著有成效，相应抄录原片，咨行贵大臣查照，确切访询，迅速声复本衙门，以凭复奏等因。承准此，本大臣当即商请布国工部熟悉河工之员，与之迭次考论，详询来因河一切利病，及所用疏浚机器名目，又在机器各厂访得原制图式及各项程式，均经询访确切，谨分条为贵衙门陈之。

来咨称，来因河与中国黄河情形是否相似一节。查来因河源出瑞士国南境森葛塔山，北流入坎斯旦斯湖。自湖而出，过瑞之巴叔耳城，以入德意志界，历经曼音此、廓伦等城，以入荷兰国界。河至此分南北二支，南支与比利时国之马斯河会分为数渠，北支又分数支,以分入于北海。自发源自(至)入海,约长二千四百廿八里,以视黄河之万里来源独流赴海,形势初不相侔。又,来因河自湖流出时水清无滓,过德之曼音此城后,始有沙质及细碎光石随流俱下,河底渐有停积。自廊(廓)伦以至德河交界,沙皆凝成粗粒。入和兰界后,地势平衍,海口一带壅沙愈多,兼有游泥,河身因之稍浅,赖其地建筑塘岸收束河流,故入海之处仍得通畅。通计河深,常时约七八尺,每值春时,上流积雪融化,涨至一二十尺不等。自曼音此以下,河水所经城堡村野,皆有堤工以资保卫。其堤偪临河身,或宽让余地,一如中国缕堤、遥堤诸制。然盛涨骤发,冲损堤岸,数岁之内,间亦遇之。若黄河则自经行河南而后,向称平时之水,沙居其六一,入伏秋,沙居其八。而河性湍悍,迭出险工。昔之淮上,今之齐东,决溢之灾,几于无岁不有,其受患轻重,又各不同。然迹其涨泛夷险之殊,下流通阻之故,第论致患情形,彼此固不相远。此就黄河、来因河两相比较之大概也。

来咨又称,用何项机器疏浚一节。查外国挖河机器,皆用轮船载行。其船中为缺槽,以便机件起落,船首尾各设盘车,以便曳练横施,船旁为筒,以承泥沙,接载他船。其机器式约有三类:一为挖泥之器,德文称曰"巴盖耳",船面置架如梯,可以收放,上下安轮,外缀数十筒,连以铁链,循轮环转若盘车然,为挖泥通用常式。一为吸沙之器,德文称曰"克来哲耳马斯",内以长筒入水,筒之下口设轮,吸物入筒引而上出,河底有松沙稀泥者用之。一为铲泥之器,德文称曰"德娄兆斐耳巴盖耳",以横轴为架,两端各悬大铲,互为起落,为铲挖块石坚土之用。现查德国在来因河设有挖河船一号,所用机器系为巴盖耳式。和国浚挖海口,均用此式。兹将该船及机器程式另表条列,绘图注说,送备查核。其吸沙机器则用于瑞纳门海口,铲泥机器行于英、美等国,德国并未常用,特一并附绘图式,藉备参考。此查明来因河疏浚机器程式之大概也。

来咨又称,果否著有成效一节。查据该司员特来舍而伦云,德国浚治来因河创用机器,至今已八十余年,专为疏通水道,使涉深宽狭可以裁制如度,和国亦用以浚挖内港,其得益约有二端:一则所治之工可以速成,一则河流微弱不能刷沙之处,亦能除去淤阻。盖必治河已得条理,机器乃从而奏功。此考察来因河所用机器成效之大概也。所有声覆德国来因河用机器浚治缘由,并机器船图四幅、表一册,相应备文咨呈贵衙门,谨请查照。须至咨呈者。

光绪十三年三月十九日。

南洋各岛查看华民情形
照录致和外部函

为照会事。照得本大臣现奉总理衙门电称,中国现派总兵王荣和、知府余瑀前往南洋各岛,访查华民商务,嘱达贵部知照所属各岛,使委员到时不致阻梗等因。为此照请贵大臣查照,希即转饬南洋贵国所属各岛官员等,俟中国所派之王总兵、余知府到时,妥为照料,俾得查看华民商务无所阻窒。即希贵大臣示覆施行。须至照会者。

查致和外部照会,止有洋文并无汉文。此系从致法外部照会稿中录出,存案以备查阅。

照译和外部覆函
十二年四月廿九日,西六月初一日

为照覆事。前准贵大臣四月初一日照会内开:贵国拟派委员前往南洋各岛,访查华人商务,请饬本国属地官员妥为照料等因。本部堂当即会同属部大臣查明,此事本国碍难允许。缘和兰南洋属地居住之华人,多与土人婚配,所生之子即不得视为中国之民。在本国之意,凡此等华人皆系和兰子民。该民等奉官守法,安居乐业,并照本国属地制度章程,于华人中选择头目管理。其事本国另有保护章程,凡关系华人利益之事,无不详载。今贵国派员访查商务,系干预本国属地公事,碍难允行,不胜惋惜之至。应请贵大臣查照,速报贵国为要。相应照会,须至照会者。

照录致和外部函

十二年六月初一日

本大臣现奉国家电报内开:所派之员系周历南洋各国属岛,考究中国与各岛贸易之事,并无特办事件。是该委员等所奉之差,于贵国属岛内政绝无干预,想贵部堂自能明晰,无须详细告述矣。是以仍请贵国电饬南洋属岛官员,于中国委员所到地方,但照友国游历过客一律相待,遇事保护,以免阻隔。至西历六月初一日来文所称,在和兰属岛居住之华人,多系本地妇人所生,应皆作为和民一节,中国另有看法。惟现在所商之事,与此事不相干涉,故暂勿议,特此布闻。

照录致和外部函

十二年六月初九日

西七月初二日,本大臣曾函致贵大臣,为王荣和、余瓛往南洋各岛一节,请贵大臣电饬属地官员,待以友邦游历之礼。此事关系本国与和国交情,现因两次函商,稽时许久,还祈贵大臣作为紧急公事,速覆音为荷。此泐,即颂日祉。

照录和外部复函

六月十六日

　　按照贵大臣本月初二日并初十来信，贵国现在改派委员前往南〔洋〕各岛，为专查荷兰属地与中国来往贸易之事。本大〔臣〕当与属地部大臣商定，因告知贵大臣，中国国家既不便于中国海口详察贸易情形，而查及和国属地往来商务。又据贵大臣来信有所限制之意，本国国家可以允许，不复阻止。现在已照贵大臣所称贵国国家之意，发电告知本国属地官员，照友邦游历人相待矣。此复，即颂日祉。

致和外部函稿

丙戌七月廿六日

　　六月十六日接贵大臣覆文，所有中国委员前往贵国南洋属地，允照友邦游历例相待，当即电报中国，甚为欣感。兹复奉国家之谕，应将本大臣六月初一日文内，声明暂弗议覆一节告明缘由，特为贵大臣陈之。来函称，居住华民多系本地妇人所生，应作和兰子民。中国国家不能如此看法。查欧洲诸国通例，本国之民在他国娶妇，其妇应从本夫之籍，所生子女应从父籍。与贵大臣所言，不能符合。且中国与美国所定续约第六条载：中国人在美国者，不得即时作为美国人民。是中国人民侨寓外国，在中国业有办过章程，不能另有更变。所有在贵国属地之华民，为本地妇人所生者，概作和兰子民，中国国家不能允认。转此陈明，即望贵大臣查照可也。

照译和外部覆函

光绪十二年十一月初四日

　　前准贵大臣西历八月廿五日文开：和国南洋属地居住华人一

事,查本部西历六月初一日照会所谓华人籍贯,原非寻常讲解籍贯之义。缘南属地居民种族不一,按照和律,均不隶于和籍。如此看法,则知本部初意,非欲论籍贯之事,亦不论入籍之事,不过声明属地华人既在该处居住,即视为该处属民。所谓属民者,系守和国法律,归和官管辖,应在和国官法保护之中。此乃和国南洋属地通行办法,并无偏枯之处,未便更张也。相应照会贵大臣,请烦查照。

照录覆和外部函稿

接准贵大臣西历九月十九日函述,华人在贵国南洋属地,并未隶于和籍,惟既在该处居住,应守和国法律,归和官管辖等因。查各国通例,凡此国之人居住彼国,虽守彼国法律,归彼国管辖,仍为此国之民。诚如来文所论,华人虽守贵国法律,归和国管辖,仍不失为华籍。总之,华民在贵国属地者,既与各国客民视同一律,并照客民一律相待,中国国家当不致有他议也。

奏派察看南洋各埠华民商务王荣和、余瑔禀

大人阁下,敬禀者:窃职等于本年四月十六日,奉两广督宪张札开:照得本部堂于光绪十二年二月二十五日,会同钦差出使美、日、秘国大臣张具奏,遵旨会筹外洋各埠捐船护商,并遴员分驻各情形,恭折覆陈缘由。兹于四月十三日差弁赍回原折,内开:军机大臣奉旨:该衙门知道。钦此。相应恭录谕旨,并抄折稿饬知。为此,札仰密切钦遵,妥慎办理等因。奉此,又于五月十七日奉两广督宪张札开:照得南洋各埠华民商务近日情形,经本部堂会同钦差出使美、日、秘国大臣张恭折奏请,派委该员前往小吕宋、苏禄、衣琅、禄奈、新嘉坡、麻六甲、槟榔屿、仰江、卑力、新金山、雪梨、加拉巴、泗里末、三宝陇、般岛、西贡等处，访查体察，详细禀陈等因。业经奉旨允准，恭录饬遵在案。除即发护照，并咨张大臣暨钦差出使英法国大臣刘、许咨会各外部，转饬各该属埠知照，如遇该员等到境，照约保护外，合就札饬，札到该员刻日束装起程，前赴南洋各埠访查商务，体察情形，随时禀报。务须妥慎详确，维持大体，勿稍疏率等因。奉此，职等遵即于七月廿六日由香港起程，八月初二日到小吕宋，九月初二日由小吕宋动身，初九日至新加坡，十九日由坡西至麻六甲、吉陇、卑力等处，十月初五日到槟榔屿。所至华民感激，地方官亦有拜晤往来，均将华民人数及进出货项，列册报知。英属新加坡总督派船、派官伴送照料，所查尤为详切。每埠自五六万人至十余万人，皆属闽粤两省居多，人民之众，商务之大，虽西商亦谦让未遑。业将各该埠情形先后具报两广督宪张，并驰禀出使日国大臣张暨出使英国大臣刘，查核办理在案。十月廿五日由屿搭附轮船，廿八日行抵仰江埠，不日查竣。应赴荷属加拉巴等埠，彼处华民甲必丹张燮坤叠次具函来请。惟职等到槟榔屿时，据中外官商述及，离屿埠数百里，有荷兰国所属之日里埠，系苏门达拉地方，华人有五六万之多，受荷人园主雇佣，被其残虐，无所不至，力劝职等前赴察看。即驻屿之荷领事来见，亦请职等任便往访，当为预致该埠地方官照料。职等答以我等到日里后，如有不公情事，凡案内应行提讯者，无论何国之人，该处地方官必须帮同拿到，该领事业已应允。密察荷领事之意，因各埠新闻纸纷纷议论该埠刻待华人，而该领事及荷官商以近来该埠陆续改变旧章，不至如从前之暴戾，故坚请职等往察，聊自表白。惟查日里埠本不在奏案查访南洋各埠之内，而既经该荷官等谆谆坚请，又与槟榔屿相隔不远，职等拟于月内先往该埠一查。如旬日间可以竣事，即于十二月间由新加坡赴加拉巴、泗里未（末）、三宝陇等处。一俟详细查明，再行具禀。肃先驰禀，恭叩崇安。伏惟垂鉴。

奏派查访南洋各埠华人商务王荣和、余珬谨禀

大人阁下，敬禀者：窃职等于去年十二月初四日由日里起程，初六日到新加坡，十一日由坡附搭法公司轮船，十三日行抵加拉巴，起岸进寓公馆。初时华人玛腰、甲必丹等畏惧荷官，恐其不悦，不敢先来请见。次日职等即往晤该部荷官礼时典，相待颇优，并云贵官如欲垂询一切，当谕令玛腰前诣公馆侍候等语。自此，玛腰等陆续来见，华商亦不疑避，均来拜谒。职等宣布宪台恩意，众情无任感激。具述荷官虐政多端，本埠虽有玛腰一员，甲必丹四员，雷珍兰六员，然皆本地生长之华人，纨富子弟居多，遇事仰承荷官鼻息，不敢为我华人争论一言，以致逐渐刻薄，日甚一日等语，所言均属实情。职等详加查访，加拉巴一处开埠以来，迄今三百余载，寓居华民现有七万四千六百余人，其中拥资数百万及数十万者亦复不少，半系富有田产房屋，不甚为商贾经营者。至于该埠收纳税饷，有得利捐、房屋捐、家用器具捐、马车捐、婚丧捐各名目，非倍征华人，即偏征华人。若别国人寄寓于此者，悉照该埠定章捐纳，尚无偏颇。又设有赌博税，任令歹人开设赌馆，华民不知自爱者入局赌博，倾家断产者不知凡几。而此项赌馆，又严禁别国人及土番不准入赌，其害我华人也尤甚。并闻有迫令华人入彼国藉（籍）以保庶富，更为我国之隐忧。职等收阅华众公禀，其情形大略相同。十二月十九日，职等坐火车行五十五迈英里，入彼哥内埠拜晤荷兰统辖群岛之总督。彼派中军并马车来迎，谈次该总督询及日里情形，职等具述园主虐待华人，照例受雇不得殴打，亦不得逾三年。若满

三年,虽有借欠园主银钱,亦要放其离工,并要给与盘川,送回立约受雇原处。无奈园主不将章程明示华人,只挂于自己房内,欺瞒华工,任意凌虐,任意久留。工人欲往地方官处告发,园主又不肯给路字,欲告莫奈。且园主又任令工头在园内设赌诱博,以致华工苦累不堪各等语。荷督即以笔记之,谓当饬日里地方官妥办。惟言巴城刻捐各款,伊尚多推诿,非顷刻晤谈所能为功,但留职等多住几日,游览各处。十二月廿七日,该总督亲至巴城请宴,去后职等又往文丁各乡,查看内地华人。本年正月初七日,职荣和带同文案一员,金县丞国桢,前往三宝陇,初九日抵埠。华人玛腰、甲必丹暨荷国翻译官来船迎接。进寓后,玛腰、甲必丹、雷珍兰等率同华商二三十人来见,述及荷政残刻,欺藐华人,其情形与加拉巴大约相同。惟查有该埠附近之爪鸦蓝社,前因社中有一二小贩华人夹带烟膏,照例某人犯禁,自应惩办某人,而该处地方官不分皂白,加祸于合社华人,禁出路字,以致寸步难移,业经数载于兹。富者坐食待尽,贫者无以为生,关系几十家之性命,而乃残忍如此。职荣和又复遍询众华商,咸谓实有其事,闻之恻然。又,该埠章程,自晚八点钟起,凡人行路,必须手执一灯,或有时被风吹息,或偶尔早出迟归,忘记携带,巡街兵看见,立时拿去收禁,罚作苦工三个月。即华人大商被拿,亦要坐监一夜,再行议罚。若外国人犯此,不敢如此刻待。种种轻视华人,不一而足。据华商等面称,总缘中国未曾设官保护,以致受欺若是。嗣又往见该埠荷官,极为款洽。伊云,前接巴城总督来电,知贵官不日到此,将来赴泗里末时,当知沿途照料一切等语。职即询其华人在此,于贵国有益否。该荷官答称,甚为有益,凡别国人不能为之事,华人均能力任,本埠兴旺全赖华人。职即答以只要公道相待,华人自然源源而来也。十五日查讫。十六日早六点钟乘坐火车,十点钟至疏罗地方。华人甲必丹林景和来接,至伊家午膳,并有华商十余人相率来见,继复有疏罗土王之子前来拜谒,叙谈数语而退。二点钟又上火车,六点钟至麦里芬,华人雷珍兰陈裕隆邀往晚膳,是夜即留宿伊家。十七早六点钟复上火车,十二点钟抵泗里末埠,共计程三百六十迈英里。华人玛腰郑德泰暨荷国翻译官至火车马头迎接。进公馆,所有该处甲必丹、雷珍兰等率华商七八十人次第进谒。职询及本埠荷政若何,皆相顾而视,唯唯否否,不敢出声,如有畏惧之状。去后职密行察访,始悉荷官残刻情节,无异于巴、垅两处。惟该埠华人玛腰郑德泰倚仗荷势,行其隐谋,欺害华人,藉以趋事荷官,以博其欢,但以己国之人欺己国之民,更属无理。旋又拜候该埠荷官,人甚谦和,礼貌优加。晤谈之余,略提及本埠各事,其意似颇歉然。廿三日坐火车至内埠嘻加等处查看华人,计程六十迈英里,廿七日查竣。廿八日附搭荷兰公司轮船,二月初三日到加拉埠。

职等历查巴、垅、泗三埠,计埠内共有华民十余万名口,连四乡内地,在于爪窪全岛共有廿余万华人。而荷官横肆诸虐政,各埠所在,大略相似。此外该总督管辖者,以日里华工为最要,且与英属新加坡、槟榔屿相为表里。其地如北般鸟、如孟加锡及蓼濑附近诸岛,归和兰管束者尚多。惟职等查般鸟等处,每处华人不过数千,生意不多,荷官抽捐亦不如日里与瓜窪三埠之暴虐。中国欲加恩保护,计自小吕宋而外,当以加拉巴为先着。该处若能设一总领事官,可以稽查荷属管辖之华人,数十万生灵,所关非浅。职等又密访得加拉巴等处,从前议将各捐项倍征华人一节,闻荷兰本国议院亦以为不公,而该巴督请先试办,现被其强令遵行。此我国未设领事,虽逐加剥削,无人顾问,此其明证也。即生长是土之华人,亦因捐款不公，时出怨言，若我国加之以恩义，人心自然内附，故巴、垅两埠众华商殷殷以设官保护为请。职等详加审度，可否在加拉巴地方先设总领事一员，管理荷属东土各岛华人事宜。俟总领事到任后，或某处应设副领事，某处可选公正华商代办己国商务，以资保卫。惟将来与该国议设领事，必须订明仿照欧洲各国设立领事之权，俾我华民受欺各端，随时可以预办。若但设领事，毫无利权，仍属无济于事。职等管见所及，是否有当，仰乞宪台俯赐察夺。

另，美斯甘库系存华人遗产者，三埠皆有。或云存有银数千万盾，或言数百万盾，每盾合英洋半元，其说不一。且该库现在统归荷官管理，华人无由深悉，间有派华人甲必丹一员，亦属虚名，即或确知底细，彼受荷国之职，亦不皆据实说出。并闻荷兰攻打亚齐，巴督于该库内借银四百万盾，或云借用一百万盾，其旧存之银，恐一时难以取回。惟华人遗产，每年存入库者颇多，若将来设有领事，此项存款可以自理。职初十日由加拉巴趁英公司船，十三日抵新加坡，候有往新金山之船，即行附搭前往。

再，卑府瑷因奉张使宪饬查小吕宋华民案件，禀覆未便稽迟，而在小吕宋所查案卷又寄存新加坡行箧，故于正月初十日赴坡查取抄缮，合并声明。又附呈清折五扣，合肃备由，具陈驰禀。祗请崇安，伏乞垂鉴。除禀两广总督部堂，出使美日国大臣外。谨禀。

计呈清折五扣。

光绪十三年三月初二日。

来牍暨折具悉。贵镇、府周历和属加拉巴等处，于民瘼、商情均能访询详确，弥所欣佩。至议在该处设立总领事一节，查光绪八年广西知府李守甸请禀设领事保护寄居华民，经新加坡领事左守秉隆所陈窒碍三端，有益三端，九年正月奉总理衙门咨开：查噶拉巴设立领事,在他国之地治中国之民,必须荷兰国情愿照设,又无他端窒碍,方可议行。今既有窒碍各情,所有该守请于噶拉巴设立领事之处,应暂缓议等因在案。本大臣体查情形与前无异,惟事关设官护商,应由贵镇、府禀候两广总部堂、出使美日秘大臣示夺可也。四月十八日景澄手答。

奏派查访南洋各埠华人商务 王荣和、余瓗

大人阁下,敬禀者:窃职等于去年十一月初六日在仰江地方,业将前往荷属苏门答腊之日里等处查访华工,俟日里事竣,即随赴加拉巴等处查看华人商务缘由具禀驰陈,已蒙批示遵照在案。职等自去年十一月十二日由仰江起程,因该埠之轮径往荷属之日里埠,故复至槟榔屿搭船,廿二日始抵日里。查是埠本不在奏案查访南洋各埠之内,因职等初到槟榔屿时,据中外官商述及,日里一埠离槟榔屿不远,华民寓居该埠者约有六万余人,佣工者多,荷人园主残虐异常,力劝职等前赴查看。即驻屿之荷领事与伊国大商在日里种烟园主何诺等先后来见,亦请职等就近察看,当预为知照该处地方官照料等语。职等再三思维,既是日里工人情形要紧,虽原奏未曾指出,而事为中国所应办,职等亦何敢过为拘墟,况又有中外官商合词坚请,不得不允为前往。职等抵埠时,华人雷珍兰林得水暨荷官衙门翻译曾琅来船迎接,率华等先后来见。次日坐火车入沙湾内埠,进寓公馆。次日往见该埠华官礼时典,述及来意,该荷官即传谕华人雷珍兰温言提,谓贵国大员欲询华工情形,可知照各园口提来。职等连日传讯工头及各小工等,供称皆在汕头等处,由招客荐头带至新嘉坡或槟榔屿,在英官衙门过堂,供为自愿佣工,订立华文合同,一人一纸。开明每名工人先支洋银卅余元,以

抵船资费用,均是荐头取去,滥开是非,干没之外,只有三四圆给付本人。此项支款,即于到日里后,进园为佣所得工资内除扣。园中章程,一年之内八个月做种烟工夫,四个月做拣扎烟叶工夫。每种烟一千株,收成后核算给价。分上中下几等,如系至好者,每千株工银八圆,稍次者六七圆,又次者,五圆至三四圆不等。若拣扎烟叶,每月十圆至五六圆不等。至于工等月需口粮,由园主垫给,或五六圆,或三四圆,年终结账时,即于工银内扣还。若上等勤工者,每名每年可得工银二百圆左右,次等稍懒者,亦可得百圆有奇,下至五六十圆不等。除扣月给粮银之外,上等每名可存百余圆,次等亦有三四十圆,惟最下之工,不敷偿还月给月粮者,间亦有之。且园主每年于收烟后,准工头在园内开赌。工人赌博输钱,受累至多,以致毫无积蓄,不能回乡。若论园主,好歹不一,好者尚无分外刻薄,歹者稍一偷闲,鞭挞不堪,甚有减给工价,留难不出路字,永不能逾移园门一步。一园之内,又立有大工头、小工头名目,均由小工中勤事者选充。大工头系管一个园口估厘,小工头亦管估厘卅五六名不等。另照烟价估抽,大工头照园内收烟若干,每值百圆抽银五圆,小工头照所管估厘收烟若干,每值百圆抽银七圆等语。职等详密遍访,众口一词,谅非虚谬。旋据该埠闽广商人前来禀称,日里一埠与昔里坽、坽葛两埠相连,西人开园种烟以来十有余载,并不准华商购地开园,其歧视华人概可想见。现在合计三埠共有园口一百廿余处,雇用华工最多,而华工中尤莫多于潮洲二府人。但此间园主往往刻待华人,其最可恶者,如遇华工有病,即被逐出,或则街衢求乞,或则僵卧道傍。商等谊属同乡,见之不忍,设法安顿,施药医治。迨病愈之后,如该园内工头看见,即时告知园主,立将该华工带回伊园作工,不准他家收留。甚有以收养之家诬为私匿伊园工人，送官坐监三个月以罚之。因此，即见华工抱病流落，均不敢顾问，而华工之病死道途者，更不一而足。似此残刻，天良何在。兼有不肖大工头，助主行凶，殴打华工，亦时有所闻。职等明查暗访，亦属无异。又，华工朱亚伍等控称，向在缎马蓝新园为佣，有同园工人文亚隆因拣烟不齐，被东家打死等情。职等立时传讯朱亚伍，即与文亚隆之叔文光顶同来，供称先时在缎马蓝处作工，本年四月间，缎马蓝又令工等过别个园口，全归缎琵琶管理。八月十四五日，因文亚隆拣烟叶不齐，缎琵琶横肆暴虐，亚隆不服，回辩数语，即被缎琵琶吊打。自后复逼令天天做工，每日只准食饭一次，兼之缎琵琶心很（狠）异常，频加毒打。十九日早，工人等不见亚隆出来做工，群相寻问，始悉亚隆于十八日夜被缎琵琶打死。工人等于大坑中觅得亚隆尸身，即起出抬至沙湾部华人雷珍兰处，具诉请验得文亚隆辫发吊断，臀内打烂，血痕甚多，而亚隆已死，而缎琵琶①潜逃无踪。工人等在荷官衙门控告，堂讯口供，与此无异。现在凶手在逃未获，求为作主等语。职等往见驻日里埠大员施稽理，晤谈之际，人尚和平。职等即询以文亚隆事，答称亚隆已死，而缎琵琶潜逃他埠，已移文关拿，一俟获到，再行讯明，照例惩办等语。另有十二公司园主荷兰大商人名何诺来见，该商前时曾亲到槟榔屿，请职等往日里查看，询其园口章程，即在园主房内取出。职等即与彼云，章程理应明示众工，若挂在园主房内，工人何由得见，因此以大欺小，以强凌弱，难保无弊。又复详阅洋文章程所载，工人有过，只准送地方官衙门讯办，不得私自鞭挞。又，工人到园做工，不得过三年之限，如满三年，无论工人有无亏欠园主银

────────────

① 而缎琵琶，原作"而亚隆而缎琵琶已死"，误。

钱,任其自便,不得再行强留,并要给与盘川,送回立约受雇原处,而华文合同内并未叙出,殊为欺隐。问诸该处华人雷珍兰,亦皆茫然,可知外洋华人甲必丹、雷珍兰等受彼薪金,办事难免颟顸也。职等于十二月初三日查讫,与荷官辞行,面议各园主平日虐待华工情形,荷官亦允设法整顿,其中有未妥当之处,自当逐渐革除等语。其词甚恭,皆仗宪台此次派员查看,出其不意,为前次所未有。彼前时各园主劣迹既被查出,恐职等禀请宪台禁止华工,实于彼地利源关系非浅,故官商上下皆允嗣后妥办。十二公司现捐银十万圆,创造穷人院,赡恤贫弱华工,此其明证也。该处每年新到华工,多则一万人,少亦有六七千人。查每岁出洋工人分赴英荷属地,以十余万计,大半系由猪仔头在潮、惠各属骗拐出来,其先受客头刻薄苦楚情形,可想而知。且园主不照合约官定章程,往往殴辱,每年十月收烟后,又准工头在园外开赌三四十日,令其倾囊输尽,又须向园主称贷,为第二年留工地步。如此年复一年,永为工人之累。此种恶习,应请宪台咨明荷国外部设法革除,俾流寓华工得苏穷困,则宪泽之所被者远矣。是否有当,仰乞宪台俯赐察夺。

再,职等于是月初四日由日里起程,初六日到新加坡,即往见驻坡英官华民护卫司必麒麟,与谈日里佣工章程洋文内载有凡华工到园为佣工,不得逾三年之限,若满三年,虽有借欠园主银钱,亦要放其离工,并要给与盘川,送回受雇原处,而贵衙门所发工人之华文合约并未叙及。该护卫司即时检阅洋文章程无异,允以即当补入等语。又,日里埠文亚隆一案,前职等离埠时,曾嘱妥人随时探听,兹据探得荷园主琵琶于去年十二月间在槟榔屿获到,驻屿英官判事衙门将该琵琶提审,因证据不足,本年二月初一日即行释放。但事关人命,岂能就此了事,而职等系查岛委员,非领事可比,无权与辩。此案应如何办理之处，伏求宪台裁夺施行。所有查访日里埠华工情形，并抄呈华工原禀三件，合肃备由，具禀驰陈。祗请崇安，伏乞垂鉴。谨禀。

来牍暨折具悉。和属日里埠公司园主不遵本国定章，虐待华工，自应与该国外部筹商禁戢，以苏民困。惟查中和条约，于招工一项，尚未议有专条，与美、日、秘国稍有不同。贵镇、府所称设法革除洋园主恶习，及殴毙文亚隆一案，应候咨请总理衙门核夺办理。四月十八日，景澄手答。

再，牍内地名人名但用华文译切，于洋名音写漏未配叙，将来与该国外部通达文函，无凭指证。应查取案内关涉名目，各配洋文，续即送到，以凭核办。景澄又泐。

洪钧任内卷略 共十三件。第三卷。

为咨行事。本衙门具奏，颁给出使大臣木质关防，拟令前后任移交，以昭慎重一折，于光绪十三年五月十五日具奏，本日奉朱批：依议。钦此。相应恭录朱批，抄录原奏，咨行贵大臣钦遵查照可也。须至咨者。粘抄。

光绪十三年五月廿日。

谨奏，为刊给出使大臣木质关防，拟令前后任移交，以昭慎重，恭折具陈仰祈圣鉴事。窃臣衙门于光绪六年十二月初六日，奏请刊给出使日本大臣木质关防折内声明，嗣后简派出使各国大臣，未经到任人员，一并照此办理等因，奉旨：依议。钦此。钦遵在案。臣等查，出使大臣奉命之后，未经到任以前，所有来往文件须用木质关防，向于到任接篆后，缴还臣衙门销毁。而任满回国之大臣，又每因沿途有未了事件，缮发文牍需用印信，随时另刻木质关防，字样款式，均不画一，道途遥远，流弊难防，殊多不便。现拟由臣衙门刊刻木质关防，篆用清汉合璧，文曰"大清钦差出使大臣行用关防"，颁发简派出使之员在京开用。俟出洋到任接篆后，即移交前任使臣祗领回京，沿途行文亦可盖用，于到京后缴还臣衙门收存。俟下次更换出使大臣时，仍将原刻关防颁给，以示信守，而昭慎重。是否有当，伏乞皇太后、皇上圣鉴。谨奏。

奉朱批：依议。钦此。

为咨行事。光绪十三年六月廿八日，准吏部咨本部附奏，嗣后无论何项保奖，凡有奏定新章，应令先行知照本部等因一片，光绪十三年六月廿四日奉旨：依议。钦此。粘单知照，并希转行出使各国大臣等因前来。相应照抄原奏，咨行贵大臣钦遵可也。须至咨者。粘抄。

光绪十三年七月十四日。

照录吏部原奏

再，此次朝鲜通商保奖章程，臣部因未奉明文，经片查总理衙门。旋据复称，于光绪九年六月廿四日奏明准奖，并粘连原奏十二条等因前来。查臣部自光绪九年六月初四日奏定严核保举章程，以后各关通商洋务请奖，历经议驳在案。朝鲜为边海要区，诚非内地通商可比，惟此案保奖章程于奏准后并未知照到部。近来各处奖案名目繁多，该原保大臣恐临时列保致干部驳，往往预先奏明立案，为他日请奖地步。若奏准后，并不知照到部，迨事越数年，始行列保，及查与例章不符，又不能不奏明更正，徒令在事各员怀疑缺望，且与现办成案亦未尽画一。拟请嗣后无论何项保奖，凡有奏定新章，概令于奉旨后，即行知照到部。查与例章相符者，自应钦遵办理，其与例章不符者，仍应奏明请旨更正，或事属创始，而例章所未备，亦应由臣等悉心参酌，奏明遵行。庶准先有定衡，而名器益昭慎重。倘有奏定新章并不即行知照，将来保奖到部，即查明将保案撤销。如蒙俞允，应由臣部通行各直省并各该衙门，一体钦遵办理。谨附片具奏。

光绪十三年六月廿四日具奏，奉旨：依议。钦此。

为咨行事。光绪十四年三月初七日,准吏部咨称,盐务官员在地方著有劳绩,分别给奖章程,附片一件。光绪十四年二月廿八日具奏,奉旨:依议。钦此。相应知照,并希转行出使各国大臣等因前来。相应抄录原单,咨行贵大臣查照办理可也。须至咨者。粘抄。

光绪十四年三月廿三日。

照录吏部片奏

再,臣部前经议复御史李桂林条奏章程,河工官员应归河工差委,如有因地方差委得有劳绩保奖到部,应即奏明请旨撤销。至各省盐务官员,应归盐务差委,如因地方差委得有劳绩保奖,亦即照河工人员一律办理等语。于光绪四年七月廿五日具奏,奉旨:依议。钦此。钦遵行知在案。是以臣部历届办理保奖成案,凡系盐务官员,如因地方差委得有劳绩保奖,无论已未到省,均照章奏明撤销。惟查候选及未经分发到省盐务各官,均非在省之员,并无盐务差委之责,而定章成案,凡此项人员因在地方差委著有劳绩,概不准其保奖,未免向隅,似宜量予变通,以昭平允。臣等公同商酌,除河工人员并盐务已经到省之员,按照前经奏定章程,如因地方差委得有劳绩,仍不准列保外,拟请嗣后候选及分发省分未经到省之盐务官员,如在地方差委著有劳绩,保奖到部,准其一体照章,分别核给奖叙。如蒙俞允,俟奉旨之日,查系以前到部之案,仍照旧办理,以后到部之案,即照此次核办。所有臣等酌议缘由,谨附片具奏,伏乞圣鉴训示遵行。谨奏。

光绪十四年二月廿八日具奏,奉旨:依议。钦此。

为咨行事。本衙门遵旨议复出使大臣洪洋务储才及变通章程一折,于本月十五日具奏,奉朱批:依议。钦此。相应恭录谕旨,抄录原奏,咨行贵大臣钦遵可也。须至咨者。

光绪十四年十二月廿七日。

谨奏,为遵旨议复事。光绪十四年十一月初十日,军机处抄交出使大臣洪钧奏洋务储才一折,本日奉朱批:该衙门议奏。钦此。钦遵到臣衙门。臣等查,原奏内称,每科馆选庶吉士不下七八十人,若令掌院学士就新科馆选中择派出洋,畀以二三等参赞,三年期满,有能娴习交涉事体,考究富强功效及明于制器、开矿、算学、化学诸务者,由使臣保奏,授职编检,请饬详议章程,奏明办理一节。查吏部奏定章程,翰林庶吉士无论何项劳绩,不准保免其散馆,所以重清班也。庶吉士初膺馆职,多系少年聪颖之才,若使研求西学讲习,自较易为力。果有熟谙洋务,堪备出洋之选者,应准出使大臣随时奏调,以资历练。如届散馆之期,其愿回华考试者,仍听其便。所请保免散馆之处,似未便更改旧章,应请勿庸置议。其庶吉士业经留馆之编检,及正途出身之部员,果有才能出众者,即由出使大臣自举所知,奏明调带。又,原奏内称,总署为洋称总会之区,请就已经考取章京正途正身人员择派参随,俾得先期阅历一节。查臣衙门章京,向有调派充当参赞者,应如所请。嗣后如已经考取及已经传补之章京内,择其才识通达者,随时由臣等酌量选派,前往襄办交涉事宜,以资臂助。又,原奏内称遣使驻扎,岁縻(靡)巨款,请饬下臣衙门明定限制一节。查出使参赞、随员人数,向出使大臣奏调遣派,报知臣衙门查核。惟公事既有繁简之别,即人数宜有多寡之分,况出使各国程途窎远,川资薪水诸多繁费,随带员数不可漫无限制,致滋縻(靡)费。上年二月间,臣衙门奏减出使经费折内,曾令各出使大臣于所带员弁人等,有可裁减之处,自行酌定,以节冗费。奉旨允准,通行知照在案。兹该大臣请定限制,自系为撙节经费起见。查前出使英国大臣郭嵩焘奏带随员折内,酌定参赞二员,翻译四员,其余随员、武弁、医生分别调派,未经定数。臣等公同商酌,除各国各口应驻领事之处,业经奏明商定有案,无庸遽议增减外,拟请嗣后使臣馆中,准设参赞二员,翻译二三员,随员二三员,供事二员,武弁、医生各一员。其兼摄他国设有使馆者,准添参赞、翻译、随员、供事各一员,作为定额,不得再过此数。俾一人得收一人之用,庶几费不多增,功归实际。至所称以游历经费并入度支一节,查上年臣衙门请派出洋游历人员章程内奏明,于出使经费项下节省四万余两,以供派员游历之资。经费本不充裕,故不得不限定人数。现在游历人员尚未期满回京,是否实有制器、通算、测地、知兵之选,难以悬揣。以俟游历人员期满后,再由臣衙门酌核情形,奏明办理。所有臣等遵议缘由,理合恭折具陈,伏乞皇太后、皇上训示。

奉旨:依议。钦此。

光绪十四年十二月十五。

为咨行事。本衙门遵旨议覆御史赵增荣慎选使臣一片,于本月廿四日具奏,奉朱批:依议。钦此。相应恭录谕旨,抄录原奏,咨行贵大臣查照可也。粘抄。

光绪十五年正月十三日。

再,光绪十四年九月初九日由军机处面奉谕旨:御史赵增荣奏请慎选使臣等语,着该衙门议奏。钦此。并将原片抄交到臣衙门。臣等溯查荐议出使一事,博采众论,上禀宸谟,责任既重,遴才宜慎。自非志节坚定,才学闳通,并通知四国之务,洞中体要,操守廉明者,不足以膺是选。查光绪元年,臣衙门以使才宜储,奏请饬下中外大臣各举所知,奉旨允准。是年五月间,臣衙门曾经奏保堪备出使者数员。嗣后南北洋大臣及中外大臣均有奏保,由军机处知照臣衙门。每届出使任满,开列名单,请旨派简。自光绪元年以后,臣衙门未经续保人员。该御史所称徐承祖以上书言事,经总署保举等语,自系传闻之误。窃惟今之荐举人才,或习闻其议论,或兼采夫虚声,往往有名不副实,甚至前后易辙者,在所不免,此知人之所以难也。嗣后仍应责成中外大臣,必须真知灼见,实有才品卓著堪胜槃敦之选者,方可列诸荐剡。臣等如榷(确)有所知,亦当随时详慎选举,以备采择。如有奉使不能称职,劣迹昭著者,应将原保之员一并议处。又原奏称,奏带随员,尤应慎选,其宗族私亲与无职民人,皆不准带,及经费应防浮冒等语。伏查出使绝域,事体与内地不同,所带随员自须该使臣所素习者,乃可以收指臂之效。是以历届皆准由出使大臣自行奏调,略访汉制得自辟僚属之意,以崀责成,此中具有权宜。其偶带一二亲属,远涉重溟,藉资臂助,既由出使大臣量才器使,但使不至徇私情,贻误公事,自亦例所不禁。频年历嘱各出使大臣裁节浮费,每年度支皆系造册咨报,照章核销,尚属相符。原奏请勿庸置议。所有遵旨议奏缘由,理合附片复陈,伏乞圣鉴。谨奏。

光绪十四年十二月廿四日奉朱批:依议。钦此。

为咨行事。光绪十五年六月卅日,准吏部咨开:本部议覆御史保(宝)安条奏分省补用人员,请严定考试章程及劳绩改奖限期,遵旨覆奏各折片。光绪十五年六月初二日奉旨:依议。钦此。希转行出使各大臣,一体钦遵等因前来。相应抄录该御史原奏,咨行贵大臣钦遵可也。须至咨者。

光绪十五年七月十五日。

照录吏部原奏

　　奏为遵旨议奏事。内阁抄出光绪十五年三月十七日奉上谕：御史宝安奏，分省补用人员，请严定考试章程，及各省劳绩保举之案，应令随案造送履历，并酌定改奖期限各折片。着吏部议奏。钦此。抄出到部。查原奏内称，窃维文武无论正佐，皆有办事之责。若文理不通，既难查幕友贤否，又易受书吏欺朦，弊端何可胜言。虽经奏明，凡非正途出身，初到省时，均由督抚考试，凭文卷优劣，以取等第，俾在官者，无不通文。奴才所虑者，一在考试不认真，一在考试不得法。所谓不认真者，名为扃试，上司每于出题后即行退堂，均俟试卷交齐汇总呈入。虽云曾经面试，其中代倩传递，皆所不免，若论真才，未可知也。所谓不得法者，阅卷时或喜书法，或重词华，居然场屋光景，若论吏才，未必得也。此其弊一失于不实，一失于逐未（末）而忘本。诚恐吏治之才，莫由表着。相应请旨饬下各督抚，于分发人员到省之初，不必预定考期。每遇公事清简之日，立传该员应试，限以三四员为一次。上司在座，号桌分列左右，一经出题，禁止接谈出入。而俟有交卷者，先取公事一件，令伊读之，听其句读，再指公事某段，令伊讲解。片刻间是否文理通晓，无难立见。然后评各卷，以定优劣。至于文笔生熟，字迹工拙，似不必深论，此特指面考一时而言之也。从其后者，该督抚仍须勤于接见，久勿惮烦，每于吏治民情，察其识见。如是考试严，既非虚事，接见密，得识真才，不专于文求之，则吏治当有起色矣等因。查同治七年九月奉上谕：御史袁方成奏仕途流品日杂，请饬考核裁汰一折。据称，近来捐纳人员众多，其中流品混淆，严行裁汰等语。牧令于民最亲，必须公正廉洁，方足以资治理。若如该御史所奏，实恐仕途日杂，亟须严加考核。着该直省督抚，于通省州县内，由俊秀监生捐纳之员，无论实缺、署事、候补，随时面加考试。如有文理清顺、识论通达者，方准与正途人员升转补用。倘文理荒谬，即以原品休致。考试时，仍须严密关防，勿任代倩传递，虚应故事。至居官之勤惰，行己之贪廉，虽正途人员，亦当一体随时察看，秉公举劾，以肃官方而清吏治。钦此。钦遵恭纂入例。查例载，俊秀、监生、难荫、供事、吏员出身，捐纳、劳绩两项之府厅州县及供杂各员，无论现任候补、委用、试用，均一体考试，各督抚、府尹于考试时务当肃慎场规，搜检挟带，稽察传递，严防检替，认真考试，毋得瞻徇情面。其府厅州县试论一道，视其于刑名钱谷一切治理，是否通晓，更复面加询问，兼量其才具，分别等第。列为一等、二等、三等者，现任照旧供职，候补、委用、试用照常补缺署事。列为四等者，现任开缺，候补、委用、试用停补停委，留省学习一二年后再行报考，如愿请咨回籍，亦听其便。不列等者，勒令回籍学习三五年后，再行赴省报考。倘文理荒谬，即以原品休致。至正途人员，亦当一体随时察看，秉公举劾。佐杂各员，毋得仅令缮写履历，应先示以告示判语，如文义未能明通，仍当于缮写履历中，考其能否字画无讹，及询以字义是否尚能解释，并量其才具，定为等第，亦与府厅州县一律办理等语。是各省现任候补各员，应如何考试，定例已极详备，毋可另议。今既据该御史奏请严定考章，以重吏治，系为澄清仕途起见，相应申明定例，再行请旨饬下各直省督抚、府尹，凡应考试人员，务须严行面加考试，分别去留。如有文理荒谬及庸冗之员，立即参劾，毋得以定例为具文。俟命下之日，即由臣部行文各直省督抚、府尹恪遵定例，认真办理。谨将臣等遵旨议奏缘由，缮折具奏，伏乞皇上圣鉴训示。

再，据湖广道监察御史宝安片奏，各省劳绩保举内有漏开详细履历者,吏部查无该员奉旨到省日期,无从核议,奏令原保大臣详细声覆,以凭核办。乃各省保案络绎不绝,几至每案必有行查。故吏部奏请,嗣后各省督抚等遇有保案,查照新章,开具在保人员详细履历,随案报部。自定章后,再有遗漏,将原保大臣议处等语。乃各省虽经遵办,尚有声明补送履历者。若论在事出力之员,当在附近从事,何难立饬该员开具履历,咫尺之间,焉用展期补送,其中显有不实。至所保之员,又有与例不符者,部中照例驳回,另核请奖。一经奏驳,往往迟至数年,始行改奖到部,未免漫无限制,且易滋弊端。相应请旨饬下各督抚,遇有保举之案,仍照定章随案造具履历送部,不准声明补送。其改奖之案,似应予以限期,并请饬部酌定限期,行知各省按限覆奏。倘有逾限尚未改奖到部,即将所保之案注销,以杜冒滥,而昭核实等因。查臣部奏定章程内开:军营劳绩人员,务于清单内驻(注)明实在劳绩、出身、履历,并何项候补、候选,以及捐纳出身人员,系遵何例,在何处报捐,暨上库、奉旨日期,并前任、现任人员实在官阶,详细声明,以备稽核。嗣于光绪十二年四月廿五日,又复声明定章:嗣后各省劳绩出力各员,应令该督抚及统兵大臣于保奏时,将该员等年貌、籍贯、出身、履历、官阶等项,另列清单详细声明。倘此次申明之后,仍不遵照办理,除将该员等所请奖叙停其核议,仍先将原保之督抚大臣议处等因具奏,奉旨后通行知照遵办在案。近年各项保案,有未于折内将所保各员履历另列清单者,臣部照章停其核议,并将原保大臣先行议处。定章已极严密,无如各省保案动辄数十百员,往往有官不必本省,人不必素知,夤缘展转,流弊孔多。在各省出力人员随同办事,自可立饬开送履历,展期补送,恐有不实。诚如该御史所云,臣等查近来各省保案到部,往往声明俟后补送履历,或迟之又久,始行咨送,以致保奖之案因此停其核议,任意迟延,殊非慎重保举之意。相应再行申明定章,请旨饬下各省督抚及统兵大臣,嗣后遇有保举之案,仍应遵照奏定章程,随案将所保各员造具履历送部,不得仍声明补送,以杜冒滥。庶奖案不致虚悬,出力人员益思鼓励。至该御史所称,改奖之案应予限期一节。查近年改奖人员,或因原保大臣及列保之员遇有事故,往返稽察,间亦有迟至数年,始行改奖到部,因此漫无期限,恐滋弊端。该御史所请改奖之案定以限期,系为慎重保举起见。此后凡有应行改奖声覆之案,于接到臣部驳令另奖部文后,应即迅速奏明改奖,如各省督抚及统兵大臣遇有升调事故,及应行声叙各员捐案上允核准劳绩保举奉旨日期,适遇各该员早经离营,或丁忧回籍,或派往别省差委,以致各督抚大臣未能即时声覆改奖,亦属实在情形,自应酌定年限,以昭慎重。臣等公同商酌,嗣后驳令另核请奖人员,务令该督抚及统兵大臣迅速奏明改奖,不得任意延搁,如督抚及各该大臣遇有升调事故,及该员有离营、出差、丁忧等项,未能即时奏明改奖者,应以各该省接到臣部奏明另核请奖部文之日起,扣至各省督抚及统兵大臣奏请改奖奉旨之日止,予限一年,统不得逾一年之限。如逾限改奖到部,即将保案撤销。如蒙允俞,俟命下之日,应即通行知照,一体钦遵办理。谨附片具奏。

为咨行事。本衙门具奏议复御史杨晨条陈出使事宜分别准驳一折,于光绪十五年八月廿五日奉朱批:依议。钦此。相应刷印原奏及所奉谕旨,遵行贵大臣钦遵可也。

光绪十五年九月初五日。

谨奏,为遵旨议奏事。光绪十五年七月,军机处抄交御史杨晨奏出使关系紧要,敬陈管见一折,本日奉谕旨:该衙门议奏。钦此。钦遵到臣衙门。查原奏称,嗣后请将出使大臣之参赞官,由总理各国事务衙门分别繁简,核定人数,取该衙门章京,及外省熟习洋务、曾经保举之道府直牧进单候派一节。臣等查,使臣远涉绝域,所带参赞必须相知有素,临时商确(榷),方能舍短取长,资其参助。若非平时相识,强令派往,其贤者,或意见不免凿柄,不肖者,甚至遇事辙(辄)思挟制,恐于公事无益。近来营求出洋差事者,多如该御史所言,请托嗜利各端,未始无因。拟仍请饬下出使大臣,破除情面,慎选贤员,或奏调臣衙门章京,或于外省督抚曾经保举之道府直牧内,举其真知灼见,堪胜参赞之任者,奏带出洋,自能相助为理。该御史所请进单候派与向章不符,应勿庸议。又,原奏称,使臣所带翻译,大半同文馆学生。有汉文未通,稍习洋语,略能翻译,营谋出洋,不知大体,又或屡次乞留,竟至盘踞把持,私结外国执政,乞函致驻华公使,在总署为之揄扬,谓堪胜使臣之任者。嗣后请将翻译薪水加增,其保举稍为裁抑一节。臣等查,同文馆学生出洋充翻译官者,并无驻华公使来臣衙门为之揄扬求荐之事。既据该御史风闻有盘踞把持等情,应请饬下各使臣随时察看,严加约束,务令安分当差。倘有私交外交情事,即行据实奏参,毋许徇隐。至翻译薪水,因经费支绌,上年奏定酌量减成发给,未能遵议加增。出使各项人员,俱准照章保奖,独于翻译限制保举,未免向隅。该御史所请翻译宜原给廪禄,裁抑保举,亦勿庸议。又,原奏称,同文馆洋教习,日久敷衍成习,诸生无所畏忌,应于同文馆增一大教习,令翰林、六部保送端方正直、优于德者一员,派主其事一节。臣等查,同文馆洋总教习丁韪良,于同治七年到馆至今,督课尚为认真。此外,有洋文教习、汉文教习分课汉、洋文字,又有算学教习,专课算法。今拟增一大教习,诚为诸生益加培植起见。惟必须中西兼贯、学行俱优之人,方足以膺是选,一时难得其人。拟请饬〔翰〕林院、六部并南北洋大臣,留心访察,遴选通才,保送到日,再行奏明办理。又,原奏称,使臣行装为数太多,沿途火车等费无非虚糜(靡),以后遣使,应饬核定行李件数斤两一节。臣等查,使臣去国数万里,其三年任满,或得旨留任者,驻扎须六七年之久。日用所需,率多外洋所无。其所带行李食物,以及仆役随带各件,若必限以定数,则薄物细故,章程既无此琐屑,且非朝廷体恤劳臣之意。该御史所请限带衣装食物之处,亦无庸议。又,原奏称,近日出使大臣往往省绝宴会,袭用移交器物,任意报销。西例公使附搭轮船,其价八折报销,应亦核减一节。臣等查,出使经费载有定章,近年屡议减成,力求撙节,由各使臣按年分项造册,咨送臣衙门随时分别准驳,核实奏销。至公使附搭轮船,西例八折,亦系据实报销。除英、法、美三国外,其余国稍减约者,公宴等费亦经核减,尚无任意欺蒙之据。又,原奏称,使臣随员宜有定额,武弁多以家丁充当,此项直可革除一节。臣等查,使〔臣〕随带人员,上年业由臣衙门按使事之烦简,逐项限定额数,倘再议核减,诚恐不敷差遣。现在出使各大臣,并未闻有家丁充当武弁之事,武弁一项,亦未可遽议革除。又,原奏称,中国船炮购自外洋,前李凤苞充使经办,侵帑至百余万,虽加褫革,前弊并未湔除。中国使臣有驻扎三年未见德相毕司马克者,何以联属邦交,应饬除痼习一节。臣等查,前使臣李凤苞因购买铁舰,徐承祖因购买铜〔斤〕,先后奉旨革职查办。然贤不肖视乎其人,非可概论,各使臣通达事体洁己奉公者,亦不乏人。如果有此等情弊,臣衙门苟有所闻,亦必据实纠劾。德相毕司马克政务甚繁,有事商论,则虽驻扎他国之使臣经过德境,亦有请与晤谈者,如臣纪泽前以驻扎英、法使臣过德,而毕司马克请至其乡留谈二日。无事商论，则西国驻德各使亦多不见，不独中国使臣经年未见而已。总之，遣使外洋本为联属邦交之计，该御史所陈，原为防弊核实起见，惟此中情事亦有未能深悉之处。臣等窃思各使臣受命出疆，责任綦重，不得不藉群策群力，以资赞助。一切事宜固当顾全国体，勿贻坛坫之羞，而经费有常，亦应力求撙节，以戒虚糜。应请饬下出使各国大臣整躬率属，于随员之贤否，时加查察，以期无负委任之意。所有臣等遵议缘由，谨恭折具陈，伏乞皇上圣鉴。谨奏。

光绪十五年八月廿五奉朱批：依议。钦此。

为咨行事。光绪十五年十月廿七日，准军机处片交本日詹事志锐奏洋人密耳士、满德遇事欺朦，请饬总理衙门照会各国使臣，并咨行各督抚勿用此二人等语，军机大臣面奉谕旨：该衙门知道。钦此。传知片交前来。相应抄录原奏，咨行贵大臣钦遵照办可也。抄件。光绪十五年十一月初四日。

再，中国购买炮船，经手者每有侵蚀，习为故常，李凤苞、徐承祖其已事也，所幸圣明洞鉴，均予严惩，此习或可渐除。然以后经手之人，能使其自爱，难免其受欺。盖洋人亦有此等事，有大利可图，各国无赖之徒，如蝇附毡膻，麕集各埠，一或不慎，即堕其术中。奴才所闻，有俄国洋人密耳士，于光绪十二年，曾为神机营委员董梦兰承买日本废枪，谋吞巨款。幸神机营王大臣查出，将董梦兰参革治罪。而密而士逍遥法外，故智依然。近闻铁路议起，又复百计营求，时思染指。又有德国洋人满德，向在天津充当巡捕，去岁冒充洋行总办，代北洋承买火药卅万磅，谋侵价银数万。幸经海军提督派员验试火药等皆不堪用，始未受其所欺。当此海军创立之始，百废百兴，若容此等洋人肆意欺蒙，恐致贻误大局。且该洋人等不得志于此，将必顾〔而〕之他，倘沿海疆臣未能深查，一受其惑，为害不浅。应请饬下总理衙门照会德、俄二国使臣，通饬各埠领事，咨行各省督抚，凡该洋人所到之处，勿论承办何事，皆不准用此二人，以免受其欺绐，庶于沿海边防，不无裨益。谨附片具陈，伏乞圣鉴。谨奏。

为咨行事。光绪十五年十二月十七日，本衙门附奏，奏查明德商满德被参各节，请旨更正一片，本日奉朱批：依议。钦此。相应恭录谕旨，抄录原奏，咨行贵大臣钦遵查照可也。须至咨者。粘抄。

再，臣衙门本年十月廿六日准军机处片称，詹事志锐奏洋人密而士、满德遇事欺蒙，请饬总理各国衙门照会德使，并行各督抚，勿用此二人等语，军机大臣面奉谕旨：该衙门知道。钦此。并将原片抄交前来。臣当即抄录原奏，先行咨行南北洋大臣、沿海各督抚、出使俄德国大臣，并札知上海道遵照在案。其所请照会德、俄两国驻京使臣一节，臣衙门正在核办间，旋据德国使臣巴兰德照称，据津沪各埠开设之信义洋行禀称，中国詹事官志锐所奏满德各节，有损声名，请查明以雪不白之冤等语。臣等当即函询北洋大臣李鸿章，详查是否属实。兹据函覆，德商满德人循谨守分，并未在津当过巡捕。光绪十三年代办新式栗色火药卅万磅，价廉药好，各兵轮试放大炮，金称合用，并无海军提督试验不堪用之说。统计购药、添器、雇匠等项，共仅银十一万八千余两，亦无谋侵价银数万之据。若遽令各省皆不准用，不足以服其心等语。臣等查，德商满德既据李鸿章查明循谨守分，从前代办火药价廉而合用，该詹事所奏，自系传闻之误，应陈明更正。拟请由臣衙门再行咨明南北洋大臣、沿海各督抚，并照会德国使臣知悉，以昭公允。是否有当，理合附片具陈，伏乞圣鉴训示。谨奏。光绪十五年十二月十七日。

朱批：依议。钦此。

为咨行事。光绪十六年四月十八日准吏部文称，具奏酌定请恤限制一节，奉到朱批刷单知照，请转行出使各大臣一体遵照等因前来。相应抄录原单，咨行贵大臣查照可也。须至咨者。粘单。

吏部谨奏，为遵旨核议并酌定请恤限制具奏事。内阁抄出浙江巡抚崧骏奏五十三次查明阵亡、被戕、病故、淹没文武官绅缮清单，仰恳天恩俯准，敕部照例分别旌恤等因。光绪十六年闰二月廿八日奉朱批：该部议奏。单并发。钦此。钦遵。旋据该抚将文武官绅、义民、妇女，分别造册，咨送到部。除武职人员以及殉难民人、妇女应得旌恤，均由礼、兵、工各部照例办理外，查定例，阵亡人员文职四品以下、未入流以上，议给云骑尉。又，阵亡人员应袭世职，俟袭次完时，一体给予恩骑尉，世袭罔替。又，殉难人员及军营病故各官，如奉旨照例议恤者，各照殉难病故本例，按品级给予荫赠。虚衔顶带人员，无论议叙、保举、捐纳，只予赠衔，毋庸给荫各等语。此案清单内开：国子监典籍衔双月候选训导吴昌期一员，县丞衔监生陈兆翰一员，从九品衔陈溪采等十五员，据该抚按照阵亡殉难例，奏请分别议恤，并因官照被毁，无从呈缴，取具印、甘各结，切实声明，咨报到部，自应查照成案，给予议恤。应请将国子监典籍衔双月候选训导吴昌期，县丞衔监生陈兆翰，从九品衔陈溪采、李芝兴、冯邦优、吴祖英、吴懋暄、陈德杰、陈新托、毛恩琅、毛维恩、骆齐韶、龚润芹、王元宰、丁大成、吴懋福等十六员均照四品官以下阵亡例，议给云骑尉世职，袭次完时，各给予恩骑尉世袭罔替。又，从九品衔袭润著，核其结报死事情形与阵亡不同，应照虚衔人员殉难例，按从九品衔加赠盐运司知事衔，毋庸给荫。又，举人张宗全，据报于咸丰壬子科中式，附生孙槎、孙榆、孙秉哲等三名，据报于道光十二、十八等年考取,仍应行查礼部,俟咨覆到日,再行分别核办。再查阵亡、殉难人员,自四品官以下、未入流以上,以及举、贡生员,均应分别给予云骑尉世职及恩骑尉世袭罔替,恤典极优。臣部前于光绪十年八月奏定章程,嗣后请恤各员,须将死事情形及出身、履历详细声叙,其捐纳虚衔人员,应得执照送部,如执照确系遗失,应声明某年月某省局报捐,仍饬取地方官族邻印、甘各结,以凭核办等因。奏准行知在案。诚以肃清日久,采访过宽,其铺张事迹虚报官阶者,不可不有以防其弊也。乃近年以来,各省捐纳虚衔请恤人员辄以捐照遗失,取结咨报,其有执照可验者,十无一二,虚实已不尽可凭,且一案之内,从九品每居其半。即以此案而论,请恤共二十一员,而从九品多至十五员,尤难保无虚捏情弊。况现在粤、捻各匪平静将及卅年,阵亡、殉难各员声明中式考取年份及报捐案,据已在四五十年以外。过此以往,阅年愈多,查核愈难,流弊更无从究诘。兼以每省每次请恤,辄数十员,仅据取结声明,均即给予世职,将来又何所底止。非立定限制,殊不足以杜冒滥。臣等公同商酌,除在此次臣部具奏以前到部之案,仍照旧章办理外,拟请嗣后凡有各项请恤之案,均以十年为限。如核其死事年月已在十年以外者,概不得再行奏请,其已经查明,一时未及奏报,按现在核计已逾十年者,仍准自接到此次部文之日起,予限半年,悉行补报。其文到日期均案凭限折半扣算,不得再请展限。至此后补报,及按限请恤之案,仍令该督抚逐一严核,务将死事情形、出身、履历随案切实声明,不得笼列名奏请,其声叙官阶、履历、保举、捐纳案据,如部中无案可稽,又无官照可验者,虽据出具印、甘各结,及声明官照被毁等情,亦不准核办。至实收空白照、未换部照,亦应分别查明户部及各该藩司有案,并举、贡生员中式考取年分,查明礼部有案,方准照例办理。如此立定限制,庶严杜冒滥,益足以阐发幽光,于事理似属允协。如蒙俞允,俟命下之日,应由臣部钦遵通饬一体办理。所有臣等遵旨核议,并酌定请恤限制具奏缘由,理合缮折具陈,伏乞皇上圣鉴训示遵行。谨奏。

奉旨:依议。钦此。

为咨行事。所有会议詹事志锐条奏酌派章京出洋一折,于光绪十六年四月十五日具奏,本日奉朱批:依议。钦此。相应抄录原奏,咨行贵大臣钦遵可也。须至咨者。粘抄。

谨奏,为遵旨议奏事。光绪十六年二月廿六日,军机处抄交钦奉谕旨:詹事府詹事志锐奏,出使随员请于总理、海军两衙门遴员派委,并请随带同文馆学生充当翻译各折片,着该衙门议奏。钦此。钦遵会同核议。查原折内称,出使奏带员弁藉以学习,立法至善。现在风气已开,谋之者多三年差满各得优奖而散,未闻有得人之效。现又设立海军,较总理衙门于洋务尤为切要。凡隶于海军之事,皆应有能办之人,庶免假手他族,拟请每于轮换出使大臣时,总理、总理海军两衙门各派二员,资其差遣。总理衙门则满、汉各一员,海军衙门则满人二员,统归于时擘签派往等语。臣等查,定章出洋参赞、随员,皆归出使大臣慎选奏带,每届期满,等其资劳,酌予奖励。其到差不能胜任者,随时咨撤回华。差满各员中,有荐充专聘之才者,有仍留外洋接办者,有由沿海疆臣委办交涉各务者,十余年来,亦尚援十得五,不至全无小效。光绪十四年,出使大臣洪钧请于考取章京正途出身人员,择派参随,先期阅历。十五年,御史杨晨复疏请奏派章京出洋,均经总理各国事务衙门议复,准由出使大臣奏调,并由臣等酌量选派,前往襄办一切事宜。兹据该詹使(事)陈情,于总理衙门派满、汉京章(章京)各一员,持论又略相同。臣等公同商酌,拟使每届更换使臣时,应臣等与出使大臣详审筹商,遴选奏派一二员,俾之练习外洋要务,以储使才,仍任缺勿滥,勿庸指定满汉员数,以期得人而免窒碍。至总理海军事务衙门创办经年,举凡沿海外洋情形,与夫操练水陆营伍、建筑台坞、修制炮械,正拟讨论新法,日起有功。第外洋讲求武备,先自学堂童而习之,自少而壮,乃底于成。若以客官至其国中,度不过观其大略,未必能遽悉精微。但事经目睹,究与耳食者不同,或能于游览之中,藉得窥其要领,亦于武备有益。查兵力之强,西洋胜于东洋,派往之人,宜先从西洋施应。准如所请,嗣后遇出使更换西洋大臣,由海军衙门酌派章京二京(员),随同前往。到彼国后,由出使大臣为之先容,俾得游历各处,以广见闻而资考订。差旋后,如果查看得力,然后推行于各国陆续派往,庶几人才辈出,足备任使。以上两衙门所派人员,仍应由出使大臣随时考察,秉公举劾。至语言文字,各国不同,随带之员除翻译外,其余办理公牍,仍以汉文为主,若概责以三年内炼(练)习各国语言文字,未免强以所难。该詹事所奏,应请勿庸置议。又,原片内称,请将同文馆学生奏带四人,充当翻译,其支给薪水,即于少带一二随员内酌拨等语。查各国使馆翻译员数多寡不等,历届使臣均曾酌调同文馆学生专充,是习学者。奉调出洋者,亦每因方言多有不合,即在外洋自备资斧,从师肄业,以冀专精。引诸庄岳之间,习久自能纯熟。嗣后使臣出洋,仍因按照向用翻译员数,于馆中功课较优者,酌选派往,以期储材致用,毋庸预定额数,致涉拘牵。至参随缺出,应否拟令升补,听出使大臣自为甄录,庶公事无虞掣肘,而冗员不致滥竽矣。所有遵议缘由,谨合词恭折复陈,伏乞皇上圣鉴训示。再,此折系总理各国事务衙门主稿,会同总理海军事务衙门办理,合并声明。谨奏。

为咨行事。光绪十六年七月廿六日,准吏部文称,本部具奏保举人员履历,应令随案送部,申明定章,酌定限期,请旨通行遵办一折,奉旨:依议。钦此。咨请转行出使各国大臣等因前来。相应照录吏部原奏,咨行贵大臣查照可也。须至咨者。粘抄。

照录吏部原奏

为申明定章,并酌议请旨遵行事。查臣部奏定章程内开:近来各省保案到部,往往声明俟后补送履历,或迟之又久,始行咨送,以致保奖之案因此停其核议。任意迟延,殊非慎重保举之意。相应请旨饬下各省督抚及统兵大臣,嗣后遇有保举之案,应遵照奏定章程,随案将所保各员造具履历送部,不得仍声明补送,以杜冒滥,庶奖案不至虚悬等因。于光绪十五年六月初二日具奏,奉旨:依议。钦此。通行知照在案。自申明定章后,迄今已及一年,乃各省保举之案,仍有未将所保各员详细履历随案声明。定章以前保奖之案,竟有迟至数年始行补送,殊不足以昭慎重。即如山东修筑堤捻,及挑挖小清河出力保奖人员,于光绪十二年五月廿八日,由前任巡抚陈士杰奏明请奖,节经该抚等先后补送履〔历〕,乃迟至本年三月廿二日,复据山东巡抚张曜咨送刘坦等十员履历,此外尚有七十余员未据送到。计自保案奉旨之日起,已经五年,辗转迟延,恐不无挪移取巧之弊。应再行声明定章,严定限制。嗣后如有保奖之案,应按照光绪十五年六月初二日奏定章程,随折咨送履历,不得无故迟延,藉端补送。如有保案业经奉旨到部,而请奖各员履历未经随案咨送者,除将原保大臣先行议处,并将保案停其核议外,即由臣行文咨取。至随案履历未经全行开送者,将除送到各员先行照章核办,未经送到各员,暂将保案停其核议,仍由臣部一面行文咨取。均以行文之日起，扣至各该省补送履历出咨之日止，予限一月。倘逾一月之限，始行补送履历到部，即将保案撤销。如蒙俞允，俟命下之日，应即通行京外一体遵照办理。谨将臣等申明定章，并酌议缘由，缮折具奏，伏乞皇上圣鉴训示。

为咨行事。光绪十六年十月初一日，接准出使崔大臣文称，出洋期满员弁给假章程，外洋皆于给假时领三个月俸薪，其因事不能回差者，此项即作为归装，回差者仍作为俸薪。回差未逾半年者，仍补给三个月俸薪，以后按资接算，于销差时发给归装。此系遵照章程本意办理。惟此项人员于销假后为时不久，如不愿当至六年期满而请离差，应否留照六年期满之员给予归装，章程无此明文，请示覆遵行等因。查出洋期满人员销差回华，例应给予归装。至期满请假回华又复出洋，除三年差满回华照例应给归装外，若回差未满三年又请假回国，其前领三个月俸薪，系在请假回国之时。回差既不扣资，已示体恤，自未便再照差满之例办理。本衙门现拟回差在一年后再请假者，酌给一月归装，两年后酌给两月，三年后仍给足三月，以示区别，作为定章。除咨复崔大臣外，相应咨行贵大臣查照可也。

抄总署咨文一件附上谕六道

为咨行事。光绪十六年十一月廿一日，廿三、四、七等日奉上谕六道。相应恭录，咨行贵大臣钦遵可也。须至咨者。抄件。

光绪十六年十一月廿一日奉上谕：朕钦奉皇太后懿旨：自古帝王以孝治天下，必推本于所生，而礼有经权，尤必折衷至当，方足以昭示来兹。恭读高宗纯皇帝御制濮议辨，援礼经为定论，称"所生曰皇帝本生父，殁则称本生考，立庙于其邸第，为不祧之庙，祀以天子之礼,合乎父为士、子为大夫之义,则尊亲之谊交尽,而于公义私恩两无遗憾"。圣训煌煌,昭垂万世,洵协于天理人情之至。皇帝入嗣文宗宪皇帝,诞承大统,光绪元年正月,醇亲王奕环(譞)密陈预杜妄论一疏,内称,历代继统之君推崇本生父母者,以宋孝宗不改子称秀王之封为至当,将来如有以治平、嘉靖之说进者,务目之为奸邪小人,立加屏斥等语。持论正大光明,敬证(征)高宗纯皇帝〔御论〕,正相吻合。其志虑之忠诚,防维之深切,方之古纯臣,何以加兹。上年二月初二日,因吴大徵(澂)之奏,特降懿旨,将王之密疏宣示中外,俾天下臣民咸知我朝隆轨超轶万代,而醇亲王寅畏之本心,从此昭然若揭。讵意天不假年,溘然长逝,痛惜之极,悲感弥深。醇亲王著定称号曰皇帝本生考。凡有一切饰终葬祭典礼,自宜恪遵祖训,详定彝章,用遂皇帝恩义交尽之忱,兼表贤王终治不渝之志。着派御前大臣、军机大臣、翁同龢、孙家鼐会同礼部妥议以闻。钦此。

同日奉上谕:朕钦奉皇太后懿旨:皇帝本生父醇亲王奕环(譞),秉性忠纯,宅心仁厚,才猷远大,勋业崇闳。自幼仰蒙宣宗成皇成(帝)钟爱,恩眷优加。文宗显皇帝谊笃友于,封为郡王。同治年间,晋封亲王,历充御前大臣等,恪恭尽职。迨皇帝入承大统,特降懿旨,令以亲王世袭罔替,慰谕再三,涕泣受命。历年以来,平章军国重事,主持正议,利国利民。其总理神机营,及创立北洋海军,宏谟硕画,成效昭然。前年亲赴海口,巡阅操防,尤能综揽大纲,不辞劳瘁。论国家酬庸之典,虽叠颁异数,犹觉功浮于赏。而王谦谨为怀,益加寅畏,于特旨赏坐杏黄轿,始终不敢乘坐。并以现居赐邸,为皇帝发祥之所,敬援雍和宫成宪,请旨恭缴。其忠敬笃棐之忱,数十年如一日。自古贤王,罕有伦比。王气体素强,前岁感犯肝疾，特率同皇帝屡往闻视，旋即调治就痊。本年夏间，感受暑湿，触发旧疾，复同皇帝迭次诣邸看视。近日以来，闻王病笃，深宫默念，日夕焦愁。不料病势已深，医药罔效，遽于廿一丑刻薨逝。深宫震悼实深，着赏给陀罗经被，即日亲临赐奠，皇帝诣邸成服行礼。派总管内务大臣福锟、礼部尚书崑冈、工部尚书熙敬、礼部左侍郎钱应溥总理丧事。所有一切事宜，俱由官为经理。镇国公载沣即日承袭王爵，用示笃念亲贤至意。钦此。

上谕：朕钦奉皇太后懿旨：皇帝本生考醇亲王薨逝，业经降旨加恩，用昭隆礼。因念饰终之典首重易名，醇亲王亲贤重望，中外交孚，茂绩宏猷，增光史册。允宜特加谥号，昭示来兹。醇亲王着赐谥曰贤，以彰勋德而垂久远。钦此。

同日奉上谕：朕钦奉皇太后懿旨：本日御前大臣、军机大臣、翁同龢、孙家鼐会同礼部奏，遵议醇亲王饰终典礼，分别条款请旨遵行一折。皇帝服制，即着为特服期年，御缟素十一日，辍朝十一日。期年内除请安及听政召见外，御便殿时仍用素服。坛庙大祀，皇帝亲诣行礼，中祀均遣官恭代。元旦诣堂子行礼，仍御礼服，诣慈宁宫行礼，御礼服作乐。其太和殿朝贺，御礼服升殿不宣表，乐设不作。蒙古朝正来京王公，例赐筵宴照旧举行，宗亲廷臣筵宴均着停止。其祭文碑文，均书皇帝名。嗣后臣工奏疏，凡遇醇亲王字样，均应双抬书写。余着照所议行。该衙门知道。单并发。钦此。

二十四日奉旨：朕钦奉皇太后懿旨：十二月初七、八、九等日申正殿拈香，着派礼亲王世铎恭代行礼。其坤宁宫祭神照常举行。明年六月皇帝万寿，照常行礼，乐设而不作，停止听戏。钦此。

十一月廿七日奉上谕：朕钦奉皇太后懿旨：本日御前大臣、军机大臣、翁同龢、孙家鼐会同礼部奏，酌拟醇贤王初祭、大祭、奉移各典礼开单进呈，请旨遵行一折。所有十二月初十日行初祭礼，十六日行大祭礼，廿一奉移园寓，皇帝均亲诣行礼，御青长袍褂，冠摘缨。奉移前期一日，皇帝亲诣行礼，照大祭礼读文致祭。奉移日，皇帝诣邸第恭送，至适园候过还宫。二十一日仍诣园寓奠酒行礼。余均照所请行。该衙门知道。单并发。钦此。

美国案折稿共五件附薛大臣密奏一折

为咨会事。照得本大臣于光绪十六年七月初六日，在伦敦使署具奏密折一件，片二件，当经寄呈总理衙门代递。兹于十一月十一日寄回原折一封，查内开具奏折、片各一件，奉旨留中。钦此。又，片一件，奉朱批：该衙门知道。钦此。相应补抄折、片稿，咨会贵大臣请烦遵照。须至咨者。计抄折、片稿。

照录原奏

奏为微臣分驻英、法数月，察看交涉事宜，谨陈梗概恭折仰乞圣鉴事。窃臣在法国、英国、比国呈递国书，已将各国互敦和好之意，陆续据实奏报在案。惟闻义国罗马都城，一交夏令，瘴气甚重，该国王及其外部大臣等皆避暑在外，必俟八九月后回都办事。臣是以暂缓驰赴罗马，稍以其暇详阅接管案卷，联络议院官绅。谨将见闻所及，为圣主缕陈之。

窃维数十年来，西洋诸国惟英、法与我中国素多龃龉，一二强邦，迭起乘之，事变愈棘。从前英使如威妥玛、巴夏礼等，法使如巴德诺脱等，尤窥知中国情事，狃于积习，动辄要挟，勾结他国，协以谋我。与之以利,而不知感,商之以情,而不即应,绳之以约,而不尽遵。其所由来非一日矣。

臣尝观光绪三四年间旧牍,前使臣郭嵩焘初到之时,枝节不少,口舌滋繁,有明系中国自主之权,而妄思侵碍者,有明系彼国订行之款,而不即照办者。盖彼之商人惟利是视,不顾大体,而公使领事,向恃中国无驻洋使臣与彼外部辩论,往往逞其一面之辞,要求迫胁,惟所欲为。今则事势既异于前,威、巴诸使,或退或死,狡谋斯戢,积案稍清。臣尝与英、法官绅往来酬酢,察其言论,多有联络中国之意,不复如昔日之一意轻藐。推原其故,厥有数端:一则越南一役,法人欲索赔偿,竟不可得。至今法人议论,咸咎斐礼之开衅,恨其得不偿失,各国始知中国之不受恫喝也。一则十余年中,冠盖联翩出驻各国,渐能谙其风俗,审其利弊,情意既洽,邦交益固也。一则中国于海防海军诸要政逐渐整顿,风声所播,收效无形。且近年出洋学生,试于书院,常例高等,彼亦知华人之才力不后西人也。凡此数端,皆系圣明措注因时,及内外大臣尽力经营之效。

臣愚以为,乘此振兴之际,遇有交涉事件,可以相机度势,默转潜移,稍裨大局。大抵外交之道,与内治息息相通。如商税受损,则财用不足矣,教民横恣,则吏治不饬矣,海外之华民保护不及,则国势不张矣,内地之土货行销不远,则民生不厚矣。此在任使者设法维持,随宜筹措。虽旧约骤难更改,而情势或可变通。臣拟于兹数者审度情形,俟有机会,大则奏请谕旨遵办,小则函咨总理衙门裁酌,总期捷声息而通隔阂,收权利而销外侮,仰副朝廷委任之意。抑臣又闻,外洋各国使臣互相驻扎,皆以得见圣主为荣,君主亦必接见以示优异。皇上亲政以来,各使以未见天颜,疑有薄待之意,不无私议,屡见英、法新闻纸中。将来恐不免合力固请,似亦当筹所以应之也。所有察看交涉事宜,理合恭折密陈,伏乞皇上圣鉴训示。

再,查外洋各国风气,交际与交涉截然判为两事。交际之礼节,务为周到,交涉之事件,不稍通融。惟其厚于交际,故可严于交涉。凡各国使臣初到一国驻扎之时,其君主无不接见慰劳数语,以示优待,使臣鞠躬而退,并不言及公事,此西国之通例也。臣到英后,除呈递国书外,其君主延请宴会一次,听乐、观舞会各二次,又年例朝会二次,礼意颇为周浃。今闻各国驻京公使以未蒙晋接,不无私议,万一合辞来请,若我深闭固拒,相形之下,似觉情谊恝然。昔年英使威妥玛借未许觐见为辞,颇于烟台条款多所要挟。夫靳虚礼而求实损,非计之得也。臣愚以为,今有同治十二年间成案可循,不妨援照办理。当时议者,亦颇多疑虑,一则恐其有所渎请,一则谓中西之礼不同。然礼成而退,海内且传为盛事者,何也?西例公见不言公事,即晤其外部亦然,洋使断无不谙之理。若论理(礼)节,可于召见各使臣之先,敕下总理衙门,告以如愿行中礼,或愿行西礼,各听其便。如是则彼虽自行西礼,仍于体制无损。又闻雍正年间,罗马教王遣使到京,世宗宪皇帝允行西礼。乾隆五十八年,英国遣使马格理来华,亦奉高宗纯皇帝特旨,准以西礼,赐以筵宴。未知礼部等衙门是否有案可稽,似亦足备考证。臣为豫筹应付各使起见,理合附片密陈,伏乞圣鉴。谨奏。

再,前使臣刘瑞芬代湖广督臣张之洞,在英国谛塞德厂定购炼铁炼钢机器汽炉全付,又在柏辣德厂及喜克葛哈里甫厂定购纺纱织布机器气炉全副。原议铁、布两机,俟造成后,各分五批运赴广东。适张之洞调任湖广,勘地未定,筑厂需时,而布机皆系细巧之件,若无厂屋存储,恐致锈坏,臣电商张之洞,暂缓运鄂。惟织布锅炉六座及炼铁机器两批,业已雇船送至汉口。又有筑厂物件及应添器具,臣亦为之详审访订,陆续运送。窃维炼铁、织布两大端,裕强兵富国之谋,握利用厚生之本,若果办理有效,每岁中国之银少漏入外洋者,不下四五千万两。惟炼铁必与开矿相济为用,若数端并举,事体宏巨,恐非一省之物力、才(财)力所易集事,想朝廷必已默操至计,允为始终之持。然如厂屋尚待卜筑,工匠亦须募练,运器之水脚难省,添制之零件犹多,固非旦夕所能动工。而外洋各国,每兴一利源,其初不免耗折,赖有坚忍之力以持之,中国始基初立,用帑较巨,势难中止。伏惟圣明洞烛时势,创建宏规,不以疆臣易任为作辍,不以浮议稍兴为阻止,俾内外合力,妥慎经营,十余年后,当有成效可睹。至如筹运全机,雇募洋匠,访各厂之良法,询购物之时价,与张之洞函电频商,务臻妥善。此系微臣之责,断不敢稍形怠忽。合将大概情形附片具陈,伏乞圣鉴。谨奏。

奏为美约中辍善后无期,请旨饬筹补救,恭折仰祈圣鉴事。窃臣遵旨妥筹善后,互订保护限制两款,当经奏奉朱批:该衙门知道。钦此。九月初九日,臣自秘返美,承准总理衙门函开:新约正在具奏。适接北洋大臣李鸿章电奏称,各口怨谤沸腾,布为说帖,旋咨送商禀到署。九月十九日,承准总理衙门函开,准军机处抄交两广督臣张之洞折奏,另《商务刍言》一本,转发到美。并告臣以英方订议,俟英议订后,臣议、民谣皆成画饼。向来中西订约,局外刍言每极切至,特于废约之后如何布置,罕有筹及者,不自今日始矣。臣维自禁之议倡于郑藻如,总理衙门嘉纳照行,所以远祸机而保生命,原非冒昧轻发也。金山华人曾于前年正月电致粤港,劝阻华人勿来美。臣正在香港放洋,此境此情,宛然心目。及臣抵美后,事机稍顺,咨(洛)案办结,工商蒙业而安,顿忘前此燔逐之苦,惟以往来窒滞为忧矣。重绎自禁三端:第一端,未经赴美者,禁勿往。此美于光绪八年续约后,即立例不准,郑藻如之议,固于华人不加损也。第二端,自美回华者,禁勿再往,惟有眷属、财产者,仍准往来。郑藻如盖逆料美将改例,故为曲实徙薪之策。工少则价增,且免闲散,华商就现有之华工运供货物,酌量多寡,亦免赖帐倒盘之虞,似于寓美华工、正业华商均无妨碍,特不利于包揽华工之辈耳。盖庚辰续约以后,华工赴美,依然络绎不断。因美例,凡立约立例以前,寓美者凭税关执照,仍得往来。于是关照一纸,遂为确凭。华商亦降格以请,一年之间,足敷周转。贪劣关吏,又时发空白照,寄售香港。即映相亦可临时互易,移花接木,随意为之。纵或人照不符,提讯公堂,但有证人,或发誓,或铺户担保,便贸然入境。美俗最重者,发誓、见证、保单三事,华人均能以巧胜。发誓则中西语殊,洋官但见其喃喃,不辨何说。保单则但系华字店铺,资本不盈百,动可担保数万金。事败究查,卷逃去矣。见证则包揽华人会党时常结纳,千百到堂,一证人贿两元。举美国至重至要之事,均难出华人智计之中,几无所谓例也。若但华商雇用伙伴及人照相符之人岁常往来,则中美违言,尚不致如是牴牾。美族每以政令不克申行于国内,积愤既深,始而诟詈,继而焚杀,终之以〔一〕切禁绝,此事势所必然。郑藻如逆料及此,特标明有眷属、财产始准往来,聊杜彼族轻藐华工之见,非如前此之某年寓美者随口指认之为活。彼族固不满意,而华人之怨,已根于此。而不便自暴其私,特托为商务放言高论,以期耸听耳。缘香港、澳门贩鬻人口之风根株未绝,每有无赖洋人纠合华人,在香港设立行店,包揽出洋。其包至美国者,每人一百七十元,除大舱水脚五十元外,余皆经揽者之利。每年至少以五千人计之，岁得五十余万金。与金山华人会党串通分润，岁留公积银一成，以备一切费用，七八年于兹积成巨款。金山华商之狃于目前者，谓揽载多而生理畅，咸与结纳，其稍存远虑之华商，纵不仰其鼻息，亦莫敢颉颃，狂焰日侈。所包华人抵岸后，有工与否，燔杀驱逐与否，愁急自尽与否，皆不计也。今春新约甫定，所有香港赴金山轮船大舱位，均经包揽人预定，自三月自七月，以为垄断之私。若不经其揽载，不易觅一舱位。此数月间来美者五千余人，提审候讯，缪辖之甚。年来出洋华工岁无虑千万，实至（只）两项人，非至愚，则至黠。闻出洋可以获利，逐百计典质，凑足百七十金，交香港包揽人，领取一照，授以口供，即便前行，从未睹条约禁章，方谓往来任便。故新约一立，几疑臣擅为厉禁，以自绝华民生计，怨毒遂生，而香港包揽出洋之人，坐失其利，尤不惮百计阻止。粤督署翻译官邝其照，托名公愤，借事敛钱，分致中外各埠书函，联约禀阻，且有从中主持，先登日报之语，所谓各口怨谤沸腾者，实只一人作祟。金山中华会馆曾将来函寄阅，其意在阻约，论多偏杂，甚至臣索偿巨款，亦为加虐华人之具，尚复有黑白哉。此时新约已废，美廷赔款仍缴。悠悠之口，徒挠政权，不足凭信，此其显然者也。

所著《商务刍言》，刊本单行，遍布中外，几若华人舍美无以为活，自损已甚。此中略有关系者，则中美新约一行，英属南洋各岛相率效尤之说。臣当议约之初，美外部曾立一款，请总理衙门照会英国转致哥林卑亚属土，无令华工潜入美境。臣驳以中美之约，无与英事，毅将此款删除。约成后，英驻美公使威士忒来晤，云奉英廷饬询，自禁办法是否出自中国本意，抑系美廷所请？当答以此系中国自顾民生起见，岂美廷所能相强。又问，英属各岛禁否？答以美国有焚杀华人之案，自禁乃出于不得已。英属华人最多，流寓亦最久，土客可以相安，固无虑中国之自禁也。英使唯唯而去。查英（美）国限禁华工，光绪六年中美专订续约，既已准其立章限制，美议院增修苛虐，层出不穷。若不与互订约款，彼亦何难自立禁章。郑藻如倡议时早见及此，且非有续约在前，总理衙门又岂肯自禁章程照会美使臣田贝。中美交涉情形，固非中英之比，尤非南洋各岛所能仿办。此约且废，造言者更无所庸其比拟也。其言华工在洋之利，铢两乘除，又言岁运回华银逾千万，适足坚人禁止之志。其最误者，则屡言中国地狭人稠，无业游民穷则滥乱，借鉴发捻，非藉外洋消纳，则贻害地方。其公禀且直言，华工忘命越国，多非安分之民，亦既痛切言之矣。徒骋词锋，转滋流弊。现美、英两国，方刻意禁阻华工。闻有译作西文者，设援睦邻之义以请禁，臣等固不能谓必驱无赖忘命寄佣他人之国以为合理，即总理衙门综核外交，亦难代圆其说。美例已然之事，英议未定之天（文），恐从此又增一番缪辀。此种说帖，何关典要，然既达之当道，则各国观听系之矣。现新约已废，美例自行，凡华工入境、假道均窒。臣诘问外部，语多枘凿，已深焦愤。金山华民，又不候臣返美，遽以新例讼之美官。彼族立例之初，即经驳煞，事机愈钝，当时华民多有阻挠，或未预料及此也。臣详查美国立例之故，聚讼经年，几于牢不可破。此次新约，原期预遏其谋。约成而美西各省诋毁外部，绘为画报，甚于华报之诋臣，盖以华工有经手账目千金仍得往来，以为浮泛，此美民之故智也。美议院则以旧例纷如，莫杜华工机巧，授权关吏，而假照浸多，授权驻华领事，而含混不免，又不便自鸣其短，因一意归恶华人，不顾旧约，不候再商，悍然立例禁绝，此美绅之心计也。适当总统举代之际，现总统俯合众情，遽尔批准。明年二月，新总统接任,此项新例,美国西省议绅蓄意已久,一旦得遂其心,势必以全力持之。能否转圜,诚不敢必。臣内与总理衙门商办,外与美廷辩争,固责无旁贷,亦并函电津、粤筹商办法。窃维此约原起,臣叠经奏报,并函商总理衙门,约成而后,总理衙门亦谓大致妥协,乃因包揽会党肆言摇惑,太阿倒持,臣甚惜之。揆今情势,机局日坏,非单使弄颊所能维挽。相应请旨,饬下北洋大臣李鸿章、两广督臣张之洞妥筹善后,以资补救,拓威棱于龃龉之余,拯工商于废约之后。臣一接咨函,当相机办理,断不敢以差期将满,稍懈初心。似此中外合力通筹,或于殊域侨氓较有实益。所有美约中辍,请旨饬筹补救各缘由,臣谨恭折觊陈,并陈录郑藻如自禁节略、中美草议未成之约,及美国废约后现行禁例,恭呈御览,伏乞皇太后、皇上圣鉴训示。谨奏。

谨将前使臣郑藻如自禁华工来美议略,及臣本年与美外部草议未成约稿,并美国现行新例,汇缮清单,恭呈御览。

自禁华工来美议略

美国前因华工日众,土人未能相安,故于续修条约之中,特设限制一法,平争弭患,意甚善也。当未修约之前,金山土人数千,思与华人寻衅。其时,中国甫设金山领事,几无措手,幸赖兵力弹压,其祸始息。及后其国遵约自议限制新章,适因总统批驳未行,而金山一带,辄复哗然不靖。其俗之横,几成习惯矣。然斯时明理官绅尚知顾存公道,故新章虽经颁行,犹得从中设法,遇事补救。无如土人之忌华工日甚一日,而其中之贪图公举者,复藉此以取媚于众,由是凶焰益张,绅富畏祸箝口。此美西境滨临太平洋各邦之情形也。

寓美华人，以西境为最多，贸易亦最盛。藻如忧思窃计，恒恐土人一旦有事，华人定必先遭其祸，故于檀香山、墨西哥、巴奴玛诸处屡谋以次疏通，藉为逐渐迁徙地步。即如秘鲁、古巴两境，不欲华民由中土私往者，未尝不欲其由金山等埠迁往。盖留此而自贻日后之忧，不如去此而暂受日前之苦也。乃自本年七月后，迄今未满半年，而焚杀驱逐之祸，竟已层见迭出，如火燎原，扑不胜扑。其尤险者，金山会党制造炸药，谋先杀本地官绅，后杀华民。倘非先事破露，阖埠已不堪问矣！窃维现在情势，各处杀机陆续萌动，纵一时暂能遏抑，而终久必难保全，纵别境可望相安，而西境必难无事。况其国法律太宽，地方官之权不尽能行于百姓，朝廷之权又不能尽行于地方官。诚恐今日各案不过先示其端，异日祸更难测矣。至于华工之由美回籍及他往者，自己虽不再来，或将执照卖与年貌相若之人，顶名而来，或并无执照，而串通关役行贿而来，或由英属之域多利边界偷越而来，故自举行限制之后，去者虽不乏人，而为数不见其减。此又招疑取怨，未尽出于无心者也。

为今之计，欲免华工后祸，似非先杜来源不可。欲杜来源，似非中国自禁不可。谨冒昧而陈其说：

一曰先正自禁之名。华工之由美回籍者，皆系向居美国，利（例）应往来自便之人，其再往也听之，其不往也听之，本不宜禁也。惟今日正因回而复往，络绎不断，以致顶名、行贿诸弊日起。美民见华民尚众，仇恨益深，而祸亦愈亟。今日拟禁，非为美民助虐，实为吾民救灾耳。但此种华工，美国尚未禁其再来，我国乃先禁其再往，似类于自弃条约，故必显揭美国未能保护之咎，历叙华人迭次受害之惨，申明不得不急筹拯救之故，然后我之自禁乃为有名。拟请贵衙门行文美国驻京公使，其意若曰：华工向居美国者，按约应得往来自便，以及一切保护优待之益。其回籍暨他往者，美国均给以复来照据，亦未尝非循约办理之意。但近来焚杀驱逐，巨案迭出，地方官既不防维于先，又不严办于后，是中国之待美民，皆奉条约为依归，美国之待华民者，竟视条约为虚设。今我国议将华工之回本籍，禁其勿再来美，以免复履危机。此外华工由美并非回籍者，不在我国自禁之例。至于现在尚未离美之华工，以及条约所载，应听往来自便人等，务请永远照约办理。望咨美外部查照施行云云。似此仗义执言，情理兼尽。在其国，方将自省，未必复设苛法，以重招万国之讥，在他国，亦鉴吾心，未必意为曲意徇人而别作效尤之想。至顶名、行贿、偷越诸弊，似可一概勿提，庶免示人以瑕。或曰，美国于此项华工，若不给以复来执照，则来源自清，何必中国自禁。不知美国非不欲停发复来照据，其现在不为者，虑各国讥其显背约章，待人太甚，故避恶名而不居也。然美之为计则得矣，其如华人，终受大祸。何且他日万一悍然不顾，竟禁华工再来，是又禁止之权在人，于我无与，更不若由我自禁之为愈矣。

一曰实筹施禁之法。华民受害情形，业于金山、香港等处切实布告，劝令未归者速回，已归者勿往。但恐诚谕之人，若辈未必尽知，即知未必尽听。若由官府施禁，亦恐视为具文。惟有拟请贵衙门，商托英国驻京公使，转请英廷饬令香港英督，无论何国轮帆船只，凡有〔香〕港开往美国各埠者，一概不许搭载华工，庶有实在把握。仍将此议知请美使照行。

一曰分别应禁、不应禁之人。此次所拟禁者，只系华工一种，其余条约应准往来自便人等一切不禁。然载客船只何由辨其是否华工，香港英官亦何由定其是否华工？是不可无分别之具也。查美国举行新章，初拟中国自发华商来美执照，后因华工冒领者众，于是议令美国驻港领事,将中国所发执照归其稽核,以定准驳。我国人因有碍体制,遂将执照停止不发。去年,其国又议准令驻港领事自发华商执照,此举却是意在便商。乃今秋户部又以不合而除之,盖章程已经数变矣。藻如现拟两法,商诸外部:一则请美国仍准驻港领事自发华商执照,一则凡有华人欲来美国贸易者,拟令金山各埠华商开具其人姓名、年貌,禀由金山总领事缮发印照,寄给本人,携交港中美领事覆验,以凭登舟。盖因在港商人,皆与在美华商通气也。目下须交议院公议,乃能定所适从。既拟〔禁〕华工续来,必先筹及华商来美凭据。拟请贵衙门行文美使时,并催其转达美廷,速定华商领照之法,庶与华工有所分别,可以在港验明登舟耳。

总而言之,拟禁华工,其意有五:愚民自投陷阱,而我设法以闲之,事属保民,筹办宜急,一也。西人轻蔑华民,谓非来洋无以养命,今我自禁,以示无求于彼,可争体面,二也。我国毅然自禁,隐示以不相甘服之情,美国君相或者翻然力图整顿,则留美华人皆受其益,三也。美民闻我自禁,怨毒之气亦可稍平,四也。华商财产、身家皆在美国,非收盘不能旋里,而收盘之法,必须以渐而退,否则大伤。今华工不来,则美民之因华工而并恶华商者,或可消释,五也。藻如目击近情,思为清源之法。谨献刍荛,是否有当,伏候查酌。

再者,华民或由中国回别国,或由别国回中国,或由各国互相还往,有须经过美国行走者,当初美国不许假道,嗣经辩明,得以往来无阻。如将来禁止华工一事可以议办,请贵衙门于照会美使文内带叙,请美廷于假道事仍前办理,庶免彼国之或藉口改章。

此议前使臣郑藻如于光绪十一年十二月十六日函呈总理衙门。

草议未成约稿

第一款 兹彼此议定，以此约批准互换之日起，计限廿年为期，除后开章程所定外，禁止华工前往美国。

此款美议院拟增：现已自美回籍华工，无论曾否领过仍准回美执照，新约行，亦在限禁之例等语。

第二款 寓美华工，或有父母、正妻、儿女，或有产业值银一千元，或有经手帐目一千元未清，而欲自美回华，由华回美者，不入第一款限禁之例。但华工于未离美境之前，须先在离境口岸详细缕列名下眷属、产业、帐目各情，报明该处税务司，以备回美之具。该税务司须遵现时之例，〔或自后所立之例，发给该华工按此约章应得回美执照。但所立之例〕①，不得与此约款相悖。倘查出所报各情属伪，则该执照所准回寓美国之权利尽失。又例准回美之权利，限以一年为期，以离美之日起计。倘因疾病，或别有要事，不能在限期内回美者，则可再展一年之期，但该华工须将缘由禀报离境口岸中国领事官，给如凭批，作为妥据，以期取信于该华工登岸之税务司。

此款美议院拟增：此项华工，或由陆路，或由水程回美，如〔无〕此款所订回美执照呈关查验，不准入境。

第三款 此约所定限制章程，专为华工而设，不与传教、学习、贸易、游历诸华人等现时享受来寓美国利益有所妨碍。此项华人，倘欲自行申明例准来美之利益，可将中国官员或出口处他国官员所给执照，并经出口处美国领事官签名者呈验，作为以上所叙例准来美之据。华人假道，照章准行。

---

① 此句原阙，据《清季外交史料》补。

第四款　查光绪六年十月十五日,中、美在北京所立华人来美续约第三款本已叙明,兹复会订,在美华工或别项华人,无论常居或暂住,为保护其身命、财产起见,除不准入美国籍外,其余应得尽享美国律例所准之利益,与待各国人最优者一体相待无异。兹美廷仍允按照续约第三款所订,尽用权力,保护在美华人身命、财产。

第五款　中国属民前在美国荒僻之境,被恶党不法之徒戕害生命,损失财物,事出意外。在美廷例不应赔,在中国亦不愿有此等案件,索此赔款。今者美廷惋惜其事,顾念两国多年友谊,两国均愿笃固邦交,薄纾该华人所遭惨虐。虽美廷按例不应赔偿,姑勿深论,兹美廷应允准于一千八百八十九年三月一号以前,将银廿七万七千六百十九元七角五仙,在华盛顿都城缴送大清钦差大臣代政府核收,作为清偿。以上所叙损失各款,并分派受害之华人及其家属。

第六款　此约彼此互须遵守,以廿年为期。敬俟大清国皇帝、大美国大伯理玺天德批准互换之日起,计至限期届满。倘如六个月前,彼此并不将停止限禁之意行文知照,则限禁再展一十年为期。

此约臣于光绪十四年二月初三日咨呈总理衙门。

美国现行新例

一、此新例系续补一千八百八十二年五月六号所准行,按约为华人而立之新例。准行后,凡华工勿论前曾在美,或现时,或将来,一离美境,均不准复来居住。其或新例未行之前回华,尚未回美者,概不准复来。违者照犯例向章办理。

二、前例第四、第五两款,所准给发执照作为回美之据者,嗣后概不发给。即前经按例发给者,今亦作为废纸。凡华工欲藉此项执照复来美国者,概不允准。

三、此新例各款申办之法,仍须按照前例第二、十、十一、十二各款所载究罚充公,并官员办理之权各章而行。

四、前例款设与此新例有轩轾者,概行注销。

此例美总统于光绪十四年八月廿六日批行美国。

为咨会事。案照本大臣于光绪十五年八月廿日,在驻美使署拜发美国赔款散竣,并匀拨东振奏折一件,附片三件。除俟奉到朱批,再行恭录咨会外,合先抄稿咨会贵大臣,请烦查照施行。粘抄。

奏为美国赔款散放完竣,并匀拨东振,恭折仰祈圣鉴事。窃美国赔款银二十七万六千六百一十九圆七角五仙,遵旨核收,当于本年二月廿日,将遵收饬放情形具奏,奉朱批:该衙门知道。钦此。臣查槐花园、姑力煤矿、阿路美、的钦巴、澳路分奴、舍路、漫天拿、阿拉士架八案,华人所报损失,数目歧舛。经前任金山总领事欧阳明查实删减,有不及原报十分之四者,嗣仍按照原报最多之数索偿。辩论数年,波澜叠起,既专延律师,又复辗转托人,是以美廷始则并未派查,继亦不因废约而赖。本年二月,臣奏明散放,当将所收赔款划给律师诸费二成,银五万五千三百廿三圆九角五仙,酌赏使署翻译洋员三千三百圆,发交金山总领事梁廷赞银廿一万八千圆,饬令该总领事官就近散放。兹据报称,自二月廿日起,分案查散,取具华商铺保,按名给领。内有两起,但报人数而无人名者,则交原报之人觅保承领。其中命案惨伤,遵奉电饬照数发足,免摊讼费。全案讼费,统在损失各案均摊,合计律师修脯酬劳,及会馆工头垫款,暨领署添募书手,刷印单票,酌赏翻译洋员电汇等项一概剔除,照案匀给,仍敷七成之数。美国此次赔款,共系八案,其案外游民及有报无偿,并窜入英、美各籍恃符滋闹之徒,均照案驳斥。复遵电饬匀拨工头垫款银五千圆,解充山东振捐,此款只得四千九百七十圆,当经自行凑足五千圆数,具文批解。续据会馆绅董工头将已领垫款银六千圆,禀缴备拨,另禀候示。现各款一律散竣,造具清册,加结申送前来。臣伏维此案赔款,索偿足数,海外侨民,仰沐皇仁,至极优渥。美国于新约废后,另案议赔,细绎美例,此次赔款应由华官酌量散放,即有冒领追缴,亦无须别还美国。臣以山东水灾孔亟,因在工头会馆垫款项下匀拨东振,移济灾民,且与损失报案之人无涉。八案既经散竣,臣仍饬该总领事,此后如查有冒混,概行责成铺保追还拨赈,以昭实惠。臣现拨东赈一万一千元,若咨山东抚臣汇案核办。除将送到册结咨呈总理衙门备案,并分别咨批外,所有赔款散放完竣,并匀拨东赈等由,理合恭折具陈,伏乞皇上圣鉴。谨奏。

再,美国废约行例,臣再三驳诘,业经奏明并咨呈总理衙门在案。现已驳政者,华人假道美境,及华商往来美国照式两事。至新例能否转圜,尚无把握。谨将与外部往来照会,缮译清单,恭呈御览。除分咨外,臣谨附片陈明。

为咨会事。案照本大臣于光〔绪〕十五年二月二十日具奏美国积案清偿完结一折,附陈亲王(往)古巴岛查看华民情形,敬悬国旗,以崇体制各一片。除俟奉到谕旨,再行恭录咨会外,相应抄稿咨会贵大臣察照施行。须至咨者。粘抄。

奏为美国积案清偿完结,恭折仰祈圣鉴事。窃臣于光绪十二年三月廿八日钦奉谕旨:洛士丙冷案,尚未定议,张荫桓到后,着郑藻如暂留,会同经理,将从前各案议定善后章程等因。钦此。

查洛士丙冷一案,光绪十三年三月初五日,遵旨照收赔款银十四万七千七百四十八元七角四仙,分别散竣,余银剔还美廷,先后奏报在案。此外乌芦公司槐花园、姑力煤矿、阿路美煤矿、澳路非奴金坑、的钦巴华店五案,漫天拿、舍路、阿拉士架三案,美复赔偿银二十七万六千六百十九元七角五仙。臣就郑藻如照会外部文牍及华人续报者,与外部辩论经年,卒能就范。上年已废之约,本为华人善后计,因将赔款并注约内,其实索赔在订约之前,即无此约,美亦不得不赔者也。故此约已废,美议院仍另案议准,外部两次来文请收,绝不牵涉废约一字。臣因电达总理衙门请旨遵行,光绪十四年十二月初二日奉旨:美缴赔款,着照所请行。钦此。臣钦遵照复外部,即于十二月初十日如数收讫,亦经电达总理衙门代奏在案。

华人寓美,迭被欺凌,至于燔杀驱虐,美律宽纵,永无办凶拟抵之条,若并不赔偿,则华人吃亏弥甚。臣钦奉使命,自应据理与争,该国震慑威棱,不复久悬无著,各案华人,分别给领,慰情聊胜。特鉴于各案之惨酷,事后查办之棘手,诚如圣谕,亟应议定善后章程。况美西各省,厌忌华工,牢不可破。臣奉驻三年,幸能安堵,原非始料所及。迨客秋美国废约行例,益形枘凿,臣援据光绪六年中美续约,博考美国外交文籍、议院报章,给予照会,外部无可置辨,乃诱诸英伦日报,摇惑民志。臣又移驻秘都,远离美境,是以议院遽定此例,群然和之,总统虽欲批驳,而无能为等语。其词甚逊,而迄不肯谕饬议院删除。臣业将往来照会,录寄总理衙门备案。现在美廷易统,局面一变,又烦笼络,新总统谦和寡断一流,且恐受挟于下,苟例能否转圜,诚无把握。上年十二月初八日,臣是以有请旨饬筹补救之奏。盖华民流寓各城岛,习尚不齐,若非美廷实力保护,自非微臣一手一足之力所能维持。臣不敢以积案清偿,便可泰然无备也。除将该款画拨律师诸费,仍饬金山领事官照案给领具报,并分咨外,所有美国积案清偿完结缘由,理合缮折具陈,伏乞皇上圣鉴。谨奏。

再,臣前年自日返美,奏明亲往古巴一行,近以美国新例不准华人假道古巴,领事官屡次禀商,臣一面照会美外部驳论,即于客腊封篆后,自美国南境罩坝岛附船前往,对渡大西洋,不免颠簸,而水程较捷,舟车并计,三昼夜即达所,届今春正月廿四日回美,均经电达总理衙门在案。古巴一岛,自蒙恩旨设〔官〕后,华人重觌二天,各得自主权利,感沐皇仁,实无既极。该岛孤悬海外,地形辽阔,向以糖烟为宗,货车输运,昏旦不绝,而岛地贫弱,华人生计亦遂逊前。寻绎其故,皆日国厚敛所致,未易遽有起色。华人假道一事,美外部复准照旧办理,不与新例相涉,或从此通行矣。现寓古巴华人约四万,领署交涉之事甚繁。夏湾拿总领事官陈善言差假回华,臣酌派马丹萨正领事官张桐华权代其任,而以翻译谭乾初代马丹萨之任,均无贻误。随员张泰遗差,经理华人换照,本系专责,当派供事杨葆光接管,学生张树椿递补供事差缺,以资熟手而免更调糜费。臣小住两旬,考核学堂功课,逐日接见华商,并派随员赴医院、养济院等处察视华人,略予赏赍,以广圣恩。复与该岛督抚、将军等官往还联络,俾华人得永符优待之约,而各领事与之办事当较融洽。除分咨外,臣谨附片陈明,伏乞圣鉴。谨奏。

再,光绪十五年二月十一日,准北洋大臣咨会北洋海军章程国旗一款,内开:按西洋各国有国旗、兵船旗一款之别,而国旗又有兵、商之别,大致旗式以方长为贵,斜长次之。同治五年,总理衙门初定中国旗式斜幅，黄色，中画飞龙，系为雇船补（捕）盗而用，并未奏明定为万年国旗。今中国兵、商各船臣（日）益加增，时与各国交接，自应重定旗式，以崇体制。应将兵船国旗改为长方式，照旧黄色，中画青色飞龙，各口陆营国旗同式等因。臣奉使海外，别（例）张国旗。而南北墨利加洲，每以中国旗式官商一致为诧。盖诸华商人（久）经循用斜幅龙旗，遇中国庆典及臣出入岛境，辄高悬以为荣曜（耀），未便抑令更张。而西俗国旗最为郑重，亦不宜无所识别，且章程内亦有巡历外洋与各使臣相涉之事。今北洋海军国旗〔既以长方为式，臣在海外敬悬国旗〕[1]亦拟用长方式，绘画仍旧。此外各华商仍令永远遵用斜幅龙旗，以示等差。如蒙允俞，臣即饬各口领事官，并照会奉使诸国一体知照奉行。除咨呈总理衙门外，臣谨附片陈请，伏乞圣鉴训示。谨奏。

咨会事。案照本大臣在美都使馆，于光绪十四年二月初三日具奏，遵旨筹议寓美华人善后事宜，现订约款大略情形一折。除俟奉到谕旨，再行恭录咨会外，理合抄稿咨会贵大臣，请烦查照施行。粘抄。

奏为遵旨筹议寓美华人善后事宜，谨将现订约款撮具大略，恭折仰祈圣鉴事。窃臣于遵收美国赔款折内，附陈互订保护限制条款，草议就绪，咨呈总理衙门核政，请旨遵行，以昭信守。光绪十三年闰四月廿日奉朱批：该衙门知道。钦此。嗣与美外部臣柏夏将互订各款厘为六款：首阐总理衙门自禁华工赴美[2]之义，酌以年限。次及寓美华人有眷属、财产者，任便往来，即佣趁（赴）他国华人，亦准假道。其最要则明定保护华人身命、财产之款。就光绪六

---

① 此句原阙，据《清季外交史料》补。
② 华工赴美，原作"美工赴华"，误。

年续约而引伸之一切利益,与待最优之国同,但声明不入美籍而已。至华人前此损失,如槐花园五案,亦经索偿足数,并抚恤残害身命之家属,美共赔偿银二十七万六千六百一十九元七角五仙,期以一年清交,并着于约末则(订明)他日订换之期,此其大略也。臣悉心筹画,与前年七月初四日总理衙门给美使臣田贝照会事理无遗。华工暂不来美,未必别无谋生之路。其现寓美岛华人,得来保护,或不致复遭凌侮。且欧洲工人,美近亦限禁,固非专禁华工。当于正月廿九日,先行电达总理衙门,二月初一日与美外部彼此画押。中、西文字,究有繁简转注之殊,然意义尚无出入。外部送交议院,如不驳难,或免重烦笔舌。臣一面将约本咨呈总理衙门核政,设有增删,仍可咨商办理。拟俟美议院覆定后,臣再电达总理衙门,请旨批行。业于前奏声明,盖不愿曾经御览之本,尚容他族置词。然约款粗定情形,臣应先具奏,藉纾朝廷饬筹善后,厪念侨氓之至意。除分咨外,臣谨缮折上陈,伏乞皇太后、皇上圣鉴。谨奏。

薛大臣奏应设领事又洪大臣咨文底件总署信二件抄一件

出使英、美、义、比薛大臣咨会事。窃照本大臣于光绪十六年十月初十日,在伦敦使署具奏,英国属埠拟添设领事官保护华民,并通筹南洋各岛派员先后次第一折,并附片一件。相应抄录折稿,咨会贵大臣,请烦查照。须至咨者。抄粘。

照录原奏

奏为英国属埠拟添设领事官保护华民,并通筹南洋各岛派员先后次第,恭折仰祈圣鉴事。窃臣查光绪十二年,两广督臣张之洞

派遣委员副将王荣和、知府余璿,访查南洋各岛华民商务,奏称该
委员等周历二十余埠,约计英、荷、日三国属岛,应设领事者三处,
设正副领事者各数处,经总理衙门议复在案。臣于光绪十六年七
月,准总理衙门咨:据海军提督丁汝昌文称,此次巡洋,如附近新
加坡各岛,曰槟榔屿,曰麻六甲,曰柔佛,曰芙蓉,曰石兰莪,曰白
蜡,皆未设领事,华商因受欺凌剥削,无不环诉衷求,拟请各设副领
事一员,即以随地公正殷商摄之,统辖于新加坡领事。应先与该外
埠商定核给凭照,如能办到,实与华民有裨等因到臣。当经办文照
会英国外部,援照公法及各国常例,声明中国可派领事分驻英国属
境。俟商有端倪,拟再咨明总理衙门详筹妥办。臣窃思领事一官,
关系紧要,而南洋各岛,华民繁庶,若不统论全局,则一时之利弊无
以明,若不兼筹各国,则一隅之情势无由显。臣谨综其始终,为圣
主敬陈之。大抵外洋各国,莫不以商务为富强之本。凡在他国通
商之口,必设领事以保护商人,遇有苛例,随时驳阻,所以旅居乐
业,商务日旺。即游历之员、工艺之人,亦皆所至如归。而西洋各
国领事之在中国,权力尤大,良由立约之初,中国未谙洋情,允令管
辖本国寓华商民,与地方官无异。洋人每有人命债讼等案,均由领
事官自理,往往掣我地方之肘。从前中国各口之枝节横生,亦实由
于此。然即在他国,不理政务之领事,仅以保护商务为名者,各国
亦视之甚重,稍有交涉,即筹建设。盖枝叶繁则本根固,耳目广则
声息灵,民气乐则国势张,自然之理也。中国领事之驻外洋者,在
英则有新加坡领事,在美则有旧金山总领事、有纽约领事,在日则
有古巴总领事,有马丹萨领事,在秘鲁则有嘉里约领事,在日本则
有长崎、横滨、神户三处领事,有箱馆副领事。盖南北美洲与日本
各口,迭经总理衙门与出使大臣筹画经营,建置较密。惟南洋各岛

星罗棋布,势尤为切近,华民往来居住,或通商,或佣工,或种植,或开矿,不下三百余万人,即委员王荣和等所到之处,亦已报有百余万人。臣窃据平日所见闻,参以张之洞原奏,计华民萃居之地,荷、日两国所属,应专设领事者曰四处:曰苏门答腊之日里埠,曰三宝陇等埠,曰噶罗巴,曰小吕宋。法、英两国所属,应专设领事者曰五处:曰西贡,曰北圻(坼),曰香港,曰新金山,曰缅甸之仰江。此外各埠,如槟榔屿等处,已相机设法,或以就近领事兼摄,或选殷商为绅董,畀以副领事之名,略给经费,而以就近领事辖之。斟酌盈虚,损益措注,要亦所费无多。就南洋各岛而论,只须设领事十数员,大势已觉周妥,加以略有添派,综计岁费,当不过十万金。窃查各关洋税项下,每岁提拨一成半,作为出使经费,约银一百数十万两。而近年出使各馆所需,暨游历人员所用,统计当不过六十万两。总理衙门原议,以其赢数豫备添派各国使臣之用。臣愚以为,西洋头等强国均已派有使臣,即二三等之国,亦由各使就近兼摄,似暂无须多派。惟逐件添此十数领事者,则商政日兴,民财月阜,息息有与内政相通之故。且慰舆情于绝远,不启华人缺望之端,收权利于无形,不开外人姗笑之渐。所获裨益,较之所费,奚啻十倍。臣尝阅近年各国贸易总册,以洋货、土货出入相准,每岁中国之银流入外洋者约一二千万两,又考数年前美国旧金山银行汇票总帐,每岁华民汇入中国之银,约合八百万两内外。虽该处工资较丰,而人数尚非最多,则推之古巴、秘鲁可知,推之南洋各岛又可知。夫中国贸易与各国相衡,亏短甚巨,然尚有可周转者,以华民出洋所获之利,足资补苴也。倘此源再塞,则内地之银必更立形匮乏,民穷已甚,窃恐事变丛生。即就新加坡一埠而论,设立领事已十三年,支销经费未满十万金。然各省赈捐、海防捐所获之款,实已倍之。而商佣十四五万人,其前后携寄回华者,当亦不下一二千万。盖领事一官,在彼外洋,虽无管辖华民之权,实有保护华民之责。纵令妥订条约章程,必得领事随所见闻,与彼地方官商办,则洋官亦得藉以稽查,而土人不敢任意苛虐。即驻洋使臣欲与外部辩论,亦必以领事所报为凭,方能使洋官有所顾忌。此领事一官所以不能不设之由,而已设领事之处,未尝无显著之效也。今华民出洋之利,已稍不如前矣。诚能如南洋各岛酌添领事,尚可挽回补救而收固有之利源。然所以议之稍久,迄少就绪者,盖亦因立约之初,中国未悉洋情,并不知华民出洋如是之众,于是但给彼在中国设领事之柄,而无我在外洋设领事之文。又,各国开荒岛为巨埠,专赖招致华民,而洋人实属寥寥。一经我设立领事,彼不免喧宾夺主之嫌,又碍其暴敛横征之举,所以始必坚拒,继则宕延。外部以咨商藩部为词,藩部以官民不便为说。虽管秃唇焦,而终无如彼何。此惟在局中者深知其难,而局外之视事太易者。又或称就地可集巨赀,无须另筹经费,或狃于洋官驻华之例,几谓一设领事,华民即为所辖,竟无异管理地方者。此皆阅历未深,持论实多隔阂。当局者知其断难办到,不无矫枉过正之议,几谓徒多耗费,无甚裨益,斯殆有激而然。臣窃以为望之过奢,转滋流弊。领事所收之身格费、船照费,原可略资津帖,正不必敛巨资以召浮议。今已设领事之处,验民船,稽民数,原可稍分彼权,正不必揽政柄以启猜疑。但如臣以上所陈,则不求近效而其效最大。惟须认定主见,中外一意,合力坚持,得寸得尺,相机筹办,必可循序就范。即如新加坡初设领事,英之外部亦尽力阻挠,当时颇费周折,至今乃无异议。窃查英、法、荷、日四国属境,其苛待华民,不愿设领事者,以荷、日二国为最,而法次之,英又次之。荷、日国势皆昔盛今衰,其立国命脉乃在南洋诸岛。岛中垦田、开矿、招商、征税各事，又恃华民为根柢。惟其政令不甚明肃，呼应不甚灵通，洋官往往征取无艺侨寓之西人，又侵侮华民，或迫之入籍，或拘之为奴，或禁其往来，或朘其生计。若有华官在旁理论，究可补救一二。虽商设领事之始，彼必枝梧推宕。然我苟据理执言，因势利导，始终坚决，谅彼亦无词以难我。及早图之，则难者或渐化为易，今不图，则易者亦渐觉其难。想总理衙门必仍执（知）照出使美、日、秘臣崔国因，催商日国外部，先在小吕宋设立领事，俾便次第推广，以符原议。至英国待我华民较为公允，臣观各国在英属地设一领事，视为泛常之举，向无拦阻。又知中（英）国君臣用意，颇欲与中国互敦睦谊，或不于此等事件稍露歧视中国之形。近与该外部商议，请照各国之例，在英地随宜派设领事。即彼未肯速允，臣拟坚持初议，至再至三，与之磋磨。先就香港、仰江、新金山等埠，酌设一二员。而槟榔屿等处六（六处）①，当审其地势人数，从长筹画。由此推之，法、荷各属地亦或较易为力。臣非不知洋性情坚韧，每商一事，必多波折，然苟不惮笔舌之烦，不参游移之见，不紊缓急之序，或稍有效可图。盖庇荫周则民生厚，而不独开商务，财用裕则近忧纾，而非以勤远略，布置广则众志联，而兼可调敌情，呼吁少则国体尊，而即以销外侮。臣为海外数百万生灵起见，不敢稍安缄默。所有英国属埠拟设领事，并通筹南洋各岛派员先后次第缘由，恭折具陈，伏乞皇上圣鉴训示。谨奏。

再查英属香港一岛，华民流寓者十四五万，逼近广东省城，尤为中外往来咽喉。凡华洋各商货物，均先至香港，然后转运各省。

---

① 六处，原作"处六"，误。

其交涉事件之繁难者,一曰逃犯,一曰走私,一曰海界。只以该处并无华员,无以通中外之情,于广东全省政务,每形捍格,是商设领事,实于大局尤关紧要。前任使臣郭松(嵩)焘有此志而未及办,曾纪泽任内曾经照会英外部数次,迄无成议。揣其隐情,盖因全岛多寓华民,而洋人不过数千,若准设华官,与广东大吏声息相通,在彼不免多怀顾虑,所以靳而未许。臣昨办文与外部援照公法通例,而未明提香港,该外部侍郎山特生果向英文参赞马格理以香港一处为疑,且云恐华官不习外务,或经侵权越分,致多窒碍。臣思新加坡领事左秉隆,与英官颇能相得,外部亦称其办理妥洽,因遣马格理告以香港若设领事,当以左秉隆调往开办。察其辞意,似尚易商。惟遇事设法支展,必再四催问而始办,则外部之常例也。容俟外部覆文到日,如仍不遽允,臣再当相机辩论。理合附片具陈,伏乞圣鉴训示。谨奏。

洪大臣咨文

咨呈事。光绪十六年七月准贵衙门咨开:准北洋大臣咨,据海军提督丁汝昌文称,窃提督奉公巡查南洋各岛,原所以保护商民。兵船所历,亲见华商之寓居各埠者人数巨万,生意殷盛。其已设领事者,交涉贸迁,尚称安谧,其未设领事之处,无不受其欺凌。查苏门答腊一带五岛,为和兰属地,该处华商甚众,和人相待情形,虽不至于日国小吕宋之苛,亦不若英国待华人之厚。闻商民等望泽甚殷,拟请仿照新嘉坡章程,于葛罗巴地方设立总领事一员,其余如日里、三宝陇、泗里末等处各设副领事以维护之,庶免海外华民向隅受害,仰祈咨商总理衙门核夺等情到本阁爵大臣。准此,相应咨请查核办理等因。本衙门查外洋各属境添设领事,必先与该国外部商定核准给照,方能次第筹议。除另文分咨各出使大臣外,相应摘叙原文,咨行贵大臣酌度情形,向和外部商议。如能办到,实于华民有裨等因。准此,本大臣查商设领事,彼必多方推宕,辗转迁延,断非一时笔舌所能取办。时本大臣适奉更换使任之电,俄、德两馆清理交代,公务较繁,未及赴和商办此事。兹值交卸使篆,自应由接任大臣筹度情形,相机酌办。除将来咨专案移交外,合行咨明贵衙门,谨请查照。须至咨呈者。

照录和国照会 光绪十五年二月十三日到

　　为照会事。照得数年以来英国属国印度处出境,往本国属国南亚美利加苏里那么地方之众工人,皆立有合同为据。此出境之人,俱照本国与英国一千八百七十年九月初八日,光(同)治九年间所立之和约办理。恐后来中国人亦不免有往其处生理者,亦宜两国先立以和约,一如和英所定章程办理方善。本大臣现奉本国来文称,中国人往苏里那么生理,宜立以合同为据,请与贵王大臣公同商酌,定以和约等因。查中国人往苏里那么地方,路远费多,必须酌定限期,亦立有公同,以五年为满方妙。此所以使工人及招工之人得利,无虑后日匮乏。兹奉寓外国书一本,书内所载,皆他国工人往苏里那么地方之条,系和、英两国之语。和、英所立之约,即在第一百十二至一百廿七篇之上。此和约并本国所张帖之告示,皆为厚待工人之定衡。此次所请与贵衙门商酌欲立和约一节,系专为中国人往苏里那么地方生理者而设,与中国人往苏里搭拉及蛤拉巴地方生理仍照旧办理者,一切无涉。为此照会贵王大臣查照,即请酌议可也。须至照会者。

总理衙门信件

文卿阁下：密启者。二月十三日准和国费使照称，本国属国南亚美里加苏里那么之众工人，皆立有合同为据。现奉本国文称，中国人往苏里那么生理者，亦应订立合同，请公同酌商各等语。查苏里那么地方距中国甚远，华人有无在彼工作，及人数多寡，本处俱未悉知。况出华工在各国者，往往多被洋人虐待，即合同订有优待之条，亦属虚文。费使所称各节，本衙门未便轻为应允。兹将照会抄录寄阅，即希阁下饬员详查苏里那么地方水土风俗美恶如何，华人工作到此人数约有若干。应否与订合同，俾华人前往不至受害，抑宜设词推宕，统祈函知，以凭本处转覆费使也。专此布达，顺颂勋祺。

又函文卿阁下：密启者。和国苏里那么招工一事，昨准函称，所查各节均已阅悉。近年英、美各国禁止华工出洋，闽粤无业小民谋食维艰，不能不代筹以资生计。果该处无虐待华工等弊，此事自可允行。但官为经理一层，所虑未尝不是，但恐未易办耳。至饬古巴领事前往该处访察情形一节，尤属中肯。昨已将来函抄寄樵野阅看，并嘱其饬令古巴总领事，前往苏里那么切实访察一切情形，如无弊端，即覆知本处，以便与和公使商酌办理矣。此复，顺颂勋绥。

许景澄后任内卷略

总署来文一件附奏稿

钦命总理各国事务衙门为咨行事。光绪十八年闰六月初四日，本衙门具奏议复薛福成禁运外洋军火申明约章请旨饬办一折，本日奉朱批：依议。钦此。相应恭录谕旨，抄录原奏，咨行贵大臣钦遵查照可也。须至咨者。

右咨钦差出使俄德奥和国大臣许。

光绪十八年闰六月十二日。

粘钞奏稿

谨奏为遵旨议奏事。准军机处抄交出使大臣薛福成奏请严禁私购外洋军火，以杜隐患一折，光绪十八年六月十六日奉朱批：该衙门议奏。钦此。查原奏内称，前以英人梅生私运军火，接济会匪，当经照会英外部，以中国教案纷起，由于会匪搆衅，会匪军火系由英人向香港私购，请速禁止军器出口。旋据覆称，已由港员示禁，以六个月为期。本年二月复准总理衙门电请展期续禁，又经外部覆称，展限六个月。上年沪关盘获梅生私运军火之时，天津亦同时搜获轮船私运洋枪等件。迨十月间建昌、朝阳教匪滋事，闻其临阵所用，颇多外洋利器。若不及早禁止，后患堪虞。例载民间私藏军器,罪名极重,济匪者以通贼论。梅生一犯,徒以条约载明,应归外国审谳,从西律科断,难以尽法惩治。但各国条约章程均载明,一切军火不准贩运进口,并不得私向洋商购办,约章具在,亟宜申明严禁等因。臣等查贩运军火例禁基(綦)严,只因奉行不力,渐至弊窦丛生,奸民营私藐法,暗中贩运,自应严申禁令,以消后患。咸丰年间,各国条约均载明,火药、弹子、炮位、大小鸟枪等类概属违禁,不准贩运。又硝磺、白铅应由华官自行采办,或由华商特奉准买明文方准进口,违者全货入官。又同治五年南洋酌定采办军火章程,由关道发给护照,知照税务司换给英文单,以凭查验起货,不得私向洋商处购办等语。防范本属周密,无如日久,视为具文,不得不严加整顿。相应请旨饬下各省将军、督抚,于民间私贩各案,拿获之后,即照光绪元年臣衙门会同刑部奏定新章办理。并由各海关监督会同税务司实力稽(稽)查,有犯必惩,严杜蒙混夹带之弊。臣衙门再行札饬总税务司,转饬各口一体认真照办,并申明条约,照会各国使臣,所有外洋军火一项,除由海军衙门、南北洋大臣、各省督抚派员采办,有地方官印文为凭者方准运售外,其民间私购军火,一概不得发售,洋船不得装运入口,违者全货入官。似此中外严禁,庶足防遏奸萌,潜消反侧。至原折内称装运之商船分别办理,知情则并船入官,不知情则视所装之货价,加数倍示罚等语。该大臣之意,以为法重而难办到,不若法轻而务必行,然不实力奉行,即从轻律亦属徒然,且改易约章,必须先商西使。原奏谓今但恪遵旧约,不必别示更张,实为要论。所请修补变通之处,应毋庸议。所有申明例约,禁止私运军火缘由,是否有当,理合恭折具陈,伏乞皇上圣鉴训示遵行。谨奏。

光绪十八年闰六月初四日具奏,本日奉朱批:依议。钦此。

照录吏部原奏

奏为严定保举章程,分晰准驳,请旨遵行事。窃光绪二十年三月二十五日奉上谕:国子监司业瑞洵奏沥陈外省附保积弊,请旨严禁以杜幸进一折。近年各省滥保之奖,屡经降旨严饬在案,积习相沿。原保大臣瞻徇情面,其附名滥列者,仍复不少。如该司业所称,未曾在事出力,转相乞请,滥登荐剡,其两省同时并保者,种种情弊,深堪痛恨。着通谕各省督抚、将军、都统及边疆大臣,遇有保举之案,务当秉公核实,不准稍涉冒滥。其实在出力各员,均应恪遵部章,先行奏咨立案。嗣后各项保奖,着吏兵二部严行查核,如有一名不符,即将全案驳回,以重名器。钦此。抄出到部。臣等跪聆之下,仰见皇上鼓励真材、实事求是之至意。窃思保举之设,所以励能奖功,臣下藉为驱策之权衡,朝廷由此收奔走之实效也。如劳绩既有等差,保举亦有限制,中外大臣果能核实奖励,恪守部章,何至有冒滥不符之弊。乃近年各处请奖之案,全案合例者甚少,在原保大臣岂必如为逾格之请,冀邀特旨恩施,推原其故,盖亦有由。缘各项保举章程历年既久,案牍繁多,兼以请保之案门类纷歧,开保之员名目杂出,或迭经臣工条奏,或历经臣部严核,当时虽通行各省,然遇一保案,若不将前后章程互稽(稽)参考,融会贯通,难免无疏漏误会之处。如每遇一案到部,往往不能全案与例相符,其情亦有可原。至中外大臣瞻徇情面附滥保,如同时两交列名,此省服官而彼省请保,屡经臣部查出,均经饬驳有案。窃思兴利欲久,除弊务尽。以皇上恩施优渥,录及微劳,凡兹臣庶,未有不感戴鸿慈、力图报称者,无如积久弊生,殊负朝廷论功行赏之意。今钦奉谕旨,饬臣部严行查核,臣等公同商酌,悉心厘定,除襄办典礼、军营打仗、河功抢险及奉特旨允准之件,事非常有、履历未符、底衔无案、捐案未经到部各项题请议叙，均仍照旧例办理外，嗣后凡非应保之案率行列保者，全案撤销，例年限保案未及年限列保者，全案撤销，其有寻常劳绩照异常劳绩请奖者，全案驳回，另行更正。或全案合例，有一员在不应保之列者，即将该员保案撤销，或全案合例，有一员与例不符者，将全案驳回，俟更正到部，将合例之员议准，不合例之员撤销，不准再行请奖。至驳令更正之案，该大臣仍从原保请奖者，即将全案一律撤销，并将原保大臣议处，虽有合例之员，亦无庸给予奖叙。如此分别核办，准驳严明，于鼓励之中力杜冒滥之弊。庶保奖皆归核实，人才咸知奋勉矣。所有臣等分别厘定保举章程请旨缘由，是否有当，谨缮折具陈。再，此折系吏部主稿，会同兵部办理，合并声明。伏乞皇上圣鉴训示。谨奏。

　　再查各省保案到部，因候履历及行查捐案未经核办之件，均拟以此次奉旨之日为断。其在奉旨以前具奏到部者，仍照旧例办理，其在奉旨以后具奏到部者，悉照新章核办，以期一律而免两歧。谨附片具奏。光绪二十年五月二十四日，内阁奉上谕：前据国子监司业瑞洵奏各省附保积弊，请旨严禁。当经谕令吏、兵二部将各项保奖严行查核，兹据吏部、兵部会同严定保举章程，分别办理，着照所请。嗣后各项保举，凡非应保之案率行列保，及例有年限保案未及年限列保者，均着全案撤销。其有寻常劳绩照异常劳绩者请奖者，着全案驳回，另行更正。或全案合例，有一员在不应保之列者，着将该员保案撤销。或全案合例，有一员与例不符者，着全案驳回，俟更正到部，将合例之员议准，不合例之员撤销，不准再行请奖。至驳回令更正之案，该大臣仍以原保请奖者，着将全案撤销，并将原保大臣据实严参，虽有合例之员，亦无庸给予奖叙。经此次严定章程后，中外大臣其各凛遵谕旨，核实办理，不得再有违误，致干咎戾。余依议。钦此。

总署来文一件

钦命总理各国事务衙门为咨行事。本衙门前因洋药收税日减,于光绪十九年正月间饬令总税务司设法整顿。旋据覆称,设法须在新家坡随拟整顿华船赴坡认税新章,订于是年四月间开办。嗣因华船所具认税凭单多有不实,复由总税务司拟令前往新家坡之华船先行请领赴坡准单,俟回华时,聚集琼海关所属之三亚港停泊候验。均经照准,行知粤省暨新家坡总领事官在案。本衙门犹虑绕越偷漏之弊,未必一律杜绝,所报行票是否可凭,尚无十分把握,复令总税务司悉心筹画,再拟良法。兹于本年三月廿一日据呈送节略前来,查现议各条甚属周妥,其责成船户,尤为扼要办法。所有前往外国贸易之华船,应即查照此次新章办理。除已饬总税务司照办,并咨行南/北洋大臣、闽浙/两广总督饬属晓谕咸使周知,暨札行驻坡总领事遵办,并摘录新章前三款照会英/法/和驻京大臣,转行华船经过该国地面之各该处官员,遇有违章之船照章办理外,相应抄录新旧章程,咨行贵大臣查照。如外部接据该国驻华大臣咨报前来询问,即以新章前三款详细酌复,属其相助为理可也。须至咨者。

右咨钦差出使俄德奥和国大臣许。

光绪二十年四月初五日。

华船由新加坡装运洋药试办章程
光绪十九年五月十八日总税务司申送

一、凡洋药报装华船运华,应由该商先将报单呈请中国领事官批注后,方可持赴理船厅处请领下船准单。若无领事官批注之单,不得发给准单。

一、理船厅发给下船准单后,即照向来办法,将该船船名并装洋药若干箱,以及报运河口等情知照领事官查核。

一、领事官于批注之先,可饬令该商与艄工出海人等缮立认完税厘凭单。内将船名及船主姓名与船在河口领牌驶往中国某口,并装洋药若干,情愿照数完纳税厘等情注明,即由领事官送交附近海关税务司,以便凭单征收税厘。

一、嗣后新家坡官宪若欲准某船照旧装运,或另有他项办法,均听其便,一面通知领事官查照。

华船由新家坡装洋药运华办法节略

一、华船由新加坡装运洋药来华逐年增多,俱运赴不通商口岸,私行起卸,是以国课偷漏,而正经贸易因之受亏。迭经整顿,详筹良法办理。前经派委巡船在海南迤南之洋面梭巡,遇有南来之船,令其暂停候验。无如洋面寥廓,能遇之船十无一二,且在海中固不能盘舱细查,亦不能于海中征收税饷。嗣后经筹有办法,由新家坡理船厅将华船装运洋药数目告明领事官,即由领事官电报该船所往之口税务司。查照此法,已属甚善。然虽有此善法,而税饷仍无从征收。缘税务司难以查悉华船,且不能责问地方官。厥后复经筹有办法,理船厅必见有领事官批注签押之报单,始发下船准单,领事官必饬由商人呈具认税凭单,始于报单批注签押。如此办理虽较妥甚多,然亦无十分把握。缘报单所注之艄工姓名,及在华同行商船号均属虚假,即饬由地方官访查商号,征收税厘,终鲜实济。是以去年核计凭单所注偷漏之税厘,竟至十一万两之多。故又经拟议办法,饬令前往新家坡之华船,先行请领赴坡准单,俟回华时,聚集三亚港地方停泊候验,并派帮办前赴该埠襄助领事,将认税凭单事宜办理妥协。惟今年赴坡之华船未及请领准单,业经开行,且坡督不愿帮办驻坡,已行撤回。其认税凭单办法现尚照行,且华船回华时,仍须聚三亚港停候查验。然如此而谓税饷即可尽数征收,仍不足恃,是以必须另筹妥善之法。惟缮立办法不难,若立法而能实力奉行,并能保税饷核实征收,诚属不易。再四思维,现可详筹妥法,特为开录于左:

一、凡华船若往外国地方贸易,每次须将该船船名并业主之姓名、住址,以及船行系何字号、开设何处、其原船牌由何衙门所发等情,逐一报明通商口岸税务司存查,并须请领准往外国之牌照,领照时无庸给费。其前往香港、奥门之华船暂时不在此例。

一、凡华船前往新家坡,并该埠附近之爪哇、暹罗、波罗洲、西贡等处,必须在广东所辖之关,即粤海、潮海、琼海、北海、九龙、拱北等关请领准往之牌照。无论何处,均听商便。

一、凡华船前往新家坡等有中国领事官驻札之处,应于驶到时即报明领事官,并将牌照呈验。若无领事官驻扎,即呈报该处之地方官。倘无牌照呈验者,即属违章私运。除该船不准贸易外,无论何外洋口岸,可将该船罚充入官。

一、凡华船由新家坡装运洋药,俱宜遵守认税凭单办法办理,应由该船艄工并货主以及经纪之行公同画押,缮就三纸,一存于领事官处,一由领事官寄交该船所往之关,一存于该船,以便随时呈验。如此办理之意,系令该船之业主保完税课,遇有应行查询之事,俱惟运货之船并该船业主是问。

一、凡华船由新家坡等处回华之时,应在琼海关所属之三亚港地方停泊,呈报遵验。俟将税厘完清后,由该卡将牌照撤回,换给放行单一纸,并洋药印花若干张,方准驶赴他口。倘该船所运洋药非由新家坡运来,或由新家坡运来而所载之数较凭单所注之数加多,即由三亚港关卡将他处运来洋药,以及多出之数拿获充公。

一、由坡埠领事官仍将洋药若干、装载何船等情,电报该船所往之关查照,并将认税凭单照章办理。

以上所拟办法,似属实在可行。若蒙允行,咨饬照办,似可期有把握。应由贵衙门咨行南/北洋大臣转饬所属照行,并咨行闽浙/两广总督饬令出示晓谕,布告众知,并饬知该处领事官照章遵办,且行知出使英、法、和兰、吕宋各国大臣,暨将节略内之前三款照会英、法、和兰、吕宋各国驻京使臣,转行该处官宪知照,实为公便。现若照办,谅届今年年底,即可一律布置妥协矣。

总署来文一件

钦命总理各国事务衙门为咨行事。光绪二十年六月初六日准吏部文称,会奏严定保举章程刷单知照,请转行出使各国大臣等因前来。相应照录原单,咨行贵大臣查照可也。须至咨者。粘单。

右咨钦差出使俄德奥和国大臣许。

光绪二十年六月二十四日。

照会德外部

日本首先开衅情事始末由。照约保护各国商民由。

为照会事。准总理衙门文开:前因朝鲜全罗道有乱民滋事,该国王备文请援,经北洋大臣奏明我朝廷,因该国前两次变乱,均经中国为之勘定,故特派前往,不入汉城,直赴全城一带追剿。该匪闻风溃散，我军抚恤难民，方谋凯撤。讵日本亦派兵赴韩，托名助剿，实则径入汉城，分踞要隘。嗣又屡次派兵，至万余不止，竟迫胁朝鲜不认中国藩服，开列多款，逼令该国王一一遵行。查朝鲜为中国属邦，历有年所，天下皆知。即该国与各贵国立约时，均经声明有案。日本强令不认中国，体制有碍，已失向来睦谊。至比邻之国，劝其整理政务，原属美意，但只能好言劝勉，岂有以强兵欺压、逼勒强行之理。此非但中国不忍坐视，即各国政府，谅皆不以为是。英国政府及俄国政府先后屡饬驻扎该国大臣，向其外务劝阻，并经英国外部大臣劝其将兵撤出汉城，与中国兵分札两处，和平商办朝鲜事务。此议甚为公允。乃该国悍然不顾，反更添兵，朝鲜人民及中国在彼商民，日加惊扰。中国念各国共敦和好之意，断不肯遽与开衅，致生灵涂炭，商务有伤。后虽添兵前往保护，亦距汉城尚远，不至与日本兵相遇启衅。何意该国忽逞阴谋，竟于六月二十三日，在牙山海面突遭兵轮多只，先行开炮，伤我运船，并击沉挂英旗英国高升轮船一只。此则衅由彼启，公论难容。中国虽笃念邦交，再难曲为迁就，不得不另筹决意办法。想各国政府闻此变异之事，亦莫不共相骇诧，以为责有专归矣。今特将日本悖理违法，首先开衅情事始末，备文知照前来。除由总理衙门照会贵国驻京大臣外，相应照会贵部堂，请烦查照。须至照会者。

德外部大臣马沙尔

为照会事。准总理衙门文开：照得日本开衅情形，本衙门已援公法布告各邦之例，备文照会贵国驻京大臣在案。现与中国寻衅者只日本一国，此外有约各国悉皆交好如常。凡各国商民教士之在中国者，中国均应照约保护。本衙门已电达北洋大臣，分电各直省将军督抚知照,予为告诫,毋令愚民误会,别酿事端,仍祈贵驻国驻京大臣转饬各口领事官,晓谕各本国商民教士照常办事,勿因日本开衅,致为惶惑等因前来。除由总理衙门照会贵国驻京大臣外,相应照会贵部堂,请烦查照。须至照会者。

德外部大臣马沙尔。

光绪二十年九月二十七日发。

咨覆总理衙门派驻俄德两馆参随等员数并未逾额开送衔名咨请备案稿底

为咨呈事。光绪二十二年正月二十四日,承准贵衙门咨开:光绪二十一年十一月十八日具奏议覆御史陈其璋条奏重定出使章程一折,本日奉朱批:依议。钦此。恭录谕旨,抄录原奏,咨行钦遵等因到本大臣,承准此,查原奏内称出使随员宜核定员数,不准多带一节。查光绪十四年十二月间议覆前出使大臣洪钧条奏内称,除各口应驻领事之处无庸遽议增减外,拟请嗣后使馆中准设参赞二员,翻译二三员,随员二三员,供事二员,武弁医生各一员,其兼摄他国设有使馆者,准添参赞、翻译、随员、供事各一员,作为定额,奏准通行在案。惟该御史既请核定员数,拟请饬下出使各国大臣查照奏案,将使馆参、随各员再行核定报明备案,如有逾额之员,俟有缺出,毋庸续调等因。查本大臣奉使俄、德、奥、和等国,俄、德两国均系驻札设馆,现因差满候代,所有随带各员经期满销差出缺者,业已酌量调补,计派驻俄馆者七员,派驻德馆者八员,共员弁十五人,核与奏准定额兼国设馆应有十五六员弁之数并未逾额。相应查取俄、德两馆参、随等员数、衔名开单咨呈贵衙,谨请查核备案。须至咨呈者。计送参、随等员数衔名单。

总理衙门。

俄、德两馆参随等员衔名单

派驻俄馆人员：

办理参赞事务随员知府衔直隶即补直隶州知州金采。

二等翻译官布政司理问衔候选知县陆征祥。

随员同知衔分省候补知县兵廷彬。

随员兼办医务同知衔分省候补知县方元熙。

随员五品衔即选知县李鸿桂。

学生上海广方言馆学生朱贵申。

武弁蓝翎六品军功浙江拔补把总沈凤铭。

派驻德馆人员：

二等参赞官二品衔总领事衔二等第三宝星洋员金楷理。

三等参赞官盐运使衔候选知府赓音泰。

随员知府衔分省即补直隶州知州王文谟。

随员布政司理问衔分省候补县丞许鼎钧。

三等翻译官侍读衔即补内阁中书李德顺。

三等翻译官六品衔八品翻译官刘武训。

学生上海广方言馆学生程福庆。

武弁蓝翎六品军功江苏拔补把总张仁安。

总署来文一件附奏稿

钦命总理各国事务衙门为咨行事。光绪二十二年三月二十八日，本衙门具奏议覆御史陈其璋奏请定教案章程，又奏今大学士李鸿章赴各国宣布睦谊各折片,本日奉朱批:依议。钦此。相应恭录朱批,抄录原奏,咨行贵大臣钦遵查照可也。须至咨者。

右咨钦差出使俄德奥和大臣许。

谨奏,为遵旨议奏事。光绪二十二年二月十一日,准军机处抄交御史陈其璋奏请定教案章程一折,奉旨:该衙门议奏。钦此。查原奏内称:西教行于中国,分天主、耶苏两门。教民良莠不齐,往往滋事。近来每遇教案,各国公使饰词狡辩,要挟多端。从前津、滇及上年川、闽各案,即为明证。办理教案,向无专章,故各国得以逞所欲为。若与各国先行议定,则在我自有遵循。谨拟十条等语。臣等查,西教传入中土,莠民每藉入教为护符,包揽官事,讹诈乡愚,民教积久成仇,遂至叠酿巨案,各国使臣复藉端要挟。臣衙门目击时艰,亟图补救。曾于庚午天津教案后,酌拟教案专章八条:一曰教堂不准设立育婴堂,应由地方官自行办理;二曰不准妇女入堂,并不准女修士在中国传教;三曰教士应归地方官管束,遇有教案,教士不得干预;四曰教案只应照教案定罪,不得再议赔偿,教民犯罪,教士不得庇护;五曰教士领护照往某省传教,不得潜往他省,并不准偷漏税项;六曰教堂所收教民,应报明地方官,按年造册备案;七曰教士应遵中国体制,不准僭越;八曰教士买地建堂,应报明地方官,有无风水窒碍,契上写明教堂公产,不得驾名他人各等语,抄寄前出使法国大臣臣崇厚,令与该外部筹办。臣衙门复与各国驻京使臣酌核,乃各国均以条约所无,不能应允,遂令良法美意经久无成。今该御史所议十条,与臣衙门原拟大旨不甚相远。然事有已经议行者,有难为照办者,如原奏内称教务宜责成总教士,应令各国公使于教士中举出一二人,驻京为总教士,一切教务教章由总教士呈请总署议定等语。臣等查,西洋传教向无总教士名目,惟罗马教王可与有约之国专派教使,凡天主教民悉归管辖。现在教王势弱,意大利、法兰西诸国复将教王权力多方裁制,教王仅拥虚位。屡有教士贡议,请中国与教王立约,臣权衡其事,利害参半。教王派使,可免法德各国藉保护为词,遇事要挟,而教民概隶教藉(籍),中国地方官不得过问,亦非保民之道,故数年来教王之约迄未与商。至耶苏教则英、美两国为多,久与天主教分门别户。外洋有新教旧教之称,其实异流同源,教规各立而已。今若设总教士名目,无论两教不能强同,一遇教案,转多一总教士从中作难,是徒增口舌,无益于事。又原奏内称,教堂买地宜查照旧章,同治初年定章,教堂买地须先报明地方官,契内写明教堂公产字样,地方官始能盖印。近来每私卖于教士,并不先报地方官,以致一切公产因而私售,地方官不肯盖印,教士遂执契来争,请申明旧章等语。臣等查,教堂买地先报明地方官一节,系臣衙门于同治四年因案咨行江苏巡抚曾有此语,并非与法国订明条款。是年法国使臣柏德固与臣衙门定议专章,本无先报地方官字样,各省每多误会。前年法教士吕推起案,法使施阿兰执柏德固原议来争,臣等以章程内既未载明,颇难援咨案驳论。因于上年通行各省,仍照柏德固原议办理。复恐漫无限制,因与施阿兰商议,如遇国家禁地、民间公产,不准误买,以杜朦混侵占之弊。现正与磋磨,尚未定议。又原奏内称,教堂处所宜造册呈报总署,通行各省查明教堂处所是否洋式、华式,房屋若干,按年册报,现闻各省有报有不报者,应令地方官造报等语。臣衙门查,通商以来,教堂林立,漫无稽查。臣等于光绪十七年通行各直省分别详查册报,但查地名房式,不问教规,近今数年俱已册报,嗣后倘有迟延来报者,应由臣衙门咨催造送备查。又原奏内称,教民人数宜造册呈报,教民受伤身死往往索赔恤款,其人果否入教,无从查考,应令各教堂将入教之男妇、雇用之华工开据姓名报明备查等语。臣等查,各国教士均有护照可凭,易于考查。至教民人数众多,造册不易。若各府州县概令造册,恐徒滋纷扰,终难清厘,而民教从此多事。至教民受伤身死议给恤赏,该地方官必须详查明方允给赏,断无任教士影射之理。又原奏内称,教民犯罪宜教册除名,入教华民,大率败类,一经入教,鱼肉乡民,应令教堂将犯罪教民永远除名,不得回议等语。臣等查,华民甘心入教,见异思迁,断非安分之人,健讼欺人,在所不免。〔教士〕每恃为心腹,恃作爪牙,一遇斗殴,必相袒护。数十年来,臣衙门办理教案,从未有教士责罚教民之事。今若令教堂将犯罪教习(民)永远除名,恐阳奉阴违,终无实际。如果情真罪当,臣衙门必力与各使相持,能否就范,却无把握。又原奏内称,教民被控传案,教士不得阻挠,教民被控,地方官自应按册指传,教士毋得隐匿等语。臣等查,条约载明:中国习教民人,凡中国律令之事,仍由地方官照例惩办。现在各省地方官指传教民,尚未闻有抗传不到情事,似可毋庸另议。又原奏内称,传教地方宜重申禁地,山东曲阜为圣人故里,恐洋人前往开堂设教,应将曲阜地方照蒙古、西藏等处一并归入禁地等语。臣等查,洋人欲赴兖州府传教,蓄意已久,经臣衙门驳论多年,坚持不允。现在德国使臣绅珂照会言明,兖州府城不设教堂,惟教士安治泰有与地方官商办教务之事,请准暂行进城,由官代觅房屋居住,妥为接待。臣等〔查〕,兖州不准建堂传教,本未载明条约,该使臣执约来争,我转无词以对。因商函山东巡臣李秉衡,大意总在不允建堂,其余小节似不妨通融办理,刻尚未准巡臣妥定办法。至该御史请照蒙古、西藏归入禁地一节,查蒙古各地方均有教堂,西人多往游历,西藏现议准通商,均非禁地,似可不比援引。又原奏内称,教堂不准育民间婴孩,教堂育婴,往往布散谣言,怀疑激变,应令教士无须收养等语。臣等查,教堂收养婴孩,其意本为行善,无如杯影弓蛇,群疑莫释。及至查办,究无戕害实据,每令洋人有所藉口。光绪年间,督臣张之洞曾奏请按月派人赴教堂查看,嗣因各国使均以为不便,迄未允行。又原奏内称,教士入境,宜先验护照,洋人出外传教,均由该国发给护照,方准来华。若赴内地传教,亦须领地方官执照,方准放行等语。臣等查,教士来华传教,须验明该国护照方准入境,为约章所无。若到内地传教,均由臣衙门发给护照,业经办理有案。又原奏内称,教士入境,宜归地方官管辖,查公法,无论生斯土、自外来者,皆归地律法管辖,应由总署商诸公使,通饬教士以合公法等语。臣等查,中西异教,中国与各国立约,均无管辖教士之条。中外交涉,皆以条约为凭。其为条约所有者,可据以力争,其为条约所无者,自难强办。若于条约之外另议新章,须俟换约之年与各国订明,庶无轩轾。所有议处缘由,伏乞皇上圣鉴训示。谨奏。

本日奉旨:依议。钦此。

再,陈其璋片称,近来教案,事前既无专章,事后自无办法。臣思李鸿章办理洋务,为各国信服之人,现奉特旨使俄,并游历英、法、德、美各国,拟乘此机会,将议定各款寄交李鸿章,传谕各国外部,并民教不和之故,剀切告知等语。臣等查,该御史所拟各条,均在各国条约之外,率难照准,所请应毋庸议。惟念大学士李鸿章钦奉特旨,历聘各国,联络邦交,典礼极为隆重。似可饬令李鸿章于接晤外部时,宣布朝庭保护教堂,顾全睦谊之意,俾各国均知感激,将来或不至听使臣一面之词,与我藉端龃龉,于教务不无俾(裨)益。如蒙俞允,即由臣衙门咨行该大臣遵照办理,谨附片陈明。

谨奏。

光绪二十二年三月二十八日奉朱批：依议。钦此。

总署来文一件附奏稿

钦命总理各国事务衙门为咨行事。光绪二十二年四月十二日,本衙门具奏议复御史陈其璋片奏请严定教案处分,又教案赔款请定章程各折片,本日奉朱批：依议。钦此。相应恭录朱批,抄录原奏,咨行贵大臣钦遵查照可也。须至咨者。

右咨钦差出使俄德奥和国大臣许。

谨奏,为遵旨议奏事。光绪二十年二月十一日,准军机处抄交御史陈其璋奏请严定教案处分一片,奉旨：该衙门议奏。钦此。查陈其璋片称,地方官办理教案,向无议处专条。故每遇议处时,各国公使动辄怀疑,致多口舌。近来教案甚多,地方官不善处置,自应严予处分,然不先定章程,恐议重议轻,既难见信于洋人,亦难保部中之无弊。请饬下总理衙门会同吏兵二部,先行议定章程等语。臣等查,传教既载在约章,则地方官均有保护之责。每遇教案,各国使臣援约相持,迹近要挟,几于无可收拾,总由该管官事前既不能照约保护,临事又不能拿犯办凶,每酿巨案。若非严定章程,不足以示惩儆。该御史所奏,诚为切要。嗣后如有拆堂杀教之案,各督抚将军大臣等于审结后酌量案情轻重,分别附参。其文职处分,吏部查各官应得处分,自以案情之轻重为准。近数年各省教案迭出,地方官处分诚不能不明定专条。第操之过蹙,必至以规避处分之故纵教虐民,翻致积隙日深,发机愈烈。迨至衅端既搆,又自知一经罣议,无望原情,惟有束手听参,并不思力图补救,似与立法预防之本意转有所妨。臣等公同酌议,嗣后如更有教堂被毁之案,除实系有心故纵酿成巨案,贻误大局者,由臣部酌量案情,随时奏明请旨办理外,其事出仓猝竭力保护而势有所不及者,拟请将该地方官照防〔范〕不严降一级留任公罪例处。其保护未能得力,自属办理不善,应查照历办成案,以不应重公罪降二级留任例定议。其武职处分,兵部查近年各省教案迭出,地方武职人员诚不能不明定处分章程。今该御史所奏,系为先事预防起见。臣等公同商酌,拟请嗣后遇有拆堂杀教之案,除有心故纵以致酿成巨案者,应由臣部酌量情案,随时奏明请旨办理外,如系事起仓猝,迫不及防,应将地方官照防范不严降一级留任公罪例议,以降一级留任。其保护未能得力,自办理不善,应照不应重公罪降二级留任例议,以降二级留任,俾示惩儆。均俟命下之日,由臣衙门通行各直省、各出使大臣遵照办理。所有议复缘由,伏乞皇上圣鉴训示。再,此折系总理各国事务衙门主稿,会同吏、兵二部办理,合并声明。谨奏。

光绪二十二年四月十二日奉朱批:依议。钦此。

再,臣衙门查,年来教案叠出,每议赔偿,累万盈千,上亏国帑,良由地方官不善办理,以致公家受累无穷。光绪十七年芜湖教案,南洋大臣刘坤一奏明应赔款项,由该关道及知县按月分赔在案。臣等窃维刘坤一所定分赔办法,固系慎重帑藏,亦欲惩前毖后,俾知儆惕。惟办理不善,该管官均难辞咎,仅责道县分赔,不足以昭公允而重考成。应请嗣后如遇教案,赔偿之款议结后,由该管督抚、藩臬、道及府、厅、州、县分年按成偿还归公,并分咨户部及臣衙门备案。庶几众擎易举,亦可互相鉴诫,略如签差不慎,本管上司分赔之意。如蒙俞允,臣衙门即钦遵分行各直省一律办理。谨附片陈明,伏乞圣鉴。谨奏。

光绪二十二年四月十二日奉朱批：依议。钦此。

总署来文一件附奏稿

钦命总理各国事务衙门为咨行事。光绪二十二年九月初一日，本衙门具奏议复御史潘庆澜民教不能相安，亟宜设法消弭一折，本日奉朱批：依议。钦此。相应恭录朱批，抄录原奏，咨行贵大臣钦遵查照可也。须至咨者。

右咨钦差出使俄德奥和国大臣许。

光绪二十二年九月十九日。

谨奏，为遵旨议覆仰祈圣鉴事。光绪二二年六月十二日，准军机处抄交御史潘庆澜奏民教不能相安，亟宜设法消弭一折，十一日面奉谕旨：着该衙门议奏。钦此。钦遵到臣衙门。据原奏内称，无业莠民，藉入教为护符，一有争讼，地方官势须扶教抑民，民积愤填胸，教案叠出。欲弭患，在断狱之得平；欲得平，在洋人之不袒护。应由总理衙门与各国驻使会晤时，晓以情理，无令干预讼事等语。该御史所述民教相仇之根，地方官办理民教案件之难，可云透辟。臣等〔查〕，教士不得干预公私各事，载再（在）条约及咸丰十一年奏准传教谕单。各该地方官于交涉教务者，务须查明根由，持平办理。又，同治五年议准，教士除教务外，不得干预一切公事。又，光绪十二年议准，凡奉教人遇有词讼，悉听地方官审断，教士不得干预各等因，历经奏明有案。臣衙门凡遇各省民教之案，于会晤时，无非申明旧章，力与办论，劝其不必袒护，藉以保全教民。与该御史所称从容谕告，晓以利害之言，久已不谋而合。本年广东潮州古溪一案，法、美两教互控而皆为华民，该两国使臣咸允照向章由地方官办理，臣等复要以教士、领事均不干预，该使臣均无异词。

此案现经办结。至教民犯案与教堂无干者,总由地方官自行核办。无如各省地方官办理此等案件,非过于拘牵,致彼族有所藉口,即苟为迁就,使平民无辜负屈。加以蠹役奸胥,不问原被曲直,有求不遂,尽取偿于事内之平民,于是彼此相形,道路侧目,其弱者相率而入教,其强者相率而攻教矣。该御史所称,欲弭其患,在断狱得其平,诚非无见。凡遇此等案件,地方官平情酌理,不背约以生事,不违例以徇人,所俾(裨)不小。至所称严拿地棍一节,即不因民教相仇,地方官亦有应办之责,均应如该御史所奏,请旨饬下各直省将军、督抚,转饬各该地方官,遇有民教争讼,但论是非,不分民教,持平审断,又严禁胥役骚扰事内平民,庶几民隐可通,法令可行,隐患亦可渐弭矣。原奏又称,同文馆肄业学生,尤宜兼习公法及各国律例,一二年后派令出洋,差竣列保,发往各省臬局审理民教案件,如能持平办理,即于民教事繁之区酌量补用等语。臣等查,臣衙门同文馆肄业各生,向系于精通外国语言文字后兼习公法律例。该生等赋质不同,成就匪易,各国公法律例,亦非暂行涉猎便能融会贯通。然此皆中外交涉极要之学,臣等自当随时督课,以收实效。至于派令出洋,臣衙门业于本年五月查照上年十二月奏案,拣派十六人分赴英、法、俄、德各国,藉资历练,俟各该生年满差旋,视其所造果能精熟例律公法,亦可于列保时声明,发往各省,量才试用,似于教案不无裨益。所有遵议消弭民教缘由,谨具折复陈,伏乞皇上圣鉴训示遵行。谨奏。

光绪二十二年九月初一日奉朱批:依议。钦此。

总署来文一件

钦命总理各国事务衙门为咨行事。光绪二十二年九月初一日,本衙门具奏议复御史潘庆澜条奏出使随员仍照向章办理一折,本日奉朱批:依议。钦此。相应恭录谕旨,抄录原奏,咨行贵大臣钦遵可也。须至咨者。

右咨钦差出使俄德奥和国大臣许。

光绪二十二年十月十六日。

谨奏,为遵旨议奏仰祈圣鉴事。臣衙门于光绪二十二年七月十三日,准军机处片交本日御史潘庆澜奏出使随员请立定制一折,军机大臣面奉谕旨:着该衙门议奏。钦此。随将原奏抄交到臣衙门。查原奏内称,出使各国所带参赞、随员,虽由使臣奏调,其实半由请托而来。故每次奏使之命一宣,而营谋之员毕集,或省干求,或来都坐待,辀轩未启,推荐纷如。使臣亦惟视人情之厚薄而去留之,而于其人之能否不暇计也。使臣职崇任重,早已简在宸衷,参赞数员佐使臣筹画措施,自应由使臣奏调。随员人数较多,总署学生恐不足用。近年各省兴办学堂,造就已非一日,拟请旨饬下各省督抚,择学堂学生深通中西各学者,咨送总署,及使臣更替之前半年咨取来京,由总署会同使臣考取选择,随带出洋,并请饬下使臣差竣后,归三项列保:一深悉中外民情,会通公法及中外例案,能办交涉事者;一深明各种枪炮、子药、军火、阵法,足为武备之用者;一深明制造,留心民间常用之物,创制足兴利源者。非此三者,不得列保。保奖之常异,视其劳绩之浅深,不得一概从同。如果有实孚、有实济,差竣试办著有成效,仍请破格录用。其不职者,准使臣随时咨送回华各等语。臣等伏维出使章程,凡参赞、随员具准使臣自调,原以使臣衔命出疆,责任甚重,所带各员必须相知有素,方能量材器使,得收指臂之助。创办之始,人每视为畏途,虽多方罗致,尚不免乏才之叹。近年风气渐开,使车相望,然臣衙门于薪水定以减成,于保奖则以限例章,于员额则加以裁定。二十年来随事斟酌,已早于鼓舞之中隐示济闲之意,并非盖予从优。该御史欲杜营谋请托之端,请将随员一项专用臣衙门同文馆及各省学堂,固为鼓舞人才起见,查同文馆学生本准臣调派,各省学堂亦自不乏可造之士,然若拘定一格,恐取士之途过隘,得人之效愈难。且各省督抚办理洋务,尚准指名奏调,破格请奖,出使大臣驰驱异域,用人之难回,非各省督抚可比。臣等全(权)衡事理,与其轻议更张,不如就事整顿。拟请饬下出使大臣,嗣后请调随员,必真知其人品学业足资襄助,方准入奏,不得轻徇人情,滥竽充数。在差之时,果能留心公法律例,旁及制造测算等学,差竣之后,确有心得,可以见诸施行,略如该御史所陈者,破格保奖,候旨录用。此外随办使事异常出力各员,只准照向章一体列保,其有不职之员,准由使臣随时撤参,以示劝惩。倘使臣漫无觉查,任令随使各员招摇生事,贻羞坛坫,别经发觉,臣衙门考查得实,该使臣亦不能辞其责也。总之,邦交之要现为使臣是任,即用人之全应听使臣自操,庶足以专责成而成实效。所有臣等遵议缘由,理合恭折复陈,伏乞皇上圣鉴训示遵行。谨奏。

光绪二十二年九月初一日奉朱批:依议。钦此。

总署来文一件

钦命总理各国事务衙门为咨行事。光绪二十三年二月十八日本衙门具奏出使经费支绌,请旨饬下各使臣撙节动用,力戒浮糜一折,奉朱批:依议。钦此。相应恭录谕旨,抄录原奏,咨行贵大臣查照钦遵可也。须至咨者。

右咨钦差出使德国大臣许。

光绪二十三年二月二十八。

谨奏,为出使经费支绌,请旨饬下各使臣撙节动用,力戒浮糜,恭折仰祈圣鉴事。窃查出使经费一项,原以各使臣暨各员等远涉重洋,薪俸稍从其厚。光绪十二年冬,拟派游历委员,需款颇巨,因电商各使臣分别限制,续以限制数目,诸多窒碍。光绪十三年二月间,议定酌减十分之二。嗣因外洋磅价日增,亏折过甚,复请将出使欧美两洲经费加复一成,供事学生武弁薪资较少,均加复二成,历经奏定通行在案。近年各出使报销,除俄、德、奥、和、尚不致过逾恒额,此外日渐加增,而美、日、秘一处加增尤巨。值此时艰,帑项异常支绌,各海关所解使费每有蒂欠,加之南北洋海军借拨,往往奏请作正开销。近年各国举行庆典,频年遣使,兼以法、德两国新添驻使,经费日益加多。各大臣素矢公忠,应如何体念时艰,共筹撙节,拟请饬下出使各大臣,嗣后支放使署一切款目,务须按照奏定章程核实。支放间有章程所未及而又必须支用者,先行咨商臣衙门酌定,不得率意浮糜。将来奏销到臣衙门,仍由臣等严行钩稽(稽),以昭核实,庶用款有节而经费可以常充矣。所有奏请撙节出使经费缘由,是否有当,伏乞皇上圣鉴训示。谨奏。

光绪二十三年二月十八日具奏,奉朱批:依议。钦此。

总署来文一件

钦命总理各国事务衙门为咨行事。光绪二十三年二月十八日,本衙门议复司业黄思永片奏随使各处领事不得擅离职守一片,奉朱批:依议。钦此。相应恭录谕旨,抄录原奏,咨行贵大臣查照钦遵可也。须至咨者。

右咨钦差出使俄德奥和国大臣许。

光绪二十三年二月十八日。

再，据黄思永片称，出使各国大臣所带随员、参赞之分稍尊，而领事之责任綦重，以期所驻之处有华洋交涉事件，排难解纷，随时相机而理，息事于无形也。充斯任者，职守攸关，宜如何尽心竭力，周旋其间，不得擅自离去。乃闻近来各国随员每届三年期满，与开保合例，不待接任，有人即纷束整回华。虽重大应理之公事，亦置之不顾，使臣莫可如何，殊属不成事体。盖本无交代章程，遂可任意去留，而要知责任匪轻，既有公署，即有职守。应请特旨饬下出使各大臣，嗣后各处领事官必前后任在署交接，擅离者参处，以重使职而尊国宪等因。光绪二十三年正月十八日奉旨：该衙门议奏。钦此。钦遵。由军机处抄交到臣衙门。臣等查，出使各国大臣奏请设立各处领事，无非为保护流寓华民起见。如英之新嘉坡、槟榔屿，美、日、秘之金山、古巴、纽约、嘉里约，日本之长崎、横浜、神户等处，统计流寓华民不下数十万，均经专派领事驻扎，藉以绥辑侨氓。自非熟习洋务之员难期胜任，间有办事不甚得力者，准由出使大臣随时更调，遴员接替，不必居定年限，然必须接任有人，方能交卸回华，不得擅自离差。近年驻扎各国使臣均知领事之责关系重要，遇有差满之员，亦必派员代理，尚不至有悬缺无人之事。惟该司业既有此奏，自应请旨饬下出使各国大臣严定章程，嗣后各处领事非有接任之人，不得交卸径行回华。如有擅离者，准其奏参，以重职守而免贻误。所有臣等遵仪（议）缘由，理合附片复陈，伏乞圣鉴。谨奏。

总署来文一件

钦命总理各国事务衙门为咨行事。光绪二十三年五月初九日,据广西巡抚咨称,案查条约内载:各国洋人无论前往何处游历,均应由本国钦差或领事官发给执照,注明前往何处,并由该地方钤用印信,方准前往。沿途经过之地方,必须验明印照,方准放行。其往各省传教之人,亦应一律办理等语。查近日洋人入广西境内,往往不将执照呈交地方官验明,以致沿途地方直不知有洋人入境出境踪迹,无从保护,殊非按照条约保护洋人之道。应请照会各国驻京大臣,各饬本国领事官,并咨行各省督抚照会各国领事,嗣后凡游历传教洋人经过地方,必须将执照呈验,以便地方官照约保护。又,法国约内载:通商各口地方,法国人或长住,或往来,听其在附近处所散步动作,毋庸领照,一如内地民人无异。今西省内地虽非通商口岸,而法国教士来此建堂设教者,或长住,或往来,无不听其自便,已与内地人民无异。第内地土匪游匪出没无定,如由此处往彼处,并不知会地方官派人保护,万一遇有匪徒窃发,势必猝不及防,应请一并查照法约所载,法国官员如给执照之时,惟不准前往暂有匪徒省分。嗣后各国教士在内地居住传教者,其有匪徒处所,亦令暂勿前往,其穷边窵远之地,或由此往彼,或由彼往此,所往何处并经过何处地方,仍须报明地方官,俾得派人保护,以昭妥慎而免疏虞等因。本衙门查,该抚所称各节,系申明条约,为保护传教士并游历洋人起见,除照会各国驻京大臣外,相应咨行贵大臣查照施行可也。须至咨者。

右咨钦差出使德和国大臣许。

光绪二十三年五月二十九日。

总署来文一件

钦命总理各国事务衙门为咨行事。光绪二十三年五月初九日,据广西巡抚咨称,案查条约内载:各国洋人无论前往何处游历,均由本国钦差或领事官发给执照,注明前往何处,并由该地方钤用印信,方准前往。沿途经过之地,必须验明印照,方准放行。其往各省传教之人,亦应一律办理等语。查近日洋人入广西境内,往往不将执照呈交地方官验明,以致沿途地方直不知有洋人入境出境踪迹,无从保护,殊非按照条约保护洋人之道。应请照会各国驻京大臣,各饬本国领事官,并咨行各省督抚照会各国领事,嗣后凡游历传教洋人经过地方,必须将执照呈验,以便地方官照约保护。又,法国约内载:通商各口地方,法国人或长住或往来,听其在附近处所散步动作,毋庸领照,一如内地民人无异。今西省内虽非通商口岸,而法国教士来此建堂设教者,或长住或往来,无不听其自便,已〔与〕内地人民无异。第内地土匪游匪出没无定,如由此处往彼处,并不知会地方官派人保护,万一遇有匪徒窃发,势必猝不及防,应请一并查照法约所载,法国官员如给执照之时,惟不准前往暂有匪徒省分。嗣后各国教士在内地居住传教者,其有匪徒处所,亦令暂勿前往,其穷边窎远之地,或由此往彼,或由彼往此,所往何处并经过何处地方,仍须报明地方官,俾得派人保护,以昭妥慎而免疏虞等因。本衙门查,该抚所称各节,系申明条约,为保护传教士并游历洋人起见,除照会各国驻京大臣外,相应咨行贵大臣查照施行可也。须至咨者。

右咨钦差出使德和国大臣许。

光绪二十三年五月二十九日。

总署来文一件

钦命总理各国事务衙门为咨行事。案查《烟台条约》第三端内称：所有现在通商各口岸，按前定各条约，有不应抽收洋货厘金之界。兹由威大臣议请本国，各口租界作为免收洋货厘金之处，俾免漫无限制。又，新旧各口岸，除已定有各国租界，应无庸议。其租界未定各处，应由英国领事官会商各国领事官，与地方官商议，将洋人居住处所画定界址。又，光绪十一年六月《续增专条》内载：烟台所定条约第二端内第一、第二两节所拟通商各口免输洋货厘金，及划定洋人居住地界各办法，均须再行商酌。又，《烟台条约》第三端第一端、二端各节所拟办法，现在议定应由两国国家日后再行商酌各等语。现因重庆、福州、苏、杭各通商口岸租界及洋人住址，本衙门援照《烟台条约》第三端第一、第二两节，与英、美驻京大臣办论。该使执《续增专条》，以为《烟台条约》所拟办法尚待两国国家商酌，未允照办。除由本衙门与该使等随时商酌，再行知照外，相应将光绪十一年六月在本衙门议定《烟台续增专条》咨行贵大臣查照，并转饬各关道一体遵照可也。须至咨者。

右咨钦差出使德和国大臣许。

光绪二十三年七月初四日。

总署来文一件

钦命总理各国事务衙门为咨行事。光绪二十三年七月二十八日，准兵部咨称具奏武职获咎较重人员不准投效及奏调等因，刷印原奏，咨请转行出使各国大臣，一体遵照前来。相应抄录，咨行贵大臣查照可也。须至咨者。

右咨钦差出使德和国大臣许。

光绪二十三年八月初四日。

兵部谨奏，为武职获咎较重人员不准投效及奏调以杜钻营而防冒滥,恭折仰祈圣鉴事。窃查近日各直省及各路军营,平时讲求操防,认真训练,洁己奉公,与士卒共甘苦者固不乏人,而恇怯模棱、不知检束、滥竽充数之员,亦所恒有。一经征调则张惶失措,漫无纪律,临阵势必观望不前,退缩溃逃,贻误事机,实非浅鲜。虽经各省督抚及统兵大臣随时严参治罪,事平之后,辄复夤缘请托,投效各路军营及河工省分,并谋调出洋差使,以为将来开复地步。夫此等巧滑劣员,畏葸性成,一但(旦)侥幸复职,设遇有事之秋,安望其陷阵摧坚,踊跃用命耶。是投效及奏调两途,专为若辈开冀幸之门,营伍安能改观,军事从何整顿。臣等公同商酌,凡于临阵退缩不前、救援不力、畏葸无能、巧滑溃逃获咎武职人员,除已经投效各员,姑从宽免其撤回,以观后效,并由各督抚及统兵大臣随时考其是否得力,分别去留,专案报部。其尚未投效各员,拟请嗣后除特奉谕旨录用者,臣部遵旨办理外,其余概不准投效军营及河工省分,并奏调咨调出洋希图开复,以重名器而严军律。经此次定章之后,各该督抚等如再将此项获咎人员滥行录用,臣部即分别奏参,请旨交部,照徇庇例议处。如蒙俞允,俟奉旨后,由臣部咨行各直省督抚提镇、各路统兵大臣、出使大臣一体祗遵。臣等为整饬戎行起见,是是(否)有当,伏乞圣鉴训示。谨奏。

光绪二十三年七月十七日具奏,本日奉旨:依议。钦此。

致上海道德水手命案函稿

前接来文,送到德水手刃毙华民一案,旋以在洋办理交涉须凭洋文,因电请抄寄,月之十二日接诵惠函,并德文供谳等词,均经照收。查此案该犯供词颇多不实,具如尊处指驳所列,该犯既解回国,恃无证人,情节尤易狡卸,将来德刑司定谳,如有偏徇,自应据案理论，以雪沉冤。然中外交涉之件，势不能不按照条约兼参公法。中西刑律轻重悬殊，德律除谋杀外，均无拟抵之条，而其监禁一条，自数月至十年，差等甚多，全以犯事情节及有无确实见证为断。此案领事所引德律，核与彼国刑书，尚非有心袒护，唯原告及见证人等不能远涉重洋，仅有该犯赴讯，案情较无把握。且外国刑司事权独重，谳定之后，虽本国君权不能驳改。各国驻扎公使有保护本国人民之责，无干预与国律法之权，凡交涉之案只可派员观审，从无会讯之例。布约二十五款，中西官会办一层，专指在华口岸言之，约内未有互文第二三款文义可证，碍难办到。现以照料此案，必有熟娴西律之人，并悉此案归勃雷门刑司审理，因就其处延定著名律师阿伯克一人，于七月间照会德国外部，俟开讯之日，即派该律师前往，业准覆允在案。日前并订阿律师来馆面商，据云全卷均已阅悉，刑司以证人不能到案，领事所谳华人口供未知是否可信，本国之例，证人必须指天起誓，拟日内将原卷寄回上海，交领事复查。此事似须由华官与领事商办，能得领事复到以华人所供是实，则该犯自难狡卸，此为定案最要关键。又云，外部接使馆函后，曾告知刑司，谓中国看重此案各等语。弟思该律师所言不为无见，中国问案虽无责令起誓之例，然律有诬告及坐之文，可以取具甘结，其意颇亦相同。如德领事向尊处声请复讯，应如何饬令原告及见证人等据实确供，俾令于洋文卷内声明等于西例发誓之处，统候尊裁，并希于复讯竣后迅赐知照，以凭接洽。所有弟处办理情形先行函陈，诸希鉴照是荷。

再，杨阿来无辜被杀，其母孀居，仅此一子，情殊可悯。查西国有赔偿之例，如伤而未死者，按照被伤之人每日进款若干，至伤愈之日止，计日赔偿。其因伤成废及因而致死者，偿费须计所入之息，足以赡其身家。彼国此等案件，可由苦主径控刑司，若两国交涉，亦可赴彼国领事控告，或先投递地方官办理。此在西例为应有权利，与定罪之轻重无关出入。鄙见所及，附陈以备酌夺。

照会德外部汉文底稿

西本月二十一日贵部来文，业已收悉。兹据律师阿伯克函称，所拟呈请覆审一节，因查谳词内并无与律法不符之处，现已停办等语。查杨阿来身死一节，虽中国事例不能开尸验视，而该民确系被德国水手戳伤殒命，其凶犯理应按律定罪。至其家属，亦应断有赔款，俾资养赡。乃德国刑师以不能指定何人戳伤确证，未将各犯定罪，致华民被害，中国未能与之申雪，而该家属因凶手既无着落，则其应得养赡亦无从控追。至于火夫格罗耐曼，虽已判限监禁并罚款三千马，断归被伤之张阿三。而接律师函称，该犯及其父母均无产业可以追抵罚款，似此则张阿三应得之款，亦归无着。查前准西三月来函知照德律罚款各条，四月来函并允代派律师等节，可见德国国家深有欲为尽法惩治之意。然据本大臣观之，此案既由贵国轮船公司水手所致，今按刑司所定谳词，杨阿来受伤殒命，冤未能雪，该民家属亦不能得养赡之资。张阿三现在因伤难于照常谋生，所判罚款三千马仍属虚言，中国国家闻知，断难允为结案。此案前在上海，曾经中国官员屡与德国总领事商办，并承德国总领事允为代请贵部，务将该犯等按律治罪。现在应请贵外部秉公筹办，如何设法以申杨阿来之冤，并追张阿三应得之款。虽贵国刑司泥于成例，未能严切判断，而贵部若不竭力主持挽回，则中国人心必不慊服，似于德国轮船公司多有不便之处。缘德公司为德国看重，深愿保护商务，多有利益，于此案甚有关系也。兹特备文照会，务望再为详查办理,并祈速复为盼。光绪二十年五月二十三日,即西历一千八百九十四年六月二十六日。

为咨明/照会事。案照德公司船水手刃毙华民杨阿来一案,商允德国外部延订律师前往观审,并函知聂道/前道聂商办复讯等节,于光绪十九年十月初四日咨明两江督部堂在案。本年四月十七日复准贵督部堂/两江督部堂来咨,并据聂道/前道聂送到覆讯案由等因。准此,当即函知德外部,将杨阿来毋辜被杀尸,母年老无依,以及车夫张阿三、潘倌吉等被伤后,不能趁日营生等情,转行刑司衙门,一面函令律师阿伯克作为中国代告之人。去后旋据该律师知照,此案于西五月初十日开讯。四月初七日,据该律师函称,问案官但定水手格罗耐曼监禁十八个月,并罚款三千马,其杀毙杨阿来等犯,因见证所供亦无确据,并未定罪等情,实属偏纵,本大臣当即函令再行设法驳辨。兹据复称,已会同官派状师禀请总刑司衙门复审,能否核允,俟得信即行奉闻等语。除以后办理情形,再行照会/咨复外,相应译抄来往函件,咨明/照会贵督部堂/道,请烦查照。须至咨/照会者。

两江总督刘/苏松太道黄。

照译照会德外部文

本大臣现据上海地方官来文,所有水手杀毙华人一案覆讯供词,已由驻沪总领事寄送贵部矣。查此案已故民人杨阿来确系无辜被杀,其母年老无依,请索赔款,又车夫张阿三、潘采记等被伤成废,不能趁日谋生,请索罚款等情,均经总领事转达贵部在案。现闻刑司衙门已定期西五月初十日开讯,应请贵外部按照领事来信,请将前项情节赶速转行刑部,本大臣即一面托律师阿伯克为此案代告之人,希一并转行为祷。

照译致德国律师阿伯克三月二十四日函据

德国水手斐舍尔等伤毙华人一案,本大臣已奉中国国家训条为凭办理此案,并能发给代办人经理此案全权之据,为此特托律师阿伯克代张阿三、潘采记料理此案。正案之外,另立副案原告名目,以便代受伤人向索罚款。律师阿伯克得此据,即有上控之权,行止听便,并能收受问官谳词,查取各犯产业为罚款之抵等项权利。其杨阿来家属应得赔款,请俟此案讯定后,统由贵律师办理。此据。

照译德国状师阿伯克四月初七日函

日昨,此案问案官但定格罗耐曼十八个月监禁,暨罚款三千马等节,已经电达。我于审问之先,曾将代潘采记、张阿三控告全权凭单暨德外部来文,呈明问官查核。承其认为副告,给我坐位,为中国代办人应坐之地。问审时我复请将华人前后所供各节重读一次,问官亦为允办。所惜者,华人所供江湾村斗殴各词彼此参差,既与真情离隔,故被告人所供是否虚实,无从骇辨。惟张阿三在该村受水手等虐待一节,所供各词确然无疑,是格罗耐曼确为刺伤张阿三之人。本处官状师素以各犯闹事,理须严办,当时请增为二年半监禁。我又将上海领事官处医生九十四年西三月二号所出凭单,谓张阿三因受重伤,气体大衰,奄奄待毙等节,面告刑司问官,当以该医所查交本处官医复查。旋据官医称,伤重可信,待死则无其说,因此我无从引用二百二十四并二百二十七条律文。问官会商良久,始将分别谳罪,并释放各犯缘由,宣告众知。试就问官断语而论,足证刑司本有严惩被告之意,奈因不得确证,只得如此办理。兹将问官断语摘叙大略呈鉴。

照译断词

本刑司查得水手人等曾向车夫言定若干价送至吴淞,奈车夫送至上海界,不肯远去。水手既须步行,伊等不付车价,亦是情理当然。车夫等随后追赶,其势甚威,于水手身命大有关系。倘水手不动声色,不用刀械,或车夫等亦可依然退散。奈当石竹乱击之际,受伤者畏惧心慌,无足怪耳。查德律第三页五十三条内载,若因一时心慌,护身守命,以致用刀乱刺,律有可原。故凡在上海及江湾闹事等人,不能断为有罪。若据卖糕饼罗永福所供,亦难因此定罪。设罗永福所供可信,则应得罪者只有一人耳。而此七人内谁是凶手,一无确据可以指定。若因应得罪之一人,概将无罪六人定拟,又于公道不合。其戳伤潘采吉者为何人,亦无人能指定也。详细查之,惟知张阿三于江湾地方腰背受伤,系因格罗耐曼用刀所致,既有确据,虽格罗耐曼不肯承认,并以急难之时保护身命为词,无可推诿。就目下情节而论,应定罪者只格罗耐曼一人,其余诸人不便累及,盖此案与二百二十七条所称斗殴或伙同相进相攻之意不合耳。格罗耐曼拟监禁一年半,除将在监候查九个月扣除外,尚须坐监九月,并应罚钱赔给张阿三,应罚钱款即请所请之数办理。此定案之大略也。格罗耐曼有无私产,能否索得三千马,容俟查明再为函告。

照译状师阿伯克四月十四日函

昨奉贵大臣来函,现因本处刑司所断各节不能满意,因即禀请总理三汉谢城刑司衙门复审,本处官状师亦同时呈请核办。我现拟会同官状师商酌一切,冀成此举。所请复审,意在全断各犯之罪,并定赔费,以安受伤二人之心。但能否办到,尚不可知。设总刑司不允,我惟有请查格罗耐曼家产,令其赔付三千马。如该犯产业空虚,则亦无法也。至已故杨阿来眷属控告索赔,更不易办。盖此处刑司既未将戳毙之犯指定,将来案归文司问官核办,亦难指定某人为凶犯证据。即使此节尚能办到,而杨阿来果系因伤毙命,须有内伤确证,方为真据。中国无剖尸相验之例,此据从何而得?届时该犯仍以遇险求护为词,问官仍必原谅之。总之,索赔既无把握,宁以不控为妥。再者,现除格罗耐曼坐监外,其余被释六人已东散西奔,不知何往,毋从再缉。其凶手不能查出,固为可惜,然此非因地方官办事有违公道,实因见证之据不足耳。总刑司能否核允复审,俟得确信,当即奉闻。

照译致德律师阿伯克四月十一日函

西五月十一日即西月初七日来函已悉。所有该水手六人以见证不足,并未定罪,甚不能满中国官民之意。应如何再行请讯之处,希为赶办。所定格罗耐曼之罪,如无家产可抵罚款,亦应如何办理,以免无着。至杨阿来家属索赔一节,即请于再讯时指控为要。

照译德外部来函

光绪二十年七月初九日,西历一千八百九十四年八月初九日

前勃雷门官状师禀请总刑司复审等节,本部已于西六月廿七日函布在案。今官状师已将前禀撤回,盖查知此案不能驳改,本部

前函亦曾提及矣。至该水手在华滋事,均系德意志公司船行所雇之人,本部因向该公司致达。兹据该公司允给已故杨阿来之母三百元,受重伤之张阿三三百五十元,作为贴费。然须声明所允之款,与该公司所用人等犯罪情节本无干涉。此系出于该公司情愿顾全两国交谊,非德国律例所能判断也。应交何处何人,敬候示知。如该款须在上海付交,该公司亦可照办,但须指定何人并住址,以便由伊代办。美最时行拨付也。

总署奏详定宝星章程许大臣案件
照录总署来文

为咨行事。光绪二十二年三月廿一日,本衙门附奏详定宝星章程一片,本日奉朱批:依议。钦此。相应恭录谕旨,刷印原奏,咨行贵大臣查照可也。附原奏。

光绪二十二年四月初四日。

照录奏片

再,臣衙门光绪七年奏定宝星章程内开:头等第二,给各国世子、亲王、宗戚等,头等第三,给各国世爵大臣、总理各部务大臣、头等公使等,通行各省,历经遵照办理在案。近日邦交加密,颁赐宝星之案比旧增多,洋员职分崇卑,不能不详悉查考,以免畸重畸轻之弊。近接出使大臣许景澄函陈,洋人爵分五等,其首等曰"泼林次",略如中国王爵,为世子及近支亲王通称。而近支亲王与疏远世袭之王,体制迥异,亲王礼同储贰,世爵但据以标门望,官秩并不加崇,各国驻使之世袭者,即援"世爵大臣"字样,越请头等宝星,恐无以为酬奖。彼国宰相、部院大臣之地,应请于章程内立案声明。头等第二宝星,专赠给各国世子并近支亲王,凡例袭王爵者不在此例。其头等第三宝星,应以部院大臣、头等公使为断,庶二等公使有爵者不能援照等语。臣等覆加查核,所言甚有条理,与原奏慎定分别等威之义亦属相副。惟事关奏定章程,应仍奏明请旨。如蒙俞允,即由臣衙门立案通行,一律遵办。谨附片具陈,伏乞圣鉴。谨奏。

朱批:依议。钦此。光绪廿二年三月廿一日奉到。

谨奏,为酌定宝星式样请旨遵行恭折仰祈圣鉴事。窃臣衙门于光绪七年十二月十二日奏定宝星章程,奉旨:依议。历届钦遵办理。嗣于二十二年三月廿一日复奏,请将头等第二、第三宝星颁给限制立案声〔明〕,奉朱批:依议。钦此。近日邦交益密,往来赠答,事类繁多,上而列国君主之周旋,下及贵戚臣工之颁赐,典仪所在,义贵精详。宝星取象列星,外国制造多为光芒森射之形,以显昭明而彰华贵。中国旧式形方且重,与内地功牌相近,外人往往以艰于佩用,似无以达彼乡风拜宠之忱。臣鸿奉使欧洲,于请旨颁给洋员宝星案内,曾将应行厘定情形附片陈明在案。现臣等公同酌议,嗣后宝星式样应请量与变同(通),参酌欧洲各大国通行式样,加以星芒改制,精工铸造,藉示恩荣。其名目藻饰錾刻,一切均照旧章。其铸造拟选募津沪良工,范以银模,俾臻精美。其大小佩带,均勿庸加绣龙形。似此斟酌变通,其于樽俎雍容,颇为宜称,亦慎固邦交之一道。谨将新拟宝星式样绘图,恭呈御览。如蒙俞允,即由臣总衙门遵照改造,照会各国使臣暨知照南北洋大臣、各省督抚、出使大臣,一体遵照办理。是否有当,伏候圣鉴训示遵行。谨奏。

光绪二十三年二月十一奉朱批:依议。图留中。钦此。

改定宝星章程

头等第一,专赠各国之君。式样应用赤金地,法绿龙,起金鳞,上嵌大珍珠一颗,团龙内中嵌小珍珠一个,沿边用小珍珠镶嵌一围,赤金星芒佩带。副宝星,亦用绿龙起金鳞,中嵌珍珠一个,外嵌小珍珠一围,金红色带。

头等第二,专赠世子并近支亲王等。式样应用赤金地,法绿龙,起金鳞,上嵌光面小红珊瑚,中嵌光面大珊瑚,珊瑚之外镶小珍珠一圈,赤金星芒佩带。副宝星,亦用绿龙起金鳞,中嵌光红珊瑚,上嵌小珊瑚,大红色带。

头等第三,专给各国世爵宰相、部院大臣、头等公使。式样应用赤金地,法绿龙,起金鳞,上嵌光面小红珊瑚,中嵌光面大珊瑚,云头各镶小珍珠,共八颗,赤金星芒佩带。副宝星,亦用绿龙起金鳞,中嵌光珊瑚,上嵌小红珊瑚,大红色带。头等第三以下均有"御赐"字样。

二等第一,专给各国二等公使。式样应用金地,起鳞金龙,上嵌小珊瑚,小(中)嵌起花大珊瑚,银星芒佩带。副宝星,亦用金地金龙,中嵌起花珊瑚,上嵌小红珊瑚,紫色带。

二等第二,给各国三等公使、署理公使、总税务司等。式样应用金地,金光龙,上嵌小珊瑚,中嵌起花大珊瑚,银星芒佩带。副宝星,亦用金地金光龙,中嵌起花珊瑚,上嵌小红珊瑚,紫色带。

二等第三,给各国头等参赞、武职大员、总领事官、总教习等。式样应用金地起鳞银龙,上嵌小珊瑚,中嵌起花大珊瑚,银星芒佩带。副宝星,亦用金地起鳞银龙,中嵌起花珊瑚,上嵌小珊瑚,紫色带。

三等第一,给各国二三等参赞、领事官、正使随员、水师头等管驾官、陆路副将、教习等。式样应用法绿地,金光龙,中嵌蓝宝石,上嵌小红珊瑚。三等以下均无佩带。

三等第二,给各国副领事官、水师二等管驾官、陆路参将等。式样应用法绿,起鳞银龙,中嵌蓝宝石,上嵌小红珊瑚。

三等第三,给各国翻译官、游击都司等。式样应用法绿地,银光龙,中嵌蓝宝石,上嵌小红珊瑚。

四等,给各国弁兵等。式样应用法蓝地,银光龙,中嵌青金石,上嵌小红珊瑚。

五等,给各国工商人等。式样应用银地,绿光龙,中嵌砗磲,上嵌小红珊瑚。

咨行事。所有本衙门具奏酌改宝星式样一折,奉旨允准,业经抄奏印图通行在案。兹将改宝星章程,刷印知照,相应咨行贵大臣查照可也。须至咨者。

荷属葛罗巴苏门答腊国政节略并费果孙移行葛罗巴照会

具禀人现驻荷兰葛罗巴等处,福建漳州府海澄县职商仕林章国栋、黄凤池,广东广州府番禺县职商张应声、区庭杰、周瑞华,丰顺县职商陈若霖等,为陈明荷虐,急设领事,以崇国体,以救商困事。

伏查南洋诸岛,荷属素称宽广,而葛罗巴之开辟之时考,则二百七十余年,以华人之数计之,则五六十万。惟国政繁苛甲于各国,其待华人更有甚焉。自乾隆初年迫令华民入籍,以致鼓噪,被杀十余万众,厥后各款抽税倍于各国之人,各款治罪亦苛于各国之例。近来政治日非,新例日出,皆为华民而设,于各国商民独无恙者,由各国均有领事以为保护,中国则无领事以资捍卫。无怪商务之绌,商民之困,岌岌不可终日也。职等经商荷属葛罗巴、苏门答腊等处三十余年,日与荷人官商相过从,故其间政治之得失,人情之好恶,莫不纤悉考究,而得其大略焉。谨此呈电:

一为货物之税也。伏查荷兰葛罗巴属下卅余府,均设海关,进口货物必计其值之贵贱而收其税之多寡。凡英、法、德、美、欧罗巴之土产入口,每百元俱抽六元。惟中国之土产入口者,每百元则抽十元、二十元不等,甚至有将货物格外估高价钱,以为抽税之地。其虐于货物之税有如此者。

一为人头之税也。伏查荷人及各国商人暨在地土番,必先征其身票之税。至经商者,必计其生意之入息而征其税。营工者,必核其辛金之多寡而征其税。每百盾例征二盾,惟华人每百盾必征四盾。每年核算计抽,皆由各处该管之甲必丹、雷珍兰等上下其手,不容分辨。幸光绪十二年,蒙前两广总督张奏派王、余两委员到巴,稔知其事,与荷总督理论,及后不复再加,不然每百盾议抽十盾之例,又复举行矣。其虐于人头之税有如此者。

一为产业之税也。先征地产税,次征屋宇税。此等税款,每年议价,年高一年,每年纳税,亦年多一年。家物之精粗多寡,亦逐年议价而征其税,每百抽二,各西国人亦一体遵行,惟征于华人者倍之。若马车一则,各国西人准用马一匹、车一辆,毋庸纳税,而华人则不能,大车一辆征税三十六盾,小车一辆征税十二盾。马税初一匹则以六盾征税,第二匹则以八盾征税,第三匹则以十盾征税,多者照数递加两盾为度。其虐于产业之税如此。

一为有事之华民而受其虐也。设官听讼,贵在持平。荷例各国西人及本地荷人,所以(有)案件可以亲自质审,或请状师伸理。小事则归礼士连即知府办理,大事则归辣番由的里西即按察司,每案所费一千余盾。或鹤呼即小刑部,每案所费四千余盾。办理。此等衙门堂讯,必另设会审官监临,拟罪至轻,不用笞刑。若华人争讼,则自甲必丹即守备、玛腰即都司办理。至于关都柳即县丞、巡检或副淡处即知县审办,则先行押候,至三五日吊出提讯,或监禁,或罚银,或钉链,或笞藤。监禁三日起至三个月,至罚银一盾起现英洋半元至一百盾。至钉链,则三日起至三个月止,笞藤,则不计多少,亦不计次数。遇有重案,则由副淡、关都柳详上兰得辣即小按察办理。会审者为土番头目,此等人最为贪酷。至定案,钉链则六月起至一年、三年、六七年或至死,或上吊棚不等。如其情真罪当,在所甘心。

更奇者,华商有与副淡、关都柳稍挟微嫌者,则暗中贾祸,或平白飞陷,拘拿问罪。至监禁、罚银、钉链、笞藤,任其照例施治,不能上控,亦不敢不遵,名曰白沙例即势押也。华人或与玛腰、甲必丹有宿嫌者,亦必被玛腰等到副淡处罗织罪案,消受白沙之例。庚辰辛巳年间,荷总督之子番勒使,在葛罗巴属务勿为关都柳之职,适闽人巨商陈弥丰者意见不合,忽被拿问。弥丰颇稔荷例,据理直争,兰得辣不得逞其志,以致撤委另补。殊总督变羞成怒,交带新任,务将该案一体办理,故新官上任,复吊弥丰研讯,弥丰终不为屈,凡历三任,莫能定案。总督愈怒,特遣一员,上任后不由分说,即将弥丰全家十余人押往万叨小岛,永远锢禁。各国西人有领事保护,则不敢以非礼之事相加焉。

倘华人若有婚户、田土及钱债账目案件,若在二百盾以上,必须延请状师,在辣番由的历西及鹤呼处审办,审费照西人至多之例核算,拟罪又照华人之(至)重之罪办理。纵令理可得直,而追回之银往往不敷状师之费,因此含冤负屈者不可胜数。其虐于争讼之华民有如此者。

一为无事之华民而受其虐也。华人初往荷地，概行驱入公所，问过口供，然后令其亲戚故旧领回，到域处即街长报名注册。如入各乡营生，则须求副淡出字注明地址。如欲开店经商，又须求准开店字样。旧例如此，历久无异。忽于同治乙丑，即荷一千八百六十五年，特设赶逐居乡华人之例，谕令贱售产业，徙往街市，然未见实事也。华人尚存安土重迁之意，而作驽马恋栈之心。光绪甲申，即荷一千八百八十四年，复伸此令，立限二十四点钟，将业贱售于土番，不能逾限。其落后而未成交易者，概被土番带往淡副处，罚银二十五盾，而后逐出。平日之生意产业，片刻消归乌有。此时之华民，扶老携幼，哀声震地，疾病死亡，道路相属，荷人全不知惜，而各国之民安堵如故。其虐于安分之华民有如此者。

一为身故之华民而受其虐也。华人经商荷地，所有家资产业，妻儿子女不能私相授受。病急之时，必须到衙门割过名字，方准管业。其儿女远离者，即已经做字，仍将遗下之资业，提入美士甘即公局。设局之初，章程由华人订定，事务由华人办理，俟其子孙前来向领。原念乡情，不忍坐视不救之意，荷人不过监临而已。时至今日，出入之权操之荷官，华人承命奔走，徒存虚位。故近时华民子孙执挂咧字，援向日之章程向领，而荷官则故以荷例挑持，互相反覆，迄无定案。每至巨万之家供为所费而不足，荷官之囊已饱，华人之业已空矣。至华人身后无儿，暴病身故，不及做挂咧字于亲属，则所有产业概归荷人受用。虽亲戚子侄，俱不可得分毫。就令递禀向领，而费用浩大，所入之赀不敷杂费之用，通盘合算，只好罢手。近年闽人陈甲文，身后无子，遗下产业二十余千盾，概被荷人提去，事同抄抢，华人无敢阻者。如此等类，不能枚举。若中国有驻巴之领事，尽可照荷例办理，身后产业应归死者亲属向领，一可运柩回乡,二可立尝扫祀,荷人何敢逆理妄作耶。至各国之商则无虑此。其虐于身故之华民有如此者。

一为日里之华工而愈见其弱也。夫日里为荷兰外属,地宜种烟,近年广募华工,开辟土地。而华民迫于饥寒者,奸人每乘其隙而诱之,或赠以银钱,或馈以酒食,曰外洋生息,吾能为尔代寻,出洋资斧,吾能为尔代出,于是代扯船挥,代垫行用,每名费十余元,带往新家坡、槟榔屿等处,转买(卖)西人。每名身价强壮者,五六十元至八九十元不等,少弱者三四十元。做明字头,三年为期,以种烟之得息而偿其身价。载入日里烟园,按时兴工,风雨不改,落后者以鞭箠从事。每月每名只给伙食使用银四元,而田器家物则倍高其价以记簿,烟叶得息则按低其价以入数。因荷例外人不得入园,华工不能出园,凡货物银钱,概由工头人等出入,故买物之银十元,仅得四五元之用,烟叶之款数百,仅得数十元之额。且烟熟之时,复开场聚赌,以耗其余积,或遣妓入院,以陷入迷途,必使之进退无措,而后诱之以利,以为笼络来年之地。如欠款未清,即一元半元,仍令再做苦工一年,加倍赔还,不能幸免,甚至有十余年不能脱者。然考其国家设例,尚属平允。凡买华人,不拘身价多少,每名只坐欠身价银三十六元为额。核烟息与身价相当者,一年期其自便。至效力三年之后,不论有无欠款,概作罢论。无如西人做园主,阳奉阴违,而本国之工头及该管之甲必丹等,先意承志,通同舞弊,以苛虐之心,行克扣之事。为工人者,垂首丧气,饮泣吞声,身不能离豺虎之门,沉冤谁诉,口不能通夷酋之语,苦死谁知。而拐带新客之人,又复秘之惟恐不深,往往于初卖之时,托伙伴冒名做字,然后令新客顶名下船,及载入园,虽父兄子弟不许会面。所以升科辟地,各国西人皆得为其园主,独华人不得承充斯职者。恐华人通情办理，召集各国被虐之华工为之种植，而全埠之利权必为所夺，而西人之苛刻必多掣肘也。广东大埔县张其昌之嫂，孀居一子，穷而无告者也。癸酉年，伊子往粤省烟店营工，被日（人）拐卖日里缎斯尾园做工，日被鞭挞，困苦万状者五年。戊子春，适同乡张弼士回家，其昌之嫂往诉巅末。及后张弼士到日里时，着人探问，实耗极力设法始行吊出，仍赎其银五十余元。此乃绝无仅有之事，而目击弼士亲为之者也。其虐于华工有如此者。

一款设领事官以资保护也。荷人侮蔑华民积习成性，开办之处定多掣肘。必须择一久住荷邦，熟悉上下人情政治利弊者，方能揆其势，度其理，知其性，行其法，使残暴之洋酋俯首心折。仰望中堂明烛万里，一视同仁，据情转奏，商诸驻京荷使，议定专条，添设领事，以其无碍于公法者而为之协办，以其有背乎公法者而为之维持。

查荷兰已设领事于中国，自应设领事于荷兰。且中国分设领事于各国，更当设领事于荷兰。况各国均设领事于荷兰，荷兰万不能辞领事于中华。若设领事，秉公法以为办理，则荷兰之肆虐知所顾忌，华民之冤抑得于上闻，解倒悬之危急，肉白骨之余生。上以诚感，下以诚应，一旦有事，筹款何难，振臂一呼，欢声雷动，亲上死长，众志成城，中国之利权胥于斯乎。在今天荷人者，重名之心胜于重利。虐待华民，彼非不知有玷名色也，所以持择久居外国之华人，以为马要、甲必丹等，名为保护华民，实则为荷人之爪牙。视家贫富，论抽重轻，择肥择弱，不遗余力，必取华民之脂膏，迎荷官之意旨，而官阶之黜陟，每视乎此。此以华虐华，荷得其利而恶名仍归于华，其用心不可谓不谲矣。中国若设领事，则无求其迁转，无藉其俸薪，照公办公，以法行法，事无巨细，只求一是。且各国均守此公,均守此法,堂堂一荷,必惧他人之清议,而不敢不守公法,理固然也。至领事已设,则中国之兵轮,或一二年,或三四年,出洋游弋,以笃交情,以彰国威。俾荷人不敢轻视中国,即各国之寄居者亦不敢不重视中国,不亦善。或曰领事之设,虑筹款之为难也。不知华民之困于荷虐,火热水深,早有后来其苏之叹,为领事者若能洁己奉公,顾全大局,方且箪食壶浆,迎之不暇,况区区薪水哉。职等在荷,历有年所,胪列各款,均属实情。但自幼经商,罔知文字,欣逢中堂柔远为怀,刍荛下采,故敢以目所亲视身所亲经者,拉杂缮写,备具清折,匍辕上叩中堂恩准施行。

照译荷兰公使费果荪移行葛罗巴总督照会

为照会事。照得本大臣承准大清国文华殿大学士直隶总督部堂李面商,以中〔国〕子民寄籍荷兰属地,果属身家清白报效中国者,经本爵大臣奏咨,给予职衔、翎支、执照。此等职员既经领有执照,即与平民有异,中国国家尚以职官之礼相待。今既寄籍荷兰属地,荷兰官员自应优加看待,与各国体面商人无异。兹将空白执照张,请烦移会噶罗巴等处总督察照办理。至该项执照,只准给予殷实体面商民,如该商民领有执照之后,恃符狂妄,一经告发,查明属实,本爵大臣定将该商民职衔斥革,执照撤销等因。准此,相应移会贵总督,迅速查照办理,具覆施行。须至照会者。

薛大臣原奏添设领事又条奏教案又与外部议定缅甸界务

为咨会事。窃照本大臣于光绪十七年正月廿五日,在巴黎使署拜发具奏濒海要区添设领事,拣员调充一折,又附奏拟刊关防一片。除俟奉到谕旨,再行恭录咨会外,相应抄录折片稿,咨会贵大臣请烦查照。须至咨者。

光绪十七年二月初十日。

照录原奏

奏为濒海要区添设领事,拣员调充,恭折仰祈圣鉴事。窃臣承准总理衙门文开:准北洋大臣李鸿章咨称,海军提督丁汝昌巡历南洋,目击华民人数巨万,生意殷盛,既设领事之处,尚称安谧,其余颇受欺凌,无不环诉哀求,请设领事。咨令酌夺情形,试与英国外部商议,如能办到,实于华民有裨等因。臣窃谓酌设领事,所费无多,而收效甚速,曾于去年十月统筹全局,缕陈圣鉴在案。查南洋流寓华民,颇有买田宅、长子孙者,而拳拳不忘中土,叠次防务赈务,捐数甚巨。既据同声呼吁,不可无以慰商民望泽之诚,示国家保护之意。惟设立领事,条约本无明文,各国知此事于我有益,往往靳而不许。即英国前议,亦谓中国只能照约而行,不能援引公法。臣初与外部商议,先破其成见,谓中、英方睦,岂容与泰西分别异同。再四蹉磨,外部始允照各友邦一律办理,仍谓审量情形,刻下或有难尽照办之处。臣亦以经费有常,必须择要兴办,碍难处处遍设。查香港一岛,为中外咽喉,交涉渊薮,前使臣屡商未就。臣拟于香港设一领事官。其新嘉坡原设领事,改为总领事,兼辖槟榔屿、麻六甲及附近英属诸小国小岛。若虑鞭长莫及,或就地选派殷商充副领事,以资联络,由总领事察度,禀臣核办。臣既函商总理衙门,复明告外部。外部尚以中国官吏未谙西律为例虑,臣告以新嘉坡领事左秉隆在任十年,彼此往来,素称和睦,臣署参赞官黄遵宪,前充旧金山总领事四年,稳练明慎,中外悦服,拟以此二员充补,外部仍无异词。合无仰恳天恩,俯念员缺紧要,准将驻英二等参赞官二品衔先用道黄遵宪,调充驻新加坡领事官,新嘉坡领事官花翎盐运使衔先用知府左秉隆,调充驻扎〔香港〕领事官。于交涉事务,流寓商民,必有裨益。除另将酌拟经费,增派随员详细办法咨呈总理衙门外,所有添设领事,拣员调充缘由,理合恭折具陈,伏乞皇上圣鉴训示。谨奏。

　　再,美、日、秘三国共设领事五处,日本一国共设领事三处,副领事一处,均由出使大臣刊给关防。此次增设领事,自应指明辖地,酌定名称。臣查南洋各岛,英国属地甚多,除远处不计外,凡附近新嘉坡者,曰麻六甲,曰槟榔屿,曰丹定斯群岛,曰威利斯雷省,曰科科斯群岛,此皆英国属土。其各小邦归英保护者,曰白蜡,曰石兰莪,曰芙蓉,曰柔佛一邦,名为自主,实则为英附庸。各该处华人共三十余万,占居民十分之六。前于光绪十一年间,英国政府联合各地,定其名曰海门属部,而设一总督于新嘉坡以统辖之。臣请以新嘉坡总督所辖之地,即为总领事所辖之地,拟刊关防,其文曰"大清驻扎英国新嘉坡兼辖海门等处总领事关防",香港新设领事拟刊关防,其文曰"大清驻扎香港正领事官关防"。如蒙俞允,可否由总理衙门颁给,抑或由臣刊发。恭候命下之日,分别刊发,交该员等祗领开用,以昭信守。理合附片陈明,伏乞圣鉴。谨奏。

薛大臣条奏教案
照录原奏

　　奏为英、法两国教案牵涉既广,关系较巨,谨就见闻所及,分别治本治标之计,恭折密陈仰祈圣鉴事。窃臣承准总理各国事务衙门电信,知五六月间长江上下游教案叠出,芜湖、丹阳、无锡、江阴、南昌等处天主教堂多被焚毁,武穴被杀教士及洋关扦手各一人,皆系英籍。迭经各省查拿匪犯,或立予骈诛,或讯明定罪,而英、法、德三国使臣尚忿争不已,来相促迫。臣屡以中国办法详告英、法外部,外部知我办理认真,尚无异词。迨接其驻京使臣函电,则又往往变计。盖各使久居中国,洞悉情势,初因讹言四起,风警频仍,迫为自卫之谋,寖萌要挟之意,勾串一气,协以谋我,迁延数月,不知何时议结。臣窃惟匪党之得肆焚掠者,挟篁鼓愚民之术也。愚民之莫释疑忿者,信迷拐幼孩之说也。按旧徒谓天主教徒迷拐幼孩,挖眼剖心,用以制药,此论不知始于何时。前儒顾炎武所著《郡国利弊(病)书》,亦有烹食小儿之说。彼时中外悬隔,偶得传闻,并非事实,然是说之流传也久,则人心之笃信者众。犹忆同治九年天津案起,前大学士曾国藩初闻挖眼满坛之说,亦欲悉心查办。比入津境,揽舆递禀者纷诉此事,询以有无实据,则词多惝恍,迨严加询究,而其事益虚,所以专疏特辩此说之诬。臣于当日列在幕僚,颇知梗概。出洋以后,留心访察,大抵天主教徒所崇奉者,惟耶苏。耶苏之说,亦以仁慈为宗旨。近者禁黑奴有会,禁鸦片有会,彼于虐人之事、害人之物尚欲禁之,岂有残酷至挖眼剖心而欧洲各国习不为怪者。即彼之精于化学、医学者,亦谓无心眼入药之理。斯必知旧说之讹传,然后此案乃可下手,否则在事大小官员先怀疑虑,葛藤不斩,缪辕滋多,将何以晓彼愚民,将何以禁彼匪党,而诸教士自忖不能久居中华,其力足以煽动各国,酿成衅端。

西洋风气,重视教务,一遇有事,鲜不上下同心,非若争一事占一地者,其民犹从犹有不从。昔年俄罗斯之侵土耳其,法兰西之割越南,皆以护教为名,此中机括不可慎之于微也。臣非谓洋教之无损于中国也。彼天主教虽称为善,自历代教王增窜私说,并渐失耶稣本意,滥于招纳,不择良莠,教士即不自为迷拐,难保无迷拐者之托迹其门,恃为护符。且男女无别,西洋习俗如此,教士偭规错矩,亦犹中国僧道之不能尽守律戒。而入教之民,无恶不作,平民受其欺压,积忿日深,一发难遏,地方日以多事。犹幸周、孔、程、朱之教,弥纶寰宇,深入人心,凡列衣冠之中,鲜慕异端之学。然彼此龃龉,不能相安,臣愚以为不与妥议章程,终非善策。近来欧洲德、义等国限制教民,立法綦严,大权始不旁落,无复从前挟制纷扰之患。中国许洋人传教,既在约章,势难骤改,惟妥筹约束之法,本系内治之要政,非各国所得干预者,积渐使然也。当津案初结之时,总理衙门尝照会各国使臣,修改传教章程,俱经该使驳回。由今思之,其中各条有暂难行者,如限定各堂华民入教之数,撤去女教士、女塾、恤孤局及非教民子弟不得入男塾之类是也。有可以办到者,如禁教士诋毁儒教,凡有教堂听华官随时察看,堂中所收婴孩悉报明地方官,教民有讼教士不得徇庇之类是也。与其未必能行而悉为所阻,不如择其可行而先为商办。中外合力,徐于(与)磋磨,彼既就我范围,即可循序渐进,将来于彼所难允者,相机伺便与之理论,抑或俟武备日精、邦交日固,竟仿西洋限制之法。要在统筹全局,因势利导,虽效之迟速不可知,但尽一分心力,必有一分补救。臣所拟治本之计,筹经久之道者如此。

自各国立约以来,英重通商,法重传教,所操之术不同。此次被毁教堂,多属法国,而英国只有武穴一案,德教则并无受损,惟有兖州旧案未销。乃三国使臣,既互相邀结,法之外部复奋其全力密联英、德外部,意在广树声援,乘此时机,收意外之权利。英、德恐法之得权力,而不甘居人后,遂与为合从之谋。俄、美、义诸国又从而附之。彼相约以顾全西国大局为词,而意则在各便其私图,以责我保护将来为说,而意则在观变于临时。

臣愚以为方今要著,宜令各省格外严防,勿再滋事,杜彼藉口。而防变之法,宜注力查禁匿名揭帖,则风不起而澜自平,薪不添而火自熄。至办理此案,当先有一成不变之规模。如彼缉凶,多诛一匪徒,在我不为无益,可允也,而罪必求其当。彼索赔款,多认一偿费,在我尚无大损,可允也,而数必求其核。即彼欲以不肯保护之咎,株连印官,苟察其平日玩视民事,政声较劣,亦可允也。但须乘彼未甚催促,予以撤调处分,自足折服远人之心,而泯其吹求之见矣。惟彼倘藉护教为名,迫我以不能行之事,或欲别定章程,隐收权利,且使彼教日益恣横,自当坚定以拒之,镇静以应之。昔曾国〔藩〕办理津案,虽一时谤议纷起,阅世以后,人咸谅其心之公忠,并知其事之妥协者,盖既保全和局,而原案外并无所让也。今诸国既受法人笼络,骤不可离,英人于武穴一案,亦欲留为观往之资,未肯遽结。彼势盛则所望愈奢,时久则所谋愈狡。为今之计,似以设法速结为妥。欲求速结,似宜坚持其大者,酌让其小者为妥。即臣所论约束教士之法,恐彼知之而先肆要求也,似不如暂隐勿宣,俟结案后再与议善后章程为妥。又闻英、法、德、义、俄、美等国,多驶兵船往来中国海面江面,以保护教务为名,洋外各报谣诼纷纭,或称所费不赀,或称相机行事。臣窃谓南北洋兵舰亦宜悉数调派,分布各处,隐备非常,既示以势力之不孤,且以保护彼教为名,彼知我之所费亦不少也。如是则彼之气平,而我之理直,我之气亦愈壮矣。臣所以拟治标之计,弭目前之衅者如此。

以上二说,不过就臣见闻所及,妄为揣度。未知近日情形是否相符,各省教案是否已结,耿耿寸衷,略抒愚悃。倘蒙圣明俯察末议,敕下总理衙门暨南北洋大臣、湖广督臣,用备万一之采择,大局幸甚。除前已具函电陆续详达总理衙门外,所以英、法两国教案分别治本、治标缘由,理合恭折密陈,伏乞皇上圣鉴训示。谨奏。光绪十七年八月初六日。

再,法使李梅由巴黎起程,八月中旬可抵中国,现闻各使所商之事,均俟李梅到后方能定议。法人自称所欲商者不外四端,曰缉凶犯、惩印官、议赔偿、杜后患是也。以前三端固属意中之事,以后一端亦为理之所应有,而势之所难拒。然应之不审,则彼之后患可杜,而我之后患无穷。臣所谓法人欲收权利,各国互相观望者,未必不在于此。至惩官、缉犯,当查确实情形,非臣所能悬揣,而赔偿为稍后一着,议到赔款,则结案已有把握。臣虑其将来所索之款不免浮开,密饬驻法参赞官庆常分诣教会,根查榷(确)数。旋据覆称,江苏、安徽教堂为耶苏会教士之公产,江西教堂为辣萨里会教士之公产,均属教王管辖。二会各有会首常驻罗马,皆天主教也。此次闹教,芜湖一处受害最重,拟索偿款十三万两有奇,无锡拟索三万两有奇,他处各数千至一万两不等,江西教堂约索二三万两,通计三省赔款约在二十万两左右,至多以二十五万两为度,均按房产、物价、券契、底账开单等语。臣窃查,西国政教判为两途,设遇此等事件,皆由国家自与教会商办较为直截,中国则向日由各国揽揽,徒令藉端要挟,此非中国之利,亦非教士所愿也。今赔款既查知梗概,倘法索费无甚虚浮,或稍有虚浮,自当迅速与之议结。万一与实数大相悬殊,彼或有意相难,欲为他事盘旋作势,似不妨由总理衙门告以当嘱驻洋使臣径与教会商办。彼知我有此一着,必可渐就范围。至教会既在罗马,则每事应令义使与闻,以分法国护教之权。是否有当,理合附片密陈,伏乞圣鉴。谨奏。

　　再，此次焚毁教堂，殴毙教士，传闻系哥老会匪散布揭帖，激发众怒，事起则率党纵火，事毕则潜踪四散。此辈皆系遣撤勇丁，所以气势较盛，蔓延较广。查哥老会名目，始起于四川，而流行于湖广。厥后湖南营立功最多，旋募旋撤，不下数十万人，而哥老会之风亦遂于湖南为独炽。其初立会之意，只在互相救援、互济贫乏而已。迫入会者众，不免恃势滋事。今者教堂之衅，则又为从所未有。匪党逞一时之意，国家受无穷之累，其情甚为可恶，其案较为难办。惟有广购眼线，平心访察，将在场倡率之正凶多获数名，毋稍枉纵，亦足振法纪而全邻好。臣窃谓自今以后，凡各省防营，于湖南勇丁不宜轻募，亦不宜轻撤。大抵入会之习，在营中者为多，即或散归乡里，往往因挂籍会中，不能遽出。然自楚军极盛，迄今几二三十年，其风当渐歇矣。乃因邻省添营，或仍在湖南募勇，则旧者已逝而新者复起。似暂宜停募楚勇，俾哥老会之渊源不至循环相嬗，亦可杜邻省各营传染之患。至现有之营果系楚勇，倘察其万难得力，或值经费支绌，亦以妥慎筹画，分年设法，断不可仓猝遣撤，致彼众为饥寒所迫，骤生事端。其有身经百战，保擢提镇，撤归田间者，不必问其入会不入会，但察其曾著功绩而处境贫困者，似应由各省大吏酌量位置，俾藉一差以济衣食，需费无几而保全实多，斯皆销患无形之术也。抑臣又闻曾国藩尝筹处置哥老会匪，专主内严外宽之说。但问其有罪无罪，不问其是会非会，禁供攀以孤匪党，免株累以定人心，告讦之胁从概不批准，以绝仇怨诬陷之风，访获之头目必置重典，以杜煽诱猖獗之渐，俾善类不自危，恶党不能惑众，洵可谓拔本塞源之论矣。然此系地方有司之事，要在为大吏者督同司道府县从容抚绥，恩威并济。月计不足，岁计有余，殆非急切所能为力也。理合附片具陈，伏乞圣鉴。谨奏。

薛大臣与外部议定滇缅界务
照录原奏

奏为遵旨与外部议定滇缅界务条约,恭折仰祈圣鉴事。窃臣于光绪十九年七月谨陈滇缅分界大概情形,并声明界务将竣,续议商务,惟腾越八关界址未清,尚须理论等情在案。臣前与英廷订明,将久沦于缅之汉龙、天马两关,归还中国。秋冬之间,仔细考察,始知铁壁、虎踞二关,亦早被英兵占据。幸铁壁关距边密迩,臣屡向英外部争论,彼始允令英兵却退数里,让还关址,以库弄河为界。惟虎距(踞)关界限方向初甚渺茫,久无定论,乃电请云贵督臣王文韶派员查阅,邀同八募英官履勘。英官并无异词,印度总督则谓该关深入彼境七八十里,已与八募相近,且隶缅已百余年,一旦弃之,有损颜面,其意难于割地,遂并靳于让关。臣又闻印度总督以外部允让野人山内昔马等地,意甚不平,听信武员邪说,屡思翻异。又欲藉端停商全约,停商之后,彼知中国界址未定,漫无限制,仍可伺机进占。再阅数年,非特昔马等地可以不让,即界线亦可如彼意重定。观于前使臣曾纪泽商办之时,迄今事隔八年,再与议约,难易损益,相去倍蓰,其明证也。臣再四思维,决机宜速不宜迟,防患宜远不宜迩,固不值以一隅而防全局,亦未便争小利而堕诡谋。度势揆情,刚柔互用。甫在虎踞关以东划定界线,虽未能复百余年前旧地,较之滇边所守新界,似已稍有展拓。此界务已定之大略也。臣查商务办法,以曾纪泽原议二端为刚(纲)领,一曰大金沙行船,一曰八募立埠设关。彼族以停议既久,坚不承认。窃思大金沙江为滇边外绝大尾闾,兵商轮船,畅行无阻。夫名山大川,国家之宝,苟有机会,当以全力图之。滇西边隔边隅,宜有通海便捷之道,局势方为灵活。臣特将行船一事,设法蹉磨,外部始终支宕,以虑他国援照为词。继于(与)商于约中另立一条,声明此系滇缅交涉之事,他国不得援例,彼始勉强答允。惟于八募设关,虑之尤切,拒之尤坚,经臣再三开道,告以立约试办,乃亦勉强答允。讵全约甫经定订,印度总督仍坚持初议,不允设关,意在乘机要挟,责报过奢。臣思设关能否大获利益,尚未可知,该督所索则万不能允。且既违其意,尤恐被其掣肘,不能获益。臣于是显责外部无自主之权,竟将八募设关一条删去,亦撤约中英人所得权利,如缅盐不准运入滇境,英关暂不征收货税,领事仅设一员,并限制其驻扎之地,商货仅由二路,并化去其开埠之名。外部颇形自恶,不甚争论。此商务已定之大略也。窃惟中国地大物博,数十年间东西洋各国立约通商,船舰则行我江海,阻(租)界则距我口岸,教士流氓纷至沓来,领事臬司擅势自恣,或夺我商民之利,或挠我官吏之权,或违我教化之经,或窥我宝藏之富,事变百出,防范难周。朝廷所以不轻允开商埠者,职此之由。惟自英人袭取缅甸以来,云南三面与彼毗连,我所宜急彼所欲缓者,〔莫如分界,彼所素急我所稍缓者〕[1],莫如通商。曾纪泽前与议定,俟分界后方能通商,盖寓相维相制之意。迩年英兵骚扰边疆,不得不催英廷分界。凭仗圣主威福,并承总理衙门指示,俾臣相机妥筹,悉心商办。西面则稍拓野人山内昔马等地,暨收回铁壁、天马等关;南面则稍拓宛顶边外之地,潞江以东科干之地,暨收回车里、孟连两土司全权。边圉既安,觊觎渐戢。但英人按照缅约第三款,催议商务,刻不容缓。今者八募设关一事虽未就范,然因彼既允复翻,我得收回别项权利,似于防弊去损之道不无关系。如以大金沙江行

---

[1]　此句原阙,据《清季外交史料》补。

船,乘便利于境外,播声势于寰中,似稍足变旧规而张国体。兹合界务商务约款共廿条,臣拟与英外部大臣劳偲伯力,克日先将草约画诺,一杜狡变,一面赍送总理衙门,俟奏明批准后,即可换约开办。所有议定缅滇界务商务缘由,理合恭折具陈,伏乞皇上圣鉴训示。谨奏。

再,大金沙江即译音所谓厄勒瓦谛江。其上源发于印度、西藏,贯野人山全地及缅甸全境,蜿蜒曲折五六千里,入于南海,为中国西南边外第一巨川。臣查云南西境之潞江、澜沧江,非不源远流长,然溜急滩险,每多不便行舟之处,非若大金沙江之一律深通,可驶轮舰,转输便捷,利泽无穷。此次定约,中国之船可随便在大金沙江往来行走,则形胜与英共之,利益与英分之,似亦绸缪边务之要端。从前滇西诸郡,僻在荒徼,距督抚所驻之地尚有一二月程,以致声气易阻,呼应不灵。京铜运路,尤形险远,水陆转输,耗费不赀。今则滇缅商路既通,轮舰由江入海,旬日间可达津、沪。云南西路矿务,似可渐营海运,以节糜费而昭迅捷。至于化瘠壤为奥区,联遐陬于内地,端倪已见,明效可期,是在经理之得人耳。理合附片具陈,伏乞圣鉴。谨奏。

杨大臣中美会订约稿
中美会订约稿

大清国光绪六年十月十五日,大美国一千八百八十年十一月十七号,续定条约曾限制华工赴美,嗣因华工在美国境内迭遭苛虐,虑损邦交,中国政府欲自禁华工出境来至美国。兹两国政府欲合力办理,禁止来美华工,并多方顾全邦交,互立约款,彼此加意保护此国境内之彼国人民,是以大清国大皇帝特简钦差出使美国全

权大臣太常少卿杨,大美国大伯理玺天德特简外部全权大臣葛,各将所奉议约之据公同校阅明白。现将会订条款开列于左:

第一款　兹彼此议定,以此约批准互换之日起,计限十年为期,除以下约款所载外,禁止华工前往美国。

第二款　寓美华工或有父母、正妻、儿女,或有产业值银一千元,〔或有经手帐目一千元〕①未清,而欲自美回华、由华回美者,不入第一款限禁之例。但华工于未离美境以前,须先在离境口岸详细缕列名下眷属、产业、帐目各情,报明该处税务司,以备回美之据。该税务司须遵现时之例,或自后所定之例,发给该华工按此约章应得回美执照,但所立之例不得与此约款相悖。倘查出所报各情属伪,则该执照所准回寓美国之权利尽失。又例准回美之权利,限以年为期,以离美之日起计。倘因疾病或别有要事不能在限期内回美,则可再展一年之期,但该华工须将缘由禀报离境口岸中国领事官,给与凭批,作为妥据,以期取信于该华工登岸处之税务司。该华工如不在税关呈验回美执照,无论其由陆路、水路回美,均不准入境。

第三款　此约所定限制章程专为华工而设,不与官员、教习、学生、贸易、游历诸华人等现时享受来寓美国利益〔有所妨碍。此项华人,倘欲自行申明例准来美之利益〕②,可将中国官员或出口处他国官员所给执照,并经出口处美国公使或领事官签名者呈验,作为以上所叙例准来美之据。兹又议允,华工来往他国,仍准假道美境,惟须遵守美国政府随时酌定章程,以杜弊端。

第四款　查光绪六年十月十五日,即一千八百八十年十一月

---

① 此句原阙,据《清季外交史料》补。
② 同上。

十七号,中、美在北京所立华人来美续约第三款本已叙明,兹复会订,在美华工或别项华人,无论常居或暂居,为保护其身命、财产起见,除不准入美国籍外,其余应得尽享美国律例所准之例(利)益,与待各国人最优者一体相待无异。兹美国政府仍允按照续约第三款所订,尽用权力保护在美华人身命、财产。

第五款 美政府为加意保护华工起见,一千八百九十二年五月五号美国议院定例,一千八百九十三年十一月三号此例又经修改。凡在定例以前,所有美国境内一切例准住美之华工均须照例注册。中国政府现听美国办理,美国政府亦应听中国政府定立相类条例。凡一切美国细粗工人商人亦如,议院定例不计。寓居中国,无论是否在通商口岸,均令注册,概不收费。又美国政府允准,自此约批准互换之日起,于十二个月内,将寓居中国无论是否在通商口岸之一切他项美国民人包括教士在内之姓名、年岁、行业、居址造册,报送中国政府,以后每岁册报一次,惟美国公使人员,或一切奉公官员在中国驻扎或游历及其随从、雇用人等不入此款。

第六款 此约彼此互须遵守,以十年为期,敬候大清国大皇帝、大美国大伯理玺天德批准互换之日起计。至限期届满,倘于六个月前彼此并不将停止限禁之意行文知照,则限禁再展十年为期。

图书在版编目(CIP)数据

驻德使馆档案钞／陆德富,童林珏整理. —上海：
上海古籍出版社, 2020.7
(近代中外交涉史料丛刊)
ISBN 978－7－5325－9607－2

Ⅰ.①驻… Ⅱ.①陆… ②童… Ⅲ.①中德关系－国
际关系史－史料－清后期 Ⅳ.①D829.516

中国版本图书馆 CIP 数据核字(2020)第 066650 号

近代中外交涉史料丛刊
驻德使馆档案钞
陆德富 童林珏 整理
上海古籍出版社出版发行
(上海瑞金二路 272 号 邮政编码 200020)
(1) 网址：www.guji.com.cn
(2) E-mail：guji1@guji.com.cn
(3) 易文网网址：www.ewen.co
浙江临安曙光印务有限公司印刷
开本 890×1240 1/32 印张 9.125 插页 3 字数 205,000
2020 年 7 月第 1 版 2020 年 7 月第 1 次印刷
ISBN 978－7－5325－9607－2
K·2835 定价：48.00 元
如有质量问题,请与承印公司联系